De: _____

Para: _____

NUESTRO PAN DIARIO

*Pensamientos inspiradores
para desarrollar una estrecha
relación con Dios.*

DEVOCIONES DIARIAS

DISCOVERY HOUSE
PUBLISHERS

Traducción: Carla Dongo
Edición: Fernando Plou, Claudio Domínguez, Luis Magín Álvarez
Coordinación editorial: Alicia Güerci
Proyecto gráfico: Audrey Ribeiro
Foto de cubierta: India © RBC Ministries, Alex Soh

Excepto cuando se indique lo contrario, las citas bíblicas son tomadas de la
versión Reina-Valera © 1960 por las Sociedades Bíblicas en América Latina.

CRÉDITOS:
Artículo: 13 de enero, 7 de mayo, extraídos y adaptados de *La oración: ¿Hace alguna diferencia?* de Philip Yancey © 2007 Editorial Vida.
Artículo: 3 de febrero, 1 de junio, extraídos y adaptados de *Alcanzando al Dios invisible* de Philip Yancey © 2004 Editorial Vida.
Artículo: 31 de marzo, 3 de abril, extraídos y adaptados de *El Jesús que nunca conocí* de Philip Yancey © 1996 Editorial Vida.
Artículo: 21 de julio, extraído y adaptado de *La Biblia que leyó Jesús* de Philip Yancey © 2003 Editorial Vida.
Artículo: 21 de agosto, extraído y adaptado de *Finding God in Unexpected Places* [Hallar a Dios en lugares inesperados] de Philip Yancey © 2007 Zondervan.
Artículo: 21 de septiembre, extraído y adaptado de *What's So Amazing About Grace* [¿Qué tiene de asombroso la gracia?] de Philip Yancey © 2002 Zondervan.
Artículo: 20 de octubre, extraído y adaptado de *Cuando nos duele: Oración, preparación y esperanza para el dolor en la vida* de Philip Yancey © 2007 Editorial Vida.
Artículo: 8 de diciembre, extraído y adaptado de *NVI La Biblia de estudio para cada día* de Philip Yancey y Brenda Quinn © 2008 Editorial Vida.

ISBN: 978-1-57293-392-7
Código: ML802
Impreso en los Estados Unidos de América

10 11 12 13 / / 10 9 8 7 6 5 4 3 2 1

INTRODUCCIÓN

Oramos a Dios para que, a medida que leas los artículos y los pasajes bíblicos diarios, este devocionario anual de Nuestro Pan Diario te ayude a profundizar tu andar con el Señor.

Dedica un tiempo cada día para estar con Dios y pedirle que te hable por medio de estas devociones y, más que nada, a través de Su Palabra. Habla con Él sobre lo que aprendiste y preséntale tus necesidades y pedidos de oración.

Dios desea que lo conozcas de manera íntima y personal. Si este libro te ayuda en tu andar diario con el Señor, tal vez quieras regalarle un ejemplar a un familiar o amigo.

—Discovery House Publishers

¡VÍVELA!

*Y he aquí que tú eres a ellos
como cantor de amores, [...] y oirán tus palabras,
pero no las pondrán por obra.*

—Ezequiel 33:32

Cada año, una de mis metas es leer toda la Biblia. Mientras estaba apuntándola entre mis buenos propósitos de año nuevo, reparé en un marcador de libros sobre mi escritorio. En una de sus caras aparecía un breve texto animando a recibir niños de acogida. En la otra estaban estas palabras con referencia a dicho llamado: «No te conformes con leerlo. Vívelo. Niños reales. Historias reales. Vida real». Las personas que produjeron el marcador de libros sabían con cuanta facilidad absorbemos información sin actuar al respecto. Ellos querían que las personas respondieran.

La lectura periódica de la Palabra de Dios es una práctica digna, pero no es un fin en sí misma. El profeta Ezequiel se dirigió a una audiencia a la que le encantaba escuchar pero que se negaba a actuar. El Señor le dijo a Ezequiel: «Y he aquí que tú eres a ellos como cantor de amores, hermoso de voz y que canta bien; y oirán tus palabras, pero no las pondrán por obra» (33:32).

Jesús dijo: «Cualquiera, pues, que me oye estas palabras, y las hace, le compararé a un hombre prudente, que edificó su casa sobre la roca» (Mateo 7:24).

¿Cómo leeremos cada uno de nosotros la Biblia este año? ¿La leeremos rápidamente para alcanzar la meta de terminarla? ¿O la leeremos con el objetivo de hacer lo que dice?

No te conformes con leerla. ¡Vívela! —DCM

EL VALOR DE LA BIBLIA CONSISTE NO SÓLO EN
CONOCERLA, SINO EN OBEDECERLA.

NO DESPERDICIES
TU AIRE

Todo lo que respira alabe a Jah.
—Salmo 150:6

Si tomase un puñado de tierra y lo soplara, todo lo que conseguiría de ello sería que mi cara se ensuciase. Pero cuando Dios lo hizo, obtuvo un ser humano vivo y respirando capaz de pensar, sentir, soñar, amar, reproducirse y vivir para siempre.

Como yo soy uno de esos seres humanos, uso expresiones tales como que «se me corta» la respiración, que «contengo» el aliento, o que es mejor «no gastar» aire, pero eso son sólo expresiones idiomáticas del lenguaje. Me es imposible no gastar aire y guardarlo para usarlo después. Si no uso el aire que tengo ahora, lo perderé y puede que incluso pierda la consciencia.

Cuando Dios sopló aliento de vida en Adán, le dio más que vida; le dio una razón para vivir: ¡Adorar! Tal y como lo dijo el salmista: «Todo lo que respira alabe a Jah» (Salmo 150:6).

Esto significa que desperdiciamos nuestro aire cuando lo usamos para algo que no honra a Aquel en quien «vivimos, y nos movemos, y somos» (Hechos 17:28).

Aunque no podemos soplarle vida a un puñado de tierra, podemos usar nuestro aliento para pronunciar palabras de consuelo, cantar cánticos de alabanza y correr a ayudar a los enfermos y a los oprimidos. Cuando usamos nuestro aliento para honrar a nuestro Creador con nuestra combinación única de talentos, habilidades y oportunidades, jamás desperdiciaremos nuestro aire. —JAL

TODO LO QUE SOY Y LO QUE TENGO
SE LO DEBO A JESÚS.

COMER EN SEÑAL DE ADORACIÓN

¿Hallaste miel? Come lo que te basta.

—Proverbios 25:16

Cuando entras en una librería y ves una mesa llena de libros sobre dietas, sabes que debe ser enero. Después de varias semanas de comer en exceso en todo tipo de banquetes festivos, las personas en muchas culturas vuelven su atención a no comer.

La comida juega un papel importante en las Escrituras. Dios la usa no sólo para darnos bendición, sino también para darnos enseñanza. Nuestro mal uso de la comida nos impide conocer a Dios de maneras diferentes a las que ya lo conocemos.

En el Antiguo Testamento, Dios le dio instrucciones a Adán en cuanto a qué comer y qué no comer (Génesis 2:16-17). Posteriormente, les dio a los israelitas maná para convencerles de que Él era Dios y probarles para que descubrieran si creían en Él (Éxodo 16:12; Deuteronomio 8:16). En el Nuevo Testamento, el apóstol Pablo declaró la actitud apropiada para todo lo que hacemos, incluso la manera como comemos: «Si, pues, coméis o bebéis, o hacéis otra cosa, hacedlo todo para la gloria de Dios» (1 Corintios 10:31).

Cuando pensamos en la comida como un amigo que nos consuela o un enemigo que nos engorda, nos perdemos la maravilla de recibir con gratitud un espléndido regalo de Dios. La obsesión por la comida o por no comer indica que estamos centrados en el regalo más que en el Dador, lo cual es una forma de idolatría.

Cuando comer se convierta en un verdadero acto de adoración, dejaremos de adorar a la comida. —JAL

CUANDO LA COMIDA SE CONVIERTE EN NUESTRO DIOS, NUESTRO APETITO POR EL PAN DE VIDA DISMINUYE.

LA VIDA ENGAÑOSA

Has sabido las Sagradas Escrituras,
las cuales te pueden hacer sabio para la salvación
por la fe que es en Cristo Jesús.
—2 Timoteo 3:15

Para Corea del Sur, el año 2007 fue catalogado como el «Año de la vida engañosa», debido a los numerosos escándalos en dicho país que involucraron a académicos falsos y políticos corruptos. Por medio de una encuesta, 340 catedráticos seleccionaron la frase en chino «ja-gi-gi-in» (el autoengaño y el engaño a los demás) para resumir el año.

No debe sorprendernos escuchar cosas así acerca del engaño. El apóstol Pablo escribió en 2 Timoteo 3:13: «Mas los malos hombres y los engañadores irán de mal en peor, engañando y siendo engañados». Engañar es hacer que los demás crean una falsedad como verdad y aceptar lo malo como bueno.

Nuestra defensa contra el engaño es conocer la Palabra de Dios, por cuanto «toda la Escritura es inspirada por Dios, y útil para enseñar, para redargüir, para corregir, para instruir en justicia» (v.16). Corregir es enmendar lo que está mal, e instruir es dar a conocer lo que está bien. La Palabra de Dios no sólo nos hace ser conscientes de los males, sino también nos induce y nos enseña a hacer lo que está bien.

¡Tienes como buen propósito de Año Nuevo caminar rectamente delante de Dios y los demás y estar «enteramente preparado para toda buena obra»? (v.17). Luego lee y aplica la Palabra de Dios, pidiéndole al Señor que te haga una persona íntegra. —JAL

CUANTO MÁS MEDITEMOS EN LAS ESCRITURAS,
MÁS FÁCILMENTE DETECTAREMOS CUALQUIER ERROR.

MUCHO QUE RECORDAR

El que refrena sus labios es prudente.
—Proverbios 10:19

«Le agradezco un montón», le dijo el hombre detrás de la ventanilla en la oficina postal a la dama que estaba delante de mí en la fila. El empleado, Juan, me había visto en la fila y esperaba que yo le hubiese oído. Cuando llegó mi turno, saludé a Juan, quien había sido alumno mío cuando yo enseñaba en la secundaria en los años 80.

«¿Notó lo que le dije a la señora? —preguntó Juan—. Le dije, 'le agradezco un montón'». Al percibir que yo no lograba captar a qué se refería, me explicó,: «¿Recuerda lo que nos decía acerca del término un montón? Usted decía que un montón era un cúmulo de cosas superpuestas, no una frase que debiera usarse para expresar mucho, como en el caso de muchas gracias».

¡Asombroso! Una lección de lengua de hacía un cuarto de siglo había causado un impacto en Juan a lo largo de todos esos años. Eso nos habla claramente acerca de la importancia de lo que les decimos a los demás. También respalda una de mis citas favoritas, dicha por la poetisa Emily Dickinson: «Algunos dicen que una palabra está muerta cuando se pronuncia. Yo digo que ese es el día cuando recién comienza a vivir».

Puede que las palabras que digamos tengan consecuencias a largo plazo. Nuestros comentarios, nuestros cumplidos e incluso nuestras duras críticas pueden quedarse pegadas al oyente por décadas.

No es de sorprender que las Escrituras digan: «El que refrena sus labios es prudente» (Proverbios 10:19). Las palabras que decimos hoy siguen vivas. Asegurémonos de que provengan de «la lengua del justo» (v.20). —JDB

La lengua es un órgano pequeño
que puede crear discordia o armonía.

LA FE DE UN NIÑO

*De cierto os digo,
que si no os volvéis y os hacéis como niños,
no entraréis en el reino de los cielos.*

—Mateo 18:3

Un domingo escuché a Miguel hablar acerca de su relación con sus dos padres, el que lo crió cuando era niño, y su Padre en el cielo.

Primero describió su confianza infantil hacia su padre terrenal como «sencilla y sin complicaciones». Esperaba que su papá arreglara lo que se había roto y le diera consejos. Sin embargo, le aterraba la idea de no complacerle, porque a menudo olvidaba que el amor y el perdón de su padre siempre venían a continuación.

Miguel continuó: «Hace algunos años causé todo un enredo y herí a muchas personas. Debido a mi culpa, terminé una relación feliz y sencilla con mi Padre celestial. Olvidé que podía pedirle que arreglara lo que yo había roto y buscar Su consejo».

Pasaron los años. Finalmente, Miguel tuvo una necesidad desesperada de Dios, pero se preguntaba qué hacer. Su pastor simplemente le dijo: «Dile a Dios que lo lamentas, ¡y hazlo en serio!».

En vez de ello, Miguel hizo preguntas complicadas, como: «¿Cómo funciona esto?» y «¿Qué pasará si…?».

Finalmente, su pastor oró: «Dios, por favor, ¡dale a Miguel la fe de un niño!». Más tarde, Miguel dio un testimonio gozoso: «¡El Señor lo hizo!».

Miguel encontró la intimidad con su Padre celestial. La clave para él y para nosotros es practicar la fe sencilla y sin complicaciones de un niño. —JEY

LA FE BRILLA CON MAYOR FULGOR
EN UN CORAZÓN DE NIÑO.

EL INOCENTE

*El Juez de toda la tierra,
¿no ha de hacer lo que es justo?*
—GÉNESIS 18:25

John Grisham es famoso por sus novelas judiciales: historias de acción sobre abogados y víctimas, autoridades y malhechores. Sin embargo, su libro *The Innocent Man* (El inocente) no es una historia de ficción. Es una historia de injusticia de la vida real. Cuenta acerca del brutal asesinato de una joven y de los dos hombres que, aunque eran inocentes, fueron condenados y sentenciados a muerte por el crimen. Sólo con la llegada de la prueba de ADN se demostró su inocencia y se salvaron de ser ejecutados después de 17 años de injusto sufrimiento. Finalmente, después de una larga espera, prevaleció la justicia.

Todos desean la justicia. Pero debemos reconocer que nuestra debilidad hace difícil que la administremos de forma perfecta. Podemos sentirnos inclinados a la venganza y, en nuestra búsqueda de ella, causar víctimas.

Es útil recordar que sólo en Dios se puede encontrar la justicia perfecta. Abraham lo describió con la pregunta retórica: «El Juez de toda la tierra, ¿no ha de hacer lo que es justo?» (Génesis 18:25). La respuesta necesaria es sí. Pero aún más, Su tribunal es el único lugar donde podemos tener la certeza de que prevalecerá la justicia.

En un mundo lleno de injusticia, podemos tomar aquellas que se cometen contra nosotros, entregárselas al Juez de toda la tierra y confiar en que Él hará justicia en última instancia. —WEC

LA VIDA NO SIEMPRE ES JUSTA,
PERO DIOS ES SIEMPRE FIEL.

EL REY

*Pelearán contra el Cordero, y el Cordero los vencerá,
porque él es Señor de señores y Rey de reyes.*
—APOCALIPSIS 17:14

Puede que nos sorprenda que haya tantas personas en el mundo que saben que hoy es el cumpleaños de Elvis Presley. La perdurable popularidad del cantante de Mississippi abarca generaciones y culturas. Más de 30 años después de su muerte, las ventas de la música, los objetos de interés y los acuerdos de licencias de Presley generan millones de dólares de ingresos anuales. Apodado una vez «El rey del rock and roll», a Elvis a menudo simplemente se lo llama «El rey».

Ya sea que los «reyes» de este mundo sean celebridades, atletas, cabezas coronadas o magnates, todos ellos van y vienen. Puede que su influencia sea inmensa y sus seguidores les sean fanáticamente leales, pero no duran para siempre.

Sin embargo, la Biblia se refiere a Jesucristo como el Rey eterno. Apocalipsis 17 habla proféticamente acerca de los reyes terrenales que al final de los tiempos combatirán para establecer su autoridad. Los eruditos bíblicos han debatido en cuanto a la identidad de estos reyes, pero no hay duda acerca de Aquel a quien no podrán dominar: «Pelearán contra el Cordero, y el Cordero los vencerá, porque él es Señor de señores y Rey de reyes; y los que están con él son llamados y elegidos y fieles» (Apocalipsis 17:14).

Jesucristo el Señor es Rey, y Él reinará para siempre. —DCM

NO HAY MAYOR PRIVILEGIO QUE SER UN
SÚBDITO DEL REY DE REYES.

JUZGAR O NO JUZGAR

*No juzguéis,
para que no seáis juzgados.*
—MATEO 7:1

¡Qué mejor manera de decirles a las personas que no se metan en lo que no les importa sino citando a Jesús? Personas que rara vez leen la Biblia citan rápidamente Mateo 7:1 cuando quieren silenciar a alguien cuya opinión no les gusta. «No juzguéis, para que no seáis juzgados» parece ser la respuesta perfecta.

Sin embargo, en su contexto, el pasaje indica que, en efecto, hemos de juzgar; simplemente se supone que debemos evitar los juicios incorrectos. Más aún, nuestros juicios han de comenzar con nosotros mismos: «Saca primero la viga de tu propio ojo, y entonces verás bien para sacar la paja del ojo de tu hermano», dijo Jesús (v.5). Luego dijo: «Guardaos de los falsos profetas» (v.15). Esto también requiere de juicio; necesitamos poder discernir la verdad de la falsedad.

Jesús utilizó la metáfora de la fruta para darnos los criterios apropiados para juzgar. «Así que, por sus frutos los conoceréis» (v.20). Hemos de juzgar a las personas (incluso a nosotros mismos) por la calidad del fruto que producen. Este fruto no puede ser juzgado por valores terrenales tales como nuestra apariencia exterior (v.15). Debe ser juzgado por valores celestiales: el fruto que el Espíritu produjo dentro de nosotros; amor, gozo, paz… (Gálatas 5:22).

Nuestra tendencia es juzgar por las apariencias. Pero Dios juzga por lo que producimos, y nosotros debemos hacer lo mismo. —JAL

SÉ LENTO PARA JUZGAR A LOS DEMÁS Y
RÁPIDO PARA JUZGARTE A TI MISMO.

~~~~~

LO VIEJO Y LO NUEVO

De modo que si alguno está en Cristo, nueva criatura es; las cosas viejas pasaron; he aquí todas son hechas nuevas.

—2 CORINTIOS 5:17

Los buenos propósitos en enero son perder peso, hacer más ejercicio, pasar menos tiempo trabajando y más tiempo con la familia; tal vez incluso dejar de conversar por el teléfono móvil mientras se está conduciendo.

No es de sorprender que queramos cambiar las cosas en nuestra vida que nos hacen infelices, aun cuando la mayoría de los buenos propósitos para el año nuevo no duran más de tres semanas.

¿Qué pasaría si pudieras preguntarle a Dios qué es lo que Él quiere que cambies, mejores o comiences a hacer este año? Tal vez te diría que…

Muestres más del fruto del Espíritu en tu vida, el cual es «amor, gozo, paz, paciencia, benignidad, bondad, fe, mansedumbre, templanza» (Gálatas 5:22-23).

«Am[es] a [tus] enemigos, bend[igas] a los que [te] maldicen, ha[gas] bien a los que [te] aborrecen, y or[es] por los que [te] persiguen» (Mateo 5:44).

«[Vayas] por todo el mundo y predi[ques] el evangelio a toda criatura» (Marcos 16:15).

Estés «contento con lo que [tienes] ahora» (Hebreos 13:5).

«Ande[s] según sus mandamientos» (2 Juan 1:6).

Como creyentes y nueva creación, podemos estar libres de los antiguos patrones y fracasos. Debemos pedirle a Dios que nos ayude a vivir cada día en el poder del Espíritu Santo. Luego podemos desechar lo viejo y adoptar lo nuevo (2 Corintios 5:17). —CHK

ES MÁS FÁCIL MANTENER NUESTROS BUENOS PROPÓSITOS CUANDO CONFIAMOS EN DIOS.

¡ESO ES MAGNÍFICO!

Venid, y ved las obras de Dios,
temible en hechos sobre los hijos de los hombres.
—Salmo 66:5

La palabra *magnífico* se escucha mucho por todos lados en estos días. Al hablar de automóviles, películas, canciones o comida, no faltará alguien que diga: «¡Eso es magnífico!».

Pero si llamamos magníficas a cosas que son terrenales y luego llamamos magnífico a Dios, disminuimos lo verdaderamente magnífico que Él es. Una amiga mía tiene una regla en su casa: la palabra *magnífico* sólo está reservada para Dios.

Trivializar a Dios no es un tema insignificante. Él es muchísimo más que un compañero que encaje en nuestro «sistema de colegas» o algún cajero automático que responda a nuestros impulsos. Sólo dejaremos de estar demasiado impresionados con nosotros mismos y de perder el gozo de pertenecer a un Dios magnífico cuando nos quedemos atónitos ante Su magnífico carácter.

Una mirada a los Salmos lo pone todo en perspectiva. Un salmista declara: «Porque Jehová el Altísimo es temible; Rey grande sobre toda la tierra» (Salmo 47:2). Y otro salmo da este mandamiento: «Decid a Dios: ¡Cuán asombrosas son tus obras! [...] Venid, ved las obras de Dios, temible en hechos sobre los hijos de los hombres» (Salmo 66:3,5).

¿Qué podría ser más magnífico que el amor que llevó a Jesús a ir a la cruz por nosotros? ¡Colócale en el lugar que le corresponde como el Único que es verdaderamente magnífico y alaba a Dios por Su magnífica obra en tu vida! —JMS

SI ESTÁS DEMASIADO IMPRESIONADO
CONTIGO MISMO, ÉCHALE UNA MIRADA MÁS DE CERCA
AL CARÁCTER MAGNÍFICO DE DIOS.

¿MÁS ALLÁ DE TODA AYUDA?

Entonces Jesús le dijo:
De cierto te digo que hoy estarás conmigo en el paraíso.
—LUCAS 23:43

Un pastor del desierto de Israel, de 110 años de edad, fue internado en un hospital de Beerseba por un ataque cardíaco. A pesar de su edad, los doctores se esforzaron por salvarlo. Se cree que este es el paciente más anciano que se haya tratado exitosamente con medicamentos anticoagulantes. Un portavoz del hospital informó que el pastor regresó a su tienda en el desierto del Néguev para pastorear sus cabras.

La atención brindada a este hombre de 110 años refleja la manera en que Jesús respondió a aquellas personas que nosotros consideramos que se encuentran más allá de toda ayuda. Su capacidad y disposición a ir más allá de las barreras sociales para ayudar a los leprosos y a los marginados sociales sobrepasó las expectativas normales de lo que haría una persona buena.

Incluso en la agonía de Su propio sufrimiento, Jesús le tendió la mano a un moribundo a quien todos los demás consideraban más allá de toda ayuda. El hombre era un criminal, condenado a morir y a sólo horas de entrar a una eternidad perdida. En ese momento, Jesús respondió al clamor de ayuda de este hombre y dijo: «Hoy estarás conmigo en el paraíso» (Lucas 23:43).

¿Conoces a alguien que parezca encontrarse más allá de toda ayuda hoy? Tal vez creas que eres tú quien no tiene esperanza. El Dios de la Biblia se especializa en dar ayuda a aquellos a quienes se les considera tan ancianos, tan culpables o tan débiles que se encuentran más allá de toda ayuda. —MRD

LA FORTALEZA DE DIOS SE APRECIA
MEJOR EN NUESTRA DEBILIDAD.

LA ESCUELA DE ORACIÓN DE LA BIBLIA

Hablaré en la angustia de mi espíritu.

—Job 7:11

Aunque admitamos que somos socios de Dios en desigualdad de condiciones, lo cierto es que nos quedamos ridículamente cortos. Y, sin embargo, al invitarnos a hacer la obra del reino en la tierra, Dios, en efecto, ha establecido una especie de alianza de parejas extrañas. Dios nos delega trabajo a los seres humanos para que escribamos la historia junto con Él, por así decirlo. Claramente, la sociedad tiene a un socio dominante, algo así como una alianza entre Microsoft y un programador de nivel de escuela secundaria.

Sabemos bien lo que sucede cuando los seres humanos formamos alianzas desiguales: el socio dominante tiende a hacer sentir su peso por todos los lados y, la mayoría de las veces, el subordinado se mantiene en silencio. Pero Dios, quien no tiene razón alguna para sentirse amenazado por nosotros, nos invita a tener una comunicación fluida que sea constante y honesta.

Algunas veces me pregunto por qué Dios le da tanto valor a la honestidad en nuestras oraciones, aun al punto de soportar estallidos injustos. Me asusta ver cuántas oraciones en la Biblia parecen malhumoradas. Jeremías renegaba ante la injusticia (20:7-10); Habacuc acusó a Dios de sordera (1:2); Job se quejó de no poder hallar a Dios (23:8-9). La Biblia nos enseña a orar con honestidad desbordante.

Dios quiere que nos acerquemos a Él con nuestras quejas. Si marchamos por la vida fingiendo sonreír mientras sangramos por dentro, deshonramos la relación con Él. —PY

«El mejor termómetro para tu temperatura espiritual es la intensidad de tu oración». —Spurgeon

EN VUELO

Así que, no temáis;
más valéis vosotros que muchos pajarillos.
—MATEO 10:31

En su libro *On the Wing* (En vuelo), Alan Tennant registra sus esfuerzos por rastrear la migración del halcón peregrino. Valoradas por su belleza, rapidez y poder, estas asombrosas aves de rapiña fueron los compañeros favoritos de caza de emperadores y miembros de la nobleza. Tristemente, el amplio uso del pesticida DDT en los años 50 interfirió con su ciclo reproductivo y las colocó en la lista de especies en peligro de extinción.

Interesado en la recuperación de esta especie, Tennant ató transmisores a un número selecto de halcones para rastrear sus patrones de migración. Pero cuando él y su piloto volaban su avioneta Cessna detrás de las aves, repetidamente perdían la señal de los transmisores. A pesar de su avanzada tecnología, no siempre pudieron rastrear a las aves que querían ayudar.

Es bueno saber que el Dios que cuida de nosotros jamás nos pierde la pista. De hecho, Jesús dijo que ni siquiera un pajarillo «cae a tierra sin [la voluntad de] vuestro Padre [...] Así que, no temáis; más valéis vosotros que muchos pajarillos» (Mateo 10:29-31).

Cuando enfrentamos circunstancias difíciles, puede que el temor nos haga preguntarnos si Dios está al tanto de nuestra situación. La enseñanza de Jesús nos tranquiliza asegurándonos que Dios se preocupa profundamente y tiene el control. Su capacidad para rastrear nuestras vidas jamás fallará. —HDF

SI DIOS CUIDA DE LAS AVES,
¿NO CUIDARÁ ACASO DE SUS HIJOS?

ESTÁ EN LA PALABRA DE DIOS

Por el camino de tus mandamientos correré,
cuando ensanches mi corazón.
—Salmo 119:32

Con todo lo optimista que soy (puedo encontrarle el lado bueno a casi todo), también sé que la vida puede ser un lugar oscuro y solitario.

He hablado con adolescentes con un padre o una madre cuya ira hace que el trayecto a casa después de la escuela sea un viaje lleno de miedo.

Conozco a personas que no pueden salir de la depresión.

He pasado una considerable cantidad de tiempo con otras personas que, al igual que mi esposa y yo, estamos soportando la vida tras la muerte súbita de un hijo.

He visto lo que la pobreza incesante les puede hacer a las personas en todo el mundo.

A pesar de saber que existen estos panoramas, no me desespero. Sé que hay esperanza en Jesús, que la guía viene por medio del Espíritu y que el conocimiento y el poder se encuentran en la Palabra de Dios.

Las palabras del Salmo 119 nos dan aliento. Cuando nuestra alma está «abatida hasta el polvo» podemos ser vivificados según la Palabra de Dios. Cuando nuestra alma está deshecha de ansiedad, podemos ser sustentados por Su Palabra (v.28). Cuando la mentira nos amenaza, podemos seguir la verdad de Las Escrituras (vv.29-30). Nuestro corazón puede ser liberado por los mandamientos de Dios (v.32).

¿Te están abrumando las exigencias de la vida? Si es así, puedes encontrar esperanza, guía y conocimiento que te pueden ayudar. Se encuentran en la Palabra de Dios. —JDB

UNA BIBLIA BIEN LEÍDA DA COMO RESULTADO
UN ALMA BIEN ALIMENTADA.

UN PECADO LLAMADO POR CUALQUIER OTRO NOMBRE

¿Cómo, pues, haría yo este grande mal,
y pecaría contra Dios?

—GÉNESIS 39:9

Un día, José se encontró en una difícil posición cuando la esposa de su jefe trató de seducirlo. ¡Cuán seductora debió haberle parecido esta mujer a un joven saludable! Y a José debió habérsele ocurrido lo aterradora que sería la ira de ella cuando rechazó sus intentos.

Pero José la resistió de plano. Sus convicciones morales surgían de su clara visión del pecado y su reverencia a Dios. Le dijo a ella: «¿Cómo, pues, haría yo este grande mal, y pecaría contra Dios?» (Génesis 39:9).

Hoy en día, es popular llamar al pecado por nombres más aceptables. Pero usar eufemismos para nombrar las ofensas contra Dios sólo debilitan nuestra resistencia y trivializan el daño del pecado hacia nosotros.

Para José, el pecado no era tan sólo «un error de juicio». Ni tampoco era un mero lapsus linguae o una «indiscreción» en un «momento de debilidad». José vio el pecado como lo que era: una seria ofensa contra el Señor; y no le restó importancia a la gravedad de ésta.

Los estándares morales de Dios son absolutos. Sólo cuando veamos el pecado como algo que el Señor aborrece estaremos motivados a hacer juicios morales correctos.

Llamar al pecado por un nombre más suave no cambiará su carácter ofensivo contra Dios ni el costo que representará para nosotros. —CPH

NO HAY EXCUSAS
PARA EXCUSAR EL PECADO.

LA HERMANDAD
DEL MAR

Así que [...] sois [...]
conciudadanos de los santos.

—EFESIOS 2:19

El 8 de agosto del 2005, el mundo supo del dramático rescate de siete marineros rusos atrapados en un pequeño submarino que se había enredado en una red de pesca. Los hombres habían sobrevivido tres días fríos y oscuros en el fondo del mar y les quedaban menos de seis horas de oxígeno. Mientras tanto, arriba en la superficie se llevaba a cabo un frenético esfuerzo unido de rescate por parte de personal ruso, japonés, británico y norteamericano. Finalmente, el submarino fue liberado. El ministro de Defensa ruso alabó la operación, diciendo: «Hemos visto en hechos, no en palabras, lo que significa la hermandad del mar».

El libro de Efesios habla acerca de la unidad de creyentes en Jesús al referirse a la unidad de «la familia de Dios» (2:19). Los gentiles, quienes una vez estuvieron «alejados» y fueron «ajenos» (v.12), ahora habían «sido hechos cercanos por la sangre de Cristo» (v.13), uniéndolos a sus hermanos y hermanas judíos. Esta unidad ha de hacerse evidente en los esfuerzos de la comunidad cristiana hoy.

Los creyentes en Jesús han recibido la comisión de llevar a cabo el esfuerzo de rescate más importante de todos. Las personas están muriendo sin Cristo. Alabado sea Dios que hay esfuerzos misioneros unidos que traen esperanza, salvación, educación y ayuda de emergencia a personas desesperadas en todo el mundo. De eso trata la hermandad de Cristo. —DCE

UNA IGLESIA SALUDABLE ES EL MEJOR
TESTIGO PARA UN MUNDO QUE SUFRE.

OBRAS MARAVILLOSAS

Te alabaré; porque formidables,
maravillosas son tus obras.
—SALMO 139:14

Una cita en el libro *David Elginbrod*, de George MacDonald, les habla a aquellos que a veces se preguntan por qué Dios los hizo como son y que desearían ser otra persona.

Lady Emily reflexiona: «Desearía poder ser tú, Margaret».

Margaret responde: «En su lugar, mi señora, preferiría ser lo que Dios eligió hacerme, en vez de la criatura más gloriosa que se pudiera imaginar. Por cuanto, haber sido ideada, nacida de los pensamientos de Dios, y luego hecha por Dios, es lo más querido, grandioso y precioso que se pueda pensar».

Puede que MacDonald haya tenido el Salmo 139:17 en mente: «¡Cuán preciosos me son, oh Dios, tus pensamientos!». En este salmo, David está pensando en su concepción y vívidamente describe los pensamientos de Dios cuando Él le formó en el vientre de su madre, creando una persona única y especial para que fuera el objeto de Su amor.

Es un pensamiento consolador saber que no somos un terrible error, sino una creación especial, «nacidos de los pensamientos de Dios». David podía pararse frente a un espejo y decir con toda honestidad y humildad: «Formidables, maravillosas son tus obras» (v.14).

¡Eres un diseño original! Como tal, eres querido, grandioso y precioso para Dios. —DHR

ERES ÚNICO, DISEÑADO PARA GLORIFICAR A DIOS
COMO SÓLO TÚ PUEDES HACERLO.

¿IMPOSIBLE?

*Oísteis que fue dicho: Ojo por ojo, y diente por diente.
Pero yo os digo: no resistáis al que es malo.*
—MATEO 5:38-39

Cuando el Presidente de la Asociación del Premio Nobel, Gunnar John, hizo su discurso de presentación para el Premio Nobel de la Paz otorgado a Martin Luther King en 1964, citó a Jesús: «A cualquiera que te hiera en la mejilla derecha, vuélvele también la otra» (Mateo 5:39). Según observó el Sr. John: «No fue debido a que dirigió a una minoría racial en su lucha por la igualdad que Martin Luther King ganó fama… [Su] nombre perdurará por la manera en que libró dicha lucha».

En 1955, Martin Luther King había dirigido un boicot pacífico de todo un año para protestar contra la segregación en los autobuses. Pagó un alto precio. Le pusieron bombas en su casa y él mismo fue atacado y arrestado. Nunca tomó represalias. Al final, lo asesinaron.

¡Qué opuesto es el pacífico ejemplo del Dr. King a mi naturaleza carnal! Yo quiero justicia ahora. Quiero retribución. Quiero que otros paguen por sus malas acciones, en especial cuando estas van dirigidas a mí. Lo que no quiero es volver la otra mejilla e invitarlos a que me vuelvan a golpear.

Haddon Robinson comenta acerca de los estándares elevados que Jesús expuso en el Sermón del Monte (Mateo 5–7), llamándolos «metas… no ideales imposibles. [Jesús] quiere que Sus discípulos se esfuercen hacia estas metas para dominar un nuevo tipo de vida».

En medio de las injusticias de la vida, tengamos la valentía, la fe y la fuerza para volver la otra mejilla. —TG

SE REQUIERE DE VERDADERA FORTALEZA
PARA NEGARSE A TOMAR REPRESALIAS.

PROTOCOLO

*Pero pida con fe, no dudando nada;
porque el que duda es semejante a la onda del mar,
que es arrastrada por el viento.*

—Santiago 1:6

Si te invitaran a una reunión en la Casa Blanca con el Presidente de los Estados Unidos, sin importar la opinión que tuvieras de él, probablemente irías. Al entrar a la Casa Blanca, un funcionario de protocolo se te acercaría y te daría un resumen de los procedimientos apropiados para presentarte ante el presidente. Basta decir que sería inaceptable dar rienda suelta a un arranque de familiaridad o a una crítica negativa indecorosos en el momento de estrecharle la mano.

Así que no debe sorprendernos que la Palabra de Dios ponga en claro que existe un protocolo para entrar en la presencia de Dios. Hebreos 11:6 nos ofrece un aspecto de interacción apropiada: «Es necesario que el que se acerca a Dios crea que le hay, y que es galardonador de los que le buscan». Dios quiere que le seamos totalmente devotos, y se lo toma como algo personal cuando nuestros corazones están llenos de crítica, incredulidad y duda.

Santiago nos dice que, cuando le pedimos sabiduría a Dios, la clave para Su respuesta es si estamos pidiendo «con fe» o no (1:6). A Dios le agrada cuando nos acercamos a Él con fe inquebrantable.

Así que deja tus dudas en la puerta y sigue el protocolo: Acércate a Dios con un corazón de fe, y a Él le agradará proveerte de toda la sabiduría que necesitas.
—JMS

CAMBIA LA INSATISFACCIÓN DE LA DUDA POR
EL CUMPLIMIENTO DE LA FE EN DIOS.

LA FRASE PERFECTA

¿Quién como tú, oh Jehová, entre los dioses?
¿Quién como tú, magnífico en santidad,
terrible en maravillosas hazañas, hacedor de prodigios?
—ÉXODO 15:11

Cuando era una muchacha y escribía en mi diario, mi ambición secreta era componer la frase perfecta. Me preguntaba cómo se leería y cómo sonaría. Tal vez incluiría un verbo de gran fuerza y adjetivos llenos de color.

Mi búsqueda de la frase perfecta nunca terminará satisfactoriamente, pero he encontrado una declaración de perfección en Éxodo 3:14. Cuando el Señor Dios llamó a Moisés desde la zarza ardiente, le dijo que había sido elegido para sacar a Su pueblo de la esclavitud en Egipto (v.10). Moisés, angustiado por esta responsabilidad, se preguntaba qué decir si los israelitas dudaban de él y le preguntaran a quién estaba representando.

El Señor respondió: «Yo soy el que soy» (v.14). Al usar Su nombre único, le ofreció a Moisés un vistazo de la naturaleza de Su existencia eterna en una frase. ¡Podríamos decir que es una declaración de perfección!

El comentarista bíblico G. Bush escribe esto acerca de la descripción que Dios hace de sí mismo: «Él, a diferencia de todos los demás, es el único Dios verdadero, el Dios que realmente es… el Ser eterno, auto-existente e inmutable; el único ser que puede decir que siempre será y que siempre ha sido».

Dios dice: «Yo soy el que soy». Él y Su nombre son perfectos. En señal de reverencia, hemos de inclinarnos ante el Señor. —AMC

¿BUSCAS LA PERFECCIÓN?
BUSCA A JESÚS.

EL DIOS DE LA VICTORIA

No seas vencido de lo malo,
sino vence con el bien el mal.

—ROMANOS 12:21

En la mitología griega, Niké era la diosa de la victoria. Niké luchó del lado de los dioses olímpicos, ganando la victoria sobre los poderosos titanes. Como resultado de ello, ella se convirtió en el símbolo de ganar. Pero los supuestos poderes de Niké no se limitaban simplemente a la guerra. También llegó a ser la diosa favorita de los atletas que querían ganar en las competencias deportivas. Los romanos la adoptaron y la adoraron dándole el nombre latino de Victoria.

En el mundo grecorromano donde enseñaba Pablo, la victoria era altamente valorada. Así que, cuando él expresaba la verdad cristiana, usaba palabras que sus oyentes pudieran entender. En sus cartas, describía a Cristo como Aquel que nos guía en un desfile de triunfo militar (2 Corintios 2:14-17) y comparaba la vida cristiana con alguien que estaba entrenando para los antiguos juegos olímpicos (1 Corintios 9:24-27).

Pablo también usaba la palabra victoria en referencia a nuestras luchas contra aquellos que nos hieren deliberadamente. «Vence [sé un vencedor] con el bien [d]el mal» (Romanos 12:21). Puede que esto signifique devolver amabilidad por maldad o establecer límites de manera respetuosa al comportamiento maligno. En cualquiera de estos casos, una actitud de amor no puede generarse con nuestras propias fuerzas. Pero en Cristo, tenemos el poder divino que los antiguos paganos sólo podían tener la esperanza de alcanzar. Jesucristo es el auténtico Dios de la victoria. —HDF

DIOS NOS DARÁ LA VICTORIA CUANDO
NOS UNAMOS A ÉL EN LA LUCHA.

AGRÁNDALO

En el año que murió el rey Uzías vi yo al Señor
sentado sobre un trono alto y sublime,
y sus faldas llenaban el templo.

—Isaías 6:1

Después de pedir lo que queríamos comer en un popular restaurante de comida rápida, los cajeros solían hacer la famosa pregunta: «¿Le gustaría pedir algo más?». En esencia, les estaban preguntando a los clientes si querían más de lo que ya estaban adquiriendo.

De manera similar, cuando venimos a la presencia de Dios, creo que Él nos pregunta: «¿Te gustaría pedir algo más para conocerme mejor hoy?».

Isaías tuvo una experiencia de ese tipo con Dios. Fue a través de un doloroso evento en su vida que Isaías vio al Señor «alto y sublime» (Isaías 6:1). A través de este encuentro, Dios agrandó el nivel de entendimiento que Isaías tenía en cuanto a Su santidad. Él vio la completa excelencia moral de Dios que unifica Sus atributos.

Dios también agrandó la convicción de Isaías en cuanto a su propio pecado (v.5). Esto llevó a una ampliación de su entendimiento en cuanto al perdón y la purificación totales de Dios (vv.6-7). Sólo cuando Isaías entendió la profundidad de su pecado, pudo apreciar y aceptar el perdón y la purificación de parte de Dios. Finalmente, su encuentro con Dios llevó a Isaías a declarar su disponibilidad y compromiso para tenderles la mano a los demás y ayudarlos a incrementar su entendimiento de Dios (vv.8-9).

Pidámosle a Dios que agrande nuestro entendimiento de Su grandeza hoy.

—MLW

SABER ACERCA DE DIOS ES FASCINANTE.
CONOCER A DIOS PERSONALMENTE TE CAMBIA LA VIDA.

LO PEQUEÑO ES BELLO

*Porque los que menospreciaron
el día de las pequeñeces se alegrarán.*
—ZACARÍAS 4:10

Justo el otro día alguien dijo acerca de un amigo. «Este hombre está destinado a un gran ministerio», con lo cual quería decir que iba camino del estrellato: una iglesia prominente con un gran presupuesto.

Esto hizo que me preguntara: ¿Por qué pensamos que el llamado de Dios necesariamente es de movilidad social ascendente? ¿Por qué no envía a Sus mejores obreros a dedicar toda una vida de trabajo en algún lugar pequeño? ¿Acaso no hay personas en sitios oscuros que necesitan ser evangelizadas y recibir enseñanza? Dios no quiere que nadie perezca.

Jesús se preocupaba tanto por el individuo como por las masas. Enseñaba a grandes multitudes, pero jamás le molestó que el número de sus oyentes disminuyera cada día. Juan dice que muchos lo dejaron (Juan 6:66), un caprichoso desgaste que a muchos de nosotros nos habría generado un pánico terrible. Pero Jesús siguió adelante con los que el Padre le había dado.

Vivimos en una cultura donde lo más grande es mejor, donde el tamaño es la medida del éxito. Hay que ser fuerte para resistirse a esa tendencia, en especial si se trabaja en un lugar pequeño.

Pero el tamaño no significa nada; la sustancia lo es todo. Ya sea que estés pastoreando una iglesia pequeña, dirigiendo un estudio bíblico o una clase de escuela dominical, sirve allí con todo tu corazón. Ora, ama, enseña de Palabra y con el ejemplo. Tu pequeño lugar no es un peldaño hacia la grandeza. Es la grandeza.
—DHR

LO POQUITO ES MUCHO
CUANDO DIOS ESTÁ ALLÍ.

BENDICIÓN SACRAMENTAL

Jehová te bendiga, y te guarde.

—Números 6:24

Nuestra iglesia introdujo una nueva práctica para el cierre de nuestro tradicional servicio de adoración matutina. Nos volvemos unos a otros y cantamos la familiar bendición aarónica que el Señor le dio a Moisés para que a su vez la diera a Israel: «Jehová te bendiga, y te guarde; Jehová haga resplandecer su rostro sobre ti...» (Números 6:24-26). Nuestros corazones se elevan cuando cada uno de nosotros llamamos a otro creyente y extendemos nuestra bendición sobre él o ella.

Un domingo, noté un intercambio de bendiciones especial y reconfortante que ahora se ha convertido en un evento semanal. En uno de los bancos de la parte delantera estaban sentados Óscar y Marian, fieles seguidores de Jesucristo y cónyuges devotos en sus 62 años de vida matrimonial. Cuando comenzamos a cantar, Óscar extendió sus manos y tomó las manos de Marian entre las suyas. Se cantaron las palabras de apertura de esta bendición especial el uno al otro antes de mirar a los demás. Todos los que estaban cerca captaron de reojo la mirada de amor y ternura en los rostros de esta pareja.

Una bendición sacramental no es simplemente un cierre ritualista; es un auténtico deseo en oración de que la bondad de Dios acompañe a la otra persona. Al ofrecerse este deseo el uno al otro, Óscar y Marian ejemplifican su significado más cálido y profundo. Al bendecir a los demás, expresamos gratitud por lo que Dios ha hecho por nosotros por medio de la muerte de Cristo (Hebreos 13:20-21).

—DCE

DIOS NOS BENDICE PARA
QUE PODAMOS SER UNA BENDICIÓN PARA LOS DEMÁS.

LA COACCIÓN
DEL ACEITE DE HÍGADO DE BACALAO

Pero cuando venga el Consolador [...],
el Espíritu de verdad, el cual procede del Padre,
él dará testimonio acerca de mí.

—JUAN 15:26

Una mujer trajo una botella de aceite de hígado de bacalao para darle a su perro, para que este tuviera un pelaje más saludable y brillante. Cada mañana, ella hacía palanca para abrirle la boca al perro y le introducía el líquido por la garganta. El animal luchaba, pero ella persistía. *¡No sabe lo que es bueno para él!*, pensaba. Fielmente, repetía el proceso cada día.

Sin embargo, un día la botella se volcó y ella soltó al perro por un momento para limpiar el aceite que había caído. El perro olfateó el líquido con olor a pescado y comenzó a beberlo a lengüetazos. De hecho, le encantaba la sustancia. ¡Simplemente, había estado rechazando ser forzado!

A veces usamos un método similar para hablarles a los demás acerca de Cristo. Se llama acorralamiento y es un tipo de enfrentamiento intenso y directo. Si bien deseamos seriamente compartir el evangelio, puede que, en cambio, terminemos ahuyentando a las personas. En un intento sincero, pero excesivamente entusiasta, creamos resistencia.

Somos llamados a compartir las buenas nuevas, pero no somos responsables de que alguien acepte o rechace a Cristo. No es nuestra labor tratar de convencer a alguien de pecado; es responsabilidad del Espíritu Santo (Juan 16:8).

Sé sensible al compartir con los demás acerca del sacrificio de Cristo. Percibe cuándo aminorar la marcha y deja que Dios y Su Palabra hagan la labor de convicción y atracción. —CHK

EL ESPÍRITU CONVENCE PARA
QUE CRISTO PUEDA PURIFICAR.

CÍRCULOS DE ORACIÓN

Cualquiera que se enaltece,
será humillado.
—Lucas 18:14

Las niñas de sexto grado hicieron un círculo y por turnos oraron unas por otras en el grupo de estudio bíblico. «Padre que estás en el cielo —oró Ana—por favor, ayuda a Antonia que no esté tan loca por los muchachos». Antonia añadió con una risita: «Y ayuda a Ana a que deje de actuar tan mal en la escuela y que no moleste a otros niños». Luego Talía oró: «Señor, ayuda a Antonia a escuchar a su mamá en vez de responderle mal siempre».

Aunque las peticiones eran reales, las niñas parecían disfrutar molestando a sus amigas señalando sus fallos delante de los demás en vez de preocuparse por su necesidad de la ayuda de Dios. La líder de su grupo les recordó acerca de la seriedad de hablar con el Dios todopoderoso y la importancia de evaluar sus propios corazones.

Si usamos la oración para señalar las faltas de los demás mientras que ignoramos las nuestras, somos como el fariseo en la parábola de Jesús. Él oró: «Dios, te doy gracias porque no soy como los otros hombres, ladrones, injustos, adúlteros, ni aun como este publicano» (Lucas 18:11). En vez de ello, hemos de ser como el hombre que le pidió a Dios que tuviera misericordia de él, «un pecador» (v.13).

Tengamos cuidado de no dejar que nuestras oraciones se conviertan en una lista de fallos de los demás. El tipo de oración que Dios desea fluye de una humilde evaluación de nuestros propios corazones pecaminosos. —AMC

LA FORMA MÁS ELEVADA DE ORACIÓN PROVIENE
DE LAS PROFUNDIDADES DE UN CORAZÓN HUMILDE.

LAS LEYES DE LA VIDA

No tendrás dioses ajenos delante de mí.
—ÉXODO 20:3

Las leyes de la vida son observaciones que parecen tener el peso de la experiencia detrás de ellas. Probablemente han oído ésta: «Si algo puede salir mal, seguro que saldrá». He aquí otra: «No se puede hacer tan sólo una cosa; todo tiene sus consecuencias».

Mi propia experiencia parece confirmar muchas de las leyes de la vida, pero la última es la que colgaría en mi pared como lema. Las elecciones equivocadas tienen sus consecuencias. Por ejemplo, si elegimos vivir para el placer, eso afectará a nuestros hijos, nietos y bisnietos (Éxodo 20:4-5). Si nos alejamos de Dios, puede que descubramos que nuestros hijos se nos han unido en ese caminar. Y posteriormente, aun cuando nos volvamos a Él, puede que ellos no lo hagan.

Pero también hay una buena noticia. La devoción al Señor también tiene sus consecuencias. Los hombres y las mujeres que viven con fe delante de Dios pueden tener una fuerte influencia sobre sus hijos y los hijos de sus hijos. Si viven una larga vida, pueden dar testimonio del efecto que su fe ha tenido sobre varias generaciones. ¡Qué satisfacción reciben las personas mayores al ver que su descendencia vive para Cristo!

Las leyes de la vida y la Biblia están de acuerdo en este punto: «Todo tiene sus consecuencias». —HWR

LAS PERSONAS QUE SIGUEN A CRISTO GUÍAN A
LOS DEMÁS EN LA DIRECCIÓN CORRECTA.

EL PROCESO DE ENVEJECIMIENTO

No me deseches en el tiempo de la vejez;
cuando mi fuerza se acabare, no me desampares.
—SALMO 71:9

Estaba tomando desayuno con un amigo quien acababa de celebrar su cumpleaños número 60. Hablábamos acerca del «trauma» de haber llegado a la «base seis» y de todo lo que implicaba llegar a los 60 años (jubilación, seguro social, etc.). También cavilamos acerca del hecho de que se sentía mucho más joven de lo que podría parecer indicar semejante edad «avanzada».

Luego la conversación dio un giro hacia las lecciones, las alegrías y las bendiciones que él había encontrado en esos 60 años de vida y dijo: «Tú sabes, no es realmente tan malo. De hecho, es bastante emocionante». Las lecciones del pasado habían traído consigo un cambio en su manera de ver el presente.

Así es el proceso de envejecimiento. Aprendemos de nuestro pasado para vivir nuestro presente —una lección sobre la que el salmista hace esta reflexión: «Porque tú, oh Señor, Jehová, eres mi esperanza, seguridad mía desde mi juventud» (Salmo 71:5). Continúa, «en ti he sido sustentado desde el vientre; de las entrañas de mi madre tú fuiste el que me sacó; de ti será siempre mi alabanza» (v.6). Al mirar atrás, el salmista claramente vio la fidelidad de Dios. Con confianza en dicha fidelidad, pudo enfrentar el futuro y sus incertidumbres… y nosotros también podemos hacerlo.

Digamos junto con el salmista: «Yo te alabaré [...] tu verdad cantaré [...] oh Santo de Israel» (v.22). —WEC

A MEDIDA QUE LOS AÑOS SE SUMAN,
LA FIDELIDAD DE DIOS SE SIGUE MULTIPLICANDO.

TIEMPO DE PLANTAR

No os engañéis; Dios no puede ser burlado;
pues todo lo que el hombre sembrare, eso también segará.

—GÁLATAS 6:7

En este preciso momento, en algún lugar en el mundo, algún agricultor está echando semillas en la tierra. Pronto esas semillas comenzarán a cambiar el lugar donde fueron plantadas. El suelo cuidadosamente preparado que hoy parece yermo se convertirá en un campo listo para la cosecha.

De igual modo, los buenos propósitos de año nuevo pueden ser semillas echadas para alterar el paisaje de la vida para los demás y nosotros mismos. Esta oración de San Francisco de Asís es un poderoso modelo de este anhelo de traer un cambio positivo a este mundo en sufrimiento:

Señor, haz de mí un instrumento de Tu paz.
Donde haya odio, déjame plantar amor;
donde haya daño, perdón; donde haya duda, fe;
donde haya desesperación, esperanza;
donde haya tinieblas, luz;
y donde haya tristeza, gozo.

El agricultor que siembra trigo jamás se sorprende cuando brota la espiga del suelo donde ha sido plantada. Así es la ley universal de la siembra y la cosecha: «No os engañéis; Dios no puede ser burlado: pues todo lo que el hombre sembrare, eso también segará» (Gálatas 6:7). Nuestra naturaleza pecaminosa dice: «Complácete», mientras que el Espíritu nos insta a agradar a Dios (v.8).

Hoy es tiempo de plantar. Dios ha prometido: «A su tiempo segaremos, si no desmayamos» (v.9). —DCM

SIEMBRA HOY LO QUE QUIERAS
COSECHAR MAÑANA.

UNA BRECHA EN LA MURALLA

Los deseos de la carne, los deseos de los ojos,
y la vanagloria de la vida, no proviene [n] del Padre.
—1 JUAN 2:16

La Gran Muralla China, de 7600 kilómetros de largo, fue construida para mantener fuera a los invasores del norte. El primer emperador de China, Shi Huangdi, quien vivió entre 259 y 210 a.C., construyó la primera muralla. Pero en 1644, los manchúes penetraron la Gran Muralla e invadieron China. Lo hicieron sobornando a un general de la dinastía Ming para que abriera las puertas.

Durante la reconstrucción de la antigua Jerusalén, Nehemías entendió el agudo peligro que representaban aquellos que se oponían a la reconstrucción de los muros derruidos de la ciudad. Así que ordenó una vigilancia constante. La mitad de los trabajadores debían mantener la guardia mientras que la otra mitad reconstruía los muros (Nehemías 4:13-18).

Como cristianos, debemos ser vigilantes para que nada haga una brecha en nuestras defensas espirituales. Ni siquiera el más maduro de los creyentes jamás puede darse el lujo de bajar la guardia.

El apóstol Juan nos advierte de los enemigos desde tres direcciones. Los identifica como «los deseos de la carne, los deseos de los ojos y la vanagloria de la vida» (1 Juan 2:16). Estos enemigos nos atraen alejándonos de Dios y Su Palabra, y dejando un espacio abierto para que el enemigo se cuele.

Estemos alertas a lo que nos seduce hoy. Un desliz abre la puerta al pecado, lo cual a su vez puede que se transforme en un hábito que nos sojuzgue. No permitas una brecha en la muralla. —CPH

Y EL MUNDO PASA, Y SUS DESEOS; PERO EL QUE HACE LA
VOLUNTAD DE DIOS PERMANECE PARA SIEMPRE.
—1 JUAN 2:17

DIOS ESTÁ OBRANDO

Porque Dios es el que en vosotros produce
así el querer como el hacer, por su buena voluntad.

—FILIPENSES 2:13

Siempre anhelamos el cambio del Año Nuevo. Esta es la razón por la que el 1 de enero comenzamos dietas, programas de ejercicio y nuevos pasatiempos. Por supuesto, un mes después generalmente hemos vuelto a nuestros viejos y malos hábitos. Tal vez eso se deba a que anhelamos un cambio demasiado grande y no tenemos suficiente fuerza de voluntad como para llevarlo a cabo.

Me pregunto cuántos seguidores de Jesús han hecho compromisos de crecer espiritualmente, pero se sienten frustrados porque no tienen la fuerza de voluntad para dar esos pasos.

Pablo trata este problema en su carta a los filipenses. Al animarlos a desarrollar su salvación con temor y temblor (2:12), también les dijo que no estarían solos. Dios mismo les daría la energía para crecer y llevar a cabo Sus tareas. La primera área afectada sería la de sus deseos. Dios estaba obrando en ellos, dándoles el deseo de cambiar y crecer. También estaba obrando para darles el poder para hacer los cambios de verdad (v.13).

Dios no nos ha dejado solos en nuestras luchas para alcanzar el crecimiento espiritual. Nos ayuda a querer obedecerle, y luego nos da el poder para hacer lo que Él quiere. Pídele que te ayude a *querer* hacer Su voluntad. —MLW

EL PODER QUE NOS COMPELE PROVIENE DEL
ESPÍRITU QUE MORA DENTRO DE NOSOTROS.

PIPO DE PUNXSUTAWNEY

Tenemos también la palabra profética más segura,
a la cual hacéis bien en estar atentos.

—2 PEDRO 1:19

Pipo, del pueblo de Punxsutawney, es una marmota de América que sale de su madriguera en Gobbler's Knob, Pennsylvania, cada 2 de febrero para pronosticar el tiempo. Según la leyenda, si Pipo ve su sombra, habrá otras seis semanas de frío. Pero si no la ve, entonces la primavera vendrá temprano.

Por supuesto, todo esto son tan sólo patrañas y buen humor. Que yo sepa, nadie toma las predicciones de Pipo en serio. Más aun, él no es digno de confiar; he oído que son más las veces que se equivoca que las que acierta.

Sin embargo, hay Alguien que siempre tiene la razón y a quien debemos tomar en serio. Pedro escribe acerca de Él: «Tenemos también la palabra profética más segura, a la cual hacéis bien en estar atentos como a una antorcha que alumbra en lugar oscuro, hasta que el día esclarezca y el lucero de la mañana salga en vuestros corazones» (2 Pedro 1:19).

Pedro estaba pensando en ese día en el monte de la transfiguración cuando, junto con Santiago y Juan, vio a Jesús de pie junto a los dos grandes profetas del Antiguo Testamento, Moisés y Elías. Con tal augusta compañía de verdaderos profetas, el Padre señaló al Hijo y dijo: «Éste es mi Hijo amado; a él oíd» (Lucas 9:35). ¡La palabra de Jesús es una «palabra profética» segura!

Hay Alguien que jamás se equivoca y que jamás nos extraviará: nuestro Señor Jesús. ¡Debemos oírle! —DHR

EN UN MUNDO LLENO DE ESPECULACIÓN,
SÓLO LA PALABRA DE DIOS ES SEGURA.

LA MAJESTAD DE DIOS

No podrás ver mi rostro;
porque no me verá hombre, y vivirá.
—ÉXODO 33:20

Mi libro, «Decepcionado con Dios» explora tres preguntas que muchos cristianos se hacen: ¿Está Dios escondido? ¿Guarda Dios silencio? ¿Es Dios injusto? Esas preguntas atribulaban a los hebreos en el desierto de Sinaí, aunque veían evidencia de Dios, lo oían hablar y vivían bajo un contrato firmado por Su propia mano. De esta relación emergió un gran regalo de los judíos para el mundo: el monoteísmo; la creencia en un Dios soberano y santo.

Hoy, muchos tratan a Dios como a un colega cósmico. El pastor Gordon MacDonald escribe: «Los pecados más graves que he cometido fueron en momentos en que suspendí mi reverencia a Dios [...] silenciosa (y estúpidamente) concluí que a Dios no le importaba, y que probablemente no intervendría si me arriesgase a violar alguno de Sus mandamientos».

MacDonald dice que su propio amor a Dios se ha alejado de un modelo sentimental que jamás le satisfizo, y que se acerca más a uno de padre/hijo. Está aprendiendo a reverenciar, obedecer y agradecer a Dios; a expresar el pesar apropiado por el pecado; a buscar la quietud en la que pueda escuchar el susurro del Señor. Busca una relación con Dios que vaya acorde con la profunda diferencia entre ambas partes.

Como hijos de Dios, podemos «acer[carnos], pues, confiadamente al trono de la gracia» (Hebreos 4:16). Pero no nos olvidemos de la inestimable majestad de nuestro Padre. —PY

ADORAR ES RECONOCER LA SUPREMA VALÍA DE DIOS.

EL GRAN NARRADOR DE CUENTOS

*Todo esto habló Jesús por parábolas a la gente,
y sin parábolas no les hablaba.*

—MATEO 13:34

En su libro *Teacher Man* (Hombre maestro), el ganador del premio Pulitzer, Frank McCourt, reflexiona sobre sus 30 años como maestro en la enseñanza secundaria de Nueva York. En sus clases de inglés y de redacción creativa hacía uso de varias técnicas, pero una que parecía emerger una y otra vez era el poder de una historia cautivante para captar la atención y fomentar el aprendizaje.

Este método de instrucción fue usado por el más grande de todos los Maestros: el Señor Jesucristo. El líder y erudito religioso Nicodemo le dijo a Jesús: «Sabemos que has venido de Dios como maestro» (Juan 3:2). Pero, cuando Jesús se dirigía a las multitudes que lo seguían, no citaba las tradiciones de los ancianos. Más bien, hablaba con el estilo popular de un narrador de cuentos.

Las parábolas de Jesús perduran porque reflejan asuntos del corazón. Por medio de la historia del fariseo y el publicano (Lucas 18), aprendemos acerca de la gracia y el perdón de Dios. Y la historia del hijo pródigo (Lucas 15) muestra el amor de Dios para los pecadores arrepentidos.

Las parábolas inspiradas de Jesús nos enseñan acerca de Él y de la vida que quiere que llevemos. Nosotros también podemos usar nuestras propias historias de fe para mostrarles a los demás al Narrador de Cuentos y Maestro supremo, cuya propia vida es la más grande historia jamás contada. —HDF

UNA BUENA MANERA DE APRENDER LA VERDAD
DE DIOS ES ENSEÑÁRSELA A LOS DEMÁS.

LA BÚSQUEDA DE LA PAZ

Y la paz de Dios, que sobrepasa todo entendimiento,
guardará vuestros corazones
y vuestros pensamientos en Cristo Jesús.

—FILIPENSES 4:7

En la cúspide de su popularidad, creatividad y riqueza, los Beatles produjeron un controvertido proyecto llamado «El álbum blanco». Este señaló la desintegración del grupo al aparecer en él piezas que eran fundamentalmente de naturaleza individual en vez de ser el producto de una colaboración conjunta.

También reveló un mayor desencanto con todo lo que su fama había producido. En su canción «I'm So Tired» («Estoy tan cansado»), John Lennon expresó el vacío de su vida exitosa y adinerada, con estas profundas palabras: «Te daría todo lo que tengo por un poquito de paz mental». Todo lo que tenía, todo lo que había logrado y todo lo que había llegado a ser no podía satisfacer esta sencilla, aunque profunda, necesidad personal.

El mundo en que vivimos no puede ofrecer paz. Sólo ofrece malas opciones. El placer, el poder y las posesiones no son sustitutos para la paz en el corazón y en la mente.

Pablo les recordó a los creyentes en Filipos: «Y la paz de Dios, que sobrepasa todo entendimiento, guardará vuestros corazones y vuestros pensamientos en Cristo Jesús» (Filipenses 2:14-16). Es una paz que hemos de compartir con un mundo que está desesperado por ella.

La paz —la verdadera paz— sólo se encuentra en una relación con Jesús. ¿Has recibido Su paz? —WEC

LA PAZ OS DEJO, MI PAZ OS DOY;
YO NO OS LA DOY COMO EL MUNDO LA DA. —JESÚS

6 de febrero

¡LEVÁNTATE!

Y a vosotros, estando muertos en pecados [...]
os dio vida juntamente con él.
—COLOSENSES 2:13

El 6 de febrero de 1958, un avión fletado que llevaba a la mayoría de los miembros del club inglés de fútbol Manchester United se estrelló al despegar de Munich, Alemania. Habiendo perdido a tantos de sus jugadores estrella, algunos se desesperaron ante las perspectivas de supervivencia del club. Pero hoy, este es uno de los equipos más famosos del mundo.

Como era de esperar, Matt Busby, quien había sobrevivido a este accidente, fue quien reconstruyó al equipo.

Hace casi 2000 años, el arresto y la subsiguiente crucifixión de Jesús hizo que muchos de Sus seguidores se desesperaran. Los discípulos mismos habían perdido toda esperanza. Pero su abatimiento se evaporó esa primera mañana de Pascua de Resurrección cuando encontraron que la piedra que sellaba la tumba había sido quitada (Juan 20:1). ¡Jesús había resucitado!

Pronto Jesús apareció a María Magdalena (vv.11-16) y luego a Sus discípulos, quienes se habían reunido a puertas cerradas (v.19). Su visita produjo un cambio extraordinario en ellos. La Biblia dice que «se regocijaron» (v.20).

Tal vez tu mundo se ha estrellado a tu alrededor. Puede que se trate de una profunda pérdida personal, una tragedia familiar o alguna otra gran prueba. La resurrección de Jesús demostró que Él es más grande que el más grande de los obstáculos. Él puede reconstruir tu vida —tal y como lo hizo con Sus discípulos— a partir de hoy. —CHP

DIOS PUEDE CONVERTIR CUALQUIER
DIFICULTAD EN UNA OPORTUNIDAD.

DELICIA TURCA

Y tu ley es mi delicia.

—Salmo 119:174

En la obra de C. S. Lewis, *El León, la bruja y el ropero*, la Bruja Blanca necesitaba saber sólo una cosa acerca de Edmundo para hacerle traicionar a sus hermanos. Con sólo unas cuantas preguntas sencillas, la bruja supo que la debilidad de Edmundo era su amor por un dulce llamado la Delicia Turca. El pedazo que le dio a Edmundo fue más delicioso que cualquier otra cosa que él jamás hubiese probado. Pronto Edmundo no podía pensar en otra cosa que no fuera «tratar de engullirse tanta delicia turca como pudiera y cuanto más comía tanto más quería».

Cada uno de nosotros tiene una vulnerabilidad como la de Edmundo, la cual Satanás está ansioso por explotar. Puede que sea algo adictivo como las drogas o el alcohol, o puede que se trate de algo aparentemente inofensivo e incluso tal vez bueno como la comida, la amistad o el trabajo.

Después de Su resurrección, Jesús le hizo a Pedro esta pregunta personal y perspicaz: «¿Me amas más que éstos?» (Juan 21:15). Muchos han especulado en cuanto a lo que Jesús quiso decir con la palabra «éstos», pero probablemente sea mejor que no lo sepamos. Nos permite a cada uno de nosotros personalizar la pregunta y preguntarnos: «¿Qué amo yo más que a Jesús?».

Cuando Satanás descubre lo que amamos más que a Dios, sabe cómo manipularnos. Pero pierde su poder sobre nosotros cuando nos deleitamos en el Señor.

—JAL

DIOS SE DELEITA EN NOSOTROS; ¿QUÉ OTRA COSA
PODEMOS HACER SINO DELEITARNOS EN ÉL?

SIN ALIENTO

Exaltado seas sobre los cielos, oh Dios;
sobre toda la tierra sea tu gloria.

—SALMO 57:5

¡Cuándo fue la última vez que algo te quitó el aliento debido a su majestad? No estoy hablando de algún dispositivo electrónico ni de algún efecto especial en una película. Estoy hablando acerca de algún espectáculo en el cielo nocturno, como por ejemplo, un eclipse lunar. O caminar bajo un cielo estrellado para ver Orión o las Pléyades, constelaciones mencionadas hace miles de años en las Escrituras (Amós 5:8) y que siguen brillando hoy para nuestro gozo. Estoy hablando acerca de una arrebatadora aurora que irradia con gloriosos colores para señalar otro amanecer. O el espectáculo de luz y sonido que acompaña la manera que Dios tiene de regar la tierra con la lluvia que produce el alimento (Job 36:27-33).

¿Alguna vez has estado junto a una valla y te has maravillado ante el poder de un caballo mientras galopa elegantemente por el campo, con la crin al viento y los cascos resonando? (Job 39:19-25). ¿O has observado a un águila remontándose a lo alto y descendiendo en picada desde el cielo porque su visión diseñada por Dios ha avistado la cena desde su nido en la cima de la montaña? (Job 39:27-30).

En la creación, Dios le dio aliento al hombre. Luego el hombre se quedo sin dicho aliento al contemplar la belleza, grandiosidad y elocuencia de un universo de maravillas creado por Su propia mano. Mira a tu alrededor. Examina lo que Dios ha hecho. Luego, sin aliento, proclama Su majestad. —JDB

TODA CREACIÓN ES UN DEDO EXTENDIDO
QUE SEÑALA HACIA DIOS.

ALGO LE SUCEDE A ENRIQUE

El corazón alegre hermosea el rostro.

—PROVERBIOS 15:13

Cada mañana, Enrique, un creyente en Cristo, iba de camino a su oficina cantando una canción del musical *Oklahoma*, de Rodgers y Hammerstein: «¡Oh, qué bella mañana; oh qué bello día! ¡Tengo una linda sensación, todo me está saliendo bien!».

Pero una mañana se olvidó de cantar. Pronto Enrique notó que algo andaba mal en la oficina; todos a su alrededor parecían nerviosos. Cuando finalmente le preguntó a una compañera de trabajo qué pasaba, ella respondió: «¡No has cantado esta mañana y hemos pensado que estabas disgustado!».

Enrique se había hecho conocido por un espíritu tan alegre y positivo que sus compañeros de trabajo estaban seguros de que algo le pasaba esa mañana. Enrique no se había dado cuenta de cuán atentamente las personas lo observaban y tomó la decisión de que, de allí en adelante, *siempre* iría cantando al trabajo.

Primera Pedro 2 nos recuerda que las personas están observando nuestras vidas (vv.11-12). Para ser buenos representantes de Jesucristo, Pedro enseña que hemos de someternos a la autoridad, vivir una vida honorable, hacer buenas obras, dar honra a todas las personas y temer a Dios (vv.12-17).

El testimonio de nuestras vidas puede darnos oportunidades para compartir las buenas nuevas de Jesús. Así que es posible que queramos preguntarnos: «¿Qué ven las personas en mí?». —AMC

¿VEN LOS DEMÁS A JESÚS EN TI?

¿QUÉ HAY DE CENAR?

Aconteció… que probó Dios a Abraham,
y le dijo: Abraham. Y él respondió: Heme aquí.
—Génesis 22:1

Sería impensable invitar a unos buenos amigos a cenar y luego servirles unas sobras recalentadas en el microondas. Pero, si lo hiciera, eso diría mucho acerca de mis verdaderos sentimientos con respecto a ellos.

Darle a Dios las sobras de nuestras vidas dice muchísimo acerca del verdadero valor que Él tiene para nosotros. Cuando Dios le pidió a Abraham que le entregase a Isaac como un acto de adoración, Génesis 22:1 lo llama una prueba. Una prueba para ver si había algo en la vida de este hombre que él atesorara más que a Dios.

No es diferente con nosotros. Hay momentos en los que Dios requiere algo realmente importante para hacer que se cumpla Su obra. Él nos pedirá que renunciemos a nuestros instintos naturales de buscar venganza, para que podamos comunicar Su amor misericordioso perdonando a nuestros enemigos. Puede que nos llame a sacrificar parte de nuestro tiempo, dinero o comodidades, para hacer avanzar Su causa. O puede que requiera que permitamos que nuestros hijos e hijas vayan a lugares remotos para hablarles a otros acerca de Su amor salvador. La manera en que respondemos a lo que Él requiere dice muchísimo acerca de cuáles son nuestros verdaderos sentimientos con respecto a Él.

Cualquiera puede ofrecer las sobras. Pero los que aman a Dios más que a cualquier otra cosa le entregarán lo mejor a Él. —JMS

NINGÚN SACRIFICIO QUE HAGAMOS ES DEMASIADO GRANDE
PARA AQUEL QUE SACRIFICÓ TODO DE SÍ MISMO.

EL CAMINO A LA HUMILDAD

Humillaos delante del Señor,
y él os exaltará.

—SANTIAGO 4:10

Un amigo me hizo esta declaración al tiempo que intentaba mantener un rostro serio: «¡Estoy tan orgulloso de mi humildad!». Eso me recuerda el chiste acerca de un líder que recibió un premio por su humildad. Debido a que había aceptado el premio, ¡se lo quitaron a la semana siguiente!

David parecía estar cometiendo el mismo error cuando dijo, «no se ha envanecido mi corazón» (Salmo 131;1). Sin embargo, cuando entendemos el texto, sabemos que él no estaba alardeando acerca de su humildad. Más bien, en respuesta a la acusación de traición hecha por los hombres de Saúl, David declaró que él no se consideraba tan importante ni pensaba tan bien de sí como para verse con ojos «enaltecidos». En vez de eso, David aprendió a ser como un «niño destetado» en los brazos del Señor (v.2). Al igual que un bebé que depende completamente de sus padres, él esperaba en Dios para recibir Su protección mientras huía perseguido por el rey Saúl. En su hora más oscura, David se dio cuenta de su necesidad y después aconsejó a su pueblo: «Espera, oh Israel, en Jehová, desde ahora y para siempre» (v.30).

El camino a la humildad tiene dos aspectos. Involucra saber quiénes somos; tener una autoestima apropiada en vez de pensar demasiado bien de uno mismo. Pero lo que es más importante, requiere saber quién es Dios; tenerle en la más alta estima y confiar en que recibiremos lo mejor de Él en Su tiempo. —AL

CUANDO CREEMOS QUE SOMOS
HUMILDES... NO LO SOMOS.

APRENDIENDO DE LINCOLN

Reconócelo en todos tus caminos,
y él enderezará tus veredas.

—PROVERBIOS 3:6

El día antes de cumplir 52 años, Abraham Lincoln salió de Springfield, Illinois, para convertirse en Presidente de los Estados Unidos. Con la amenaza de la Guerra Civil que se avecinaba, se despidió de los amigos y vecinos que habían ido a despedirlo. «Ahora me voy —les dijo—, sin saber cuándo, y si alguna vez, regresaré, con una tarea delante de mí mayor de la que Washington llevó sobre sí. No puedo tener éxito sin la ayuda del Ser Divino que siempre me ha asistido. No puedo fracasar con dicha ayuda. Confiando en Él quien puede ir conmigo y que permanece con ustedes y en todas partes siempre, esperemos confiadamente que todo saldrá bien. Encomendándoles a Su cuidado, así como espero que ustedes me encomendarán en sus oraciones, me despido de ustedes con afecto».

La confianza de Lincoln en Dios para recibir guía y fortaleza refleja la instrucción de Salomón: «Fíate de Jehová de todo tu corazón, y no te apoyes en tu propia prudencia. Reconócelo en todos tus caminos, y él enderezará tus veredas» (Proverbios 3:5-6).

En este segundo centenario del aniversario del nacimiento de Lincoln, celebramos su amabilidad, integridad y valentía. Y también podemos aprender de él cómo enfrentar un futuro desalentador con confiada esperanza en el Señor. —DCM

VIVIR SIN CONFIANZA EN DIOS
ES COMO CONDUCIR EN LA NIEBLA.

AMOR PERDURABLE

*[El amor] todo lo sufre, todo lo cree,
todo lo espera, todo lo soporta.*
—1 Corintios 13:7

Al igual que muchas personas, disfruto de las imágenes que aparecen en la página web de Google en los días especiales y festivos. En el último día de San Valentín, había un dibujo que mostraba a una pareja de ancianos —un hombre con un bastón y una mujer de cabellos blancos— caminando de la mano mientras la mujer sostenía dos globos con forma de corazón. Era un bello recordatorio de que, si bien nuestra cultura glorifica el romance juvenil, el verdadero amor tiene muchas etapas durante nuestro peregrinaje por la vida.

El gran ensayo de Pablo en 1 Corintios 13 celebra la profundidad y la tenacidad del amor que nos lleva más allá del interés en nosotros mismos y el simple afecto. «El amor es sufrido, es benigno; el amor no tiene envidia, el amor no es jactancioso, no se envanece; no hace nada indebido, no busca lo suyo, no se irrita, no guarda rencor, no se goza de la injusticia, mas se goza de la verdad. Todo lo sufre, todo lo cree, todo lo espera, todo lo soporta. El amor nunca deja de ser» (vv. 4-8).

Brian Wren ha captado esta realidad en su conmovedor himno, «When Love Is Found» («Cuando se encuentra el amor»):

Cuando el amor es puesto a prueba al ver que los que amamos han cambiado, se aferra a la esperanza aunque todo parezca extraño, hasta que vuelva la calma, y el amor se haga sabio por medio de oídos atentos y ojos abiertos.

Cuando nuestros compromisos sean puestos a prueba por los fuegos de la vida, sin importar las dificultades que enfrentemos, que Dios nos conceda una experiencia mayor de Su amor perdurable y la gracia para demostrarlo cada día. —DCM

EL AMOR DE DIOS ES UN TEJIDO QUE JAMÁS SE GASTA,
SIN IMPORTAR CUÁN A MENUDO SE LAVE
EN LAS AGUAS DE LA ADVERSIDAD.

ESCRITO EN ROJO

En esto se mostró el amor de Dios para con nosotros,
en que Dios envió a su hijo unigénito al mundo,
para que vivamos por él.

—1 Juan 4:9

Mi primera Biblia estaba impresa mayormente en letras negras, pero algunas de sus palabras estaban en rojo. No me tomó mucho tiempo descubrir que estas eran las palabras dichas por Jesús.

Hace más de 100 años, un hombre llamado Louis Klopsch publicó la primera Biblia «con letras en rojo». Al pensar en las palabras de Jesús en Lucas 22:20: «De igual manera, después que hubo cenado, tomó la copa, diciendo: Esta copa es el nuevo pacto en mi sangre, que por vosotros se derrama», deliberadamente usó tinta rojo sangre para llamar una especial atención a Sus palabras.

Las palabras de la Biblia son invalorables para nosotros porque nos cuentan acerca de la «Carta de amor» que Dios envió hace 2000 años en la Persona de Su Hijo (1 Juan 4:10).

El propósito de Jesús al venir a la tierra como Hombre fue morir, ser sacrificado y dar Su vida por la nuestra. El plan de Dios se escribió en rojo, «con la sangre preciosa de Cristo, como de un cordero sin mancha y sin contaminación» (1 Pedro 1:19).

Quienes hemos aceptado el regalo de amor de Dios estamos llamados a ser «cartas» para aquellos que no lo conocen. Somos epístolas de Cristo «escrita[s] no con tinta, sino con el Espíritu del Dios vivo» (2 Corintios 3:3).

Mucho tiempo antes de que se separara un día de febrero para celebrar el amor, el mundo recibió una carta de amor… y eso lo cambió todo (Juan 3:16). —CHK

NADA HABLA CON MAYOR CLARIDAD DEL AMOR
DE DIOS QUE LA CRUZ DE JESUCRISTO.

DESVÍO

*Por tanto, es necesario que con más diligencia atendamos
a las cosas que hemos oído, no sea que nos deslicemos.*

—HEBREOS 2:1

En la película muda de 1923 *Our Hospitality* (Nuestra hospitalidad), el comediante y acróbata Buster Keaton realizó una osada proeza cerca de unas cataratas. Una cuerda de aguante, llamada cable de «retención», escondida en el agua y atada a él, le impedía ser llevado hacia las cataratas.

Durante la filmación, el cable se rompió, y Keaton fue arrastrado hacia las cataratas. Él se las arregló para asirse de una rama que colgaba, a la que se aferró hasta que el equipo pudo rescatarle. La dramática escena aparece en la película terminada.

Ser desviado hacia peligros no buscados puede dar resultado para las emocionantes secuencias de una película. Sin embargo, en la vida real los peligros de este tipo generalmente se marcan con señales de advertencia para evitar que las personas se aventuren por caminos que les causen daño.

De manera similar, la Biblia nos ha brindado señales de advertencia en cuanto a desviarnos de la seguridad de la Palabra de Dios. «Por tanto, es necesario que con más diligencia atendamos a las cosas que hemos oído, no sea que nos deslicemos» (Hebreos 2:1).

Es fácil desviarnos cuando no nos aferramos a la Palabra de Dios por medio del estudio y la reflexión. Al igual que una corriente rápida, las atracciones de este mundo caído nos llevan hacia el pecado. Pero, al meditar en las Escrituras y buscar la guía del Espíritu Santo, aprendemos la realidad de nuestra ancla espiritual y nos mantenemos seguros, incluso en los peligros de la corriente del mundo. —HDF

LA BRÚJULA DE LA PALABRA DE DIOS TE MANTENDRÁ
LEJOS DEL NAUFRAGIO ESPIRITUAL.

LAS RESPUESTAS

Amados, ahora somos hijos de Dios.
—1 JUAN 3:2

Se cuenta la historia de que un día, el filósofo Arthur Schopenhauer (1788–1860) estaba paseando por el famoso parque Tiergarten de Berlín, sondeando mentalmente las preguntas de origen y destino que constantemente le habían estado dejando preocupado: *¿Quién soy? ¿Hacia dónde voy?*

Un vigilante del parque, que se puso a observar muy de cerca al filósofo mal vestido mientras este caminaba lentamente con la cabeza gacha, sospechó que Schopenhauer fuera un vagabundo. Así que le salió al paso y le preguntó: «¿Quién es usted? ¿Hacia dónde va?». Con expresión afligida, el filósofo respondió: «No lo sé. Desearía que alguien pudiera decírmelo».

¿Alguna vez te has quedado pensando en esas mismas preguntas? *¿Quién soy? ¿Hacia dónde voy?* Qué consuelo es tener las respuestas llenas de autoridad de Dios en la Biblia. ¿Quiénes somos? En 1 Juan 3, el apóstol llama a sus lectores «hijos de Dios» (v.2). Nos convertimos en Sus hijos al recibir a Jesús como nuestro Salvador del pecado (Juan 1:12). ¿Y hacia dónde vamos? Juan 14:1-6 nos dice que un día Él nos recibirá en un hogar que está preparando en el cielo.

Nuestro Hacedor no sólo es el Autor de la ciencia y la historia, sino que escribe la historia de cada miembro de la familia de Adán: la tuya y la mía. Podemos confiar en Sus respuestas. —VCG

CUANDO CONOCES A JESÚS,
SABES QUIÉN ERES Y HACIA DÓNDE VAS.

QUIZÁS HOY

Por tanto, también vosotros estad preparados;
porque el Hijo del Hombre vendrá
a la hora que no pensáis.
—MATEO 24:44

Hace dos años, leí un artículo que decía que millones de aparatos de TV en los Estados Unidos dejarían de funcionar hoy a menos que pudieran recibir señales digitales. Se pusieron avisos en las tiendas de dispositivos electrónicos y el gobierno incluso ofreció un cupón gratis de 40 dólares para la compra de un convertidor.

Sospecho que la mayoría de las personas tomaron los pasos necesarios para asegurarse de que su aparato de TV funcionara cuando lo encendieran hoy. Generalmente, respondemos bien a las advertencias que van ligadas a fechas específicas, pero a menudo no logramos prepararnos para un evento que sucederá «algún día».

Cuando los discípulos le preguntaron a Jesús acerca de la fecha de Su retorno (Mateo 24:3), les dijo que sólo Dios el Padre lo sabe: «Pero del día y la hora nadie sabe, ni aun los ángeles de los cielos, sino sólo mi Padre» (v.36). Luego les instó a estar preparados para que no fueran tomados por sorpresa. «Por tanto, también vosotros estad preparados; porque el Hijo del Hombre vendrá a la hora que no pensáis» (v.44).

No sabemos cuándo regresará Jesús; puede venir en cualquier momento. El Dr. M. R. De Haan, fundador de Ministerios RBC, tenía un lema de dos palabras en su oficina: «Quizás hoy».

Cuando hacemos nuestros planes diarios, ¿somos conscientes de que puede que Cristo vuelva? ¿Estamos preparados para encontrarnos con Él? —DCM

SI CRISTO VINIERA HOY,
¿ESTARÍAS LISTO PARA ENCONTRARTE CON ÉL?

HACIENDO MELODÍA

Hablando entre vosotros
con salmos, con himnos y cánticos espirituales,
cantando y alabando al Señor en vuestros corazones.
—EFESIOS 5:19

¿Sabes por qué zumban las abejas? ¡Porque no recuerdan la letra!

Irónicamente, el viejo chiste me recuerda una historia en serio acerca de un hombre que estaba a la espera de una cirugía para un *bypass* en el corazón. Estaba consciente de que las personas pueden morir en una operación así. Mientras pensaba en todo lo que podía salir mal, comenzó a sentirse muy solo.

Luego un camillero entró en su habitación para llevarlo a cirugía. Cuando el joven comenzó a empujar su camilla por el corredor, el paciente lo escuchó tararear un antiguo himno irlandés, «Be Thou My Vision» («Sé tú mi visión»). Esta melodía despertó los recuerdos de este hombre de los exuberantes campos verdes y las antiguas ruinas de piedra de Irlanda, su país natal. El himno inundó su alma de un fresco aliento a casa. Cuando el camillero terminó de tararearlo, prosiguió con el himno de Horatio Spafford, «It Is Well With My Soul» («Mi alma está bien»).

Cuando se detuvieron a la entrada de la sala de cirugía, el hombre le agradeció por los himnos. «Dios lo ha usado hoy —le dijo—, para eliminar mis temores y restaurar mi alma». «¿Qué quiere decir?» —preguntó el camillero sorprendido. «Sus 'tarareos' me llevaron a Dios» —respondió el hombre.

«Grandes cosas ha hecho Jehová con nosotros» (Salmo 126:3). Él ha llenado nuestro corazón con canciones. Incluso puede que use nuestros «tarareos» para restaurarle el alma a alguien. —DHR

LA ALABANZA FLUYE LIBREMENTE
DESDE EL CORO DE LOS REDIMIDOS.

19 de febrero

CELEBRAR EL INVIERNO

¿Por qué te abates, oh alma mía [...]? Espera en Dios;
porque aún he de alabarle, salvación mía y Dios mío.

—Salmo 42:5

Me encanta vivir en lugares donde las cuatro estaciones estén claramente marcadas. Pero aunque adoro acomodarme con un buen libro junto a un fuego que chisporrotea cuando está nevando, debo admitir que mi amor por las estaciones se apaga un poquito cuando los largos días grises del invierno se prolongan hasta febrero. Pero, sin importar el clima, siempre hay algo especial acerca del invierno: ¡La Navidad! Gracias a Dios, mucho después de que se hayan guardado los adornos, la realidad de la Navidad todavía me eleva el espíritu sin importar lo que esté pasando.

Si no fuera por la realidad del nacimiento de Cristo, el invierno no sólo sería oscuro y lóbrego, sino que nuestros corazones estarían sombríos y sin nada en qué tener esperanza. Sin esperanza de libertad de la culpa y el juicio; sin esperanza de Su presencia tranquilizadora y fortalecedora en medio de momentos oscuros y difíciles; sin esperanza de un futuro asegurado en el cielo.

En el invierno de una vida atribulada, el salmista preguntó: «¡Por qué te abates, oh alma mía [...]?». El remedio era claro: «Espera en Dios; porque aún he de alabarle, salvación mía y Dios mío» (Salmo 42:5).

En las «Crónicas de Narnia» de C. S. Lewis, el Sr. Tumnus se queja de que en Narnia «siempre es invierno y jamás Navidad». Pero para los que conocemos al Dios que hizo las estaciones, ¡siempre es Navidad en nuestros corazones! —JMS

DEJA QUE LA REALIDAD DE LA NAVIDAD AHUYENTE
LAS DEPRESIONES DEL INVIERNO.

MURIENDO POR LA JUSTICIA

Sino que te acordarás que fuiste siervo en Egipto,
y que de allí te rescató Jehová tu Dios.

—DEUTERONOMIO 24:18

Cuando el clérigo presbiteriano Elijah Lovejoy (1802–1837) dejó el púlpito, regresó a la imprenta para alcanzar a más personas. Después de presenciar un linchamiento, Lovejoy se comprometió a luchar contra la injusticia de la esclavitud. Su vida se vio amenazada por turbas llenas de odio, pero esto no lo detuvo: «Si por compromiso se entiende que debo cesar en mi deber, no puedo hacerlo. Temo a Dios más de lo que temo al hombre. Aplástenme si quieren, pero moriré en mi puesto». Cuatro días después de estas palabras, murió a manos de otra turba iracunda.

La preocupación por la justicia para los oprimidos es evidente a lo largo de las Escrituras. Esto fue especialmente claro cuando Dios estableció las reglas para el pueblo de Su pacto después de que este fuera liberado de la esclavitud egipcia (Deuteronomio 24:18-22). Moisés enfatizó la preocupación por los menos privilegiados (Éxodo 22:22-27; 23:6-9; Levítico 19:9-10). Repetidamente, a los israelitas se les recordaba que habían sido esclavos en Egipto y que debían tratar de manera justa a los menos privilegiados de su comunidad. Debían amar a los extranjeros («extraños») porque Dios los ama y porque los mismos israelitas habían sido extraños en Egipto (Éxodo 23:9; Levítico 19:34; Deuteronomio 10:17-19).

Dios desea que Su pueblo manifieste públicamente la suprema valía de toda persona, luchando contra la injusticia. —MLW

DEFENDER LA JUSTICIA
SIGNIFICA LUCHAR CONTRA LA INJUSTICIA.

¿ERES TÚ, VECINO?

¿Y quién es mi prójimo?
—LUCAS 10:29

Un aficionado a la vela, que estaba navegando por el Caribe, a más de 6.000 kilómetros de casa, perdió su mástil en una tormenta. Había estado a la deriva por dos días y en aguas con olas de 6 metros cuando alguien recibió su desesperado llamado de auxilio. Según el servicio de noticias de Ananova, 90 minutos después fue rescatado por el capitán de un transatlántico de 105.000 toneladas métricas.

Sólo cuando lo sacaron del agua el marinero rescatado descubrió que el capitán que había respondido a su llamado pidiendo ayuda era un vecino de su aldea, Warsash, en Hampshire. El hombre rescatado preguntó más tarde: «¿Cuáles son las probabilidades de que alguien sea rescatado en medio de la nada por su vecino?».

Jesús veía al prójimo en lugares inverosímiles. Cuando un experto en la ley judía le pidió que definiera al prójimo que hemos de amar, Jesús trazó un gran círculo. Contó la historia de un misericordioso samaritano para mostrar que un vecino es el amigo, un extraño, o el enemigo que necesita la ayuda que podamos dar (Lucas 10).

Para distinguirnos como pueblo de Jesús, tenemos que mostrarles amabilidad incluso a aquellos que nos desean mal (Lucas 6:32-34). Sólo entonces reflejaremos el corazón de Aquel que, mientras todavía éramos Sus enemigos, pagó el precio final para venir a nuestro rescate. —MRD

NUESTRO AMOR POR CRISTO ES SÓLO TAN REAL
COMO NUESTRO AMOR POR NUESTRO PRÓJIMO.

ELIGIENDO LO DIFÍCIL

*Estamos atribulados en todo, mas no angustiados;
en apuros, mas no desesperados.*

—2 Corintios 4:8

El 12 de septiembre de 1962, el Presidente John F. Kennedy dio un discurso en la Universidad Rice, en Houston, Texas, acerca de los difíciles desafíos que enfrentaba la nación. También compartió su deseo de que los Estados Unidos colocaran a un hombre en la luna.

Al equilibrar las necesidades de su pueblo con el deseo de conquistar el espacio, Kennedy dijo: «Elegimos ir a la luna esta década. Elegimos ir a la luna y hacer lo demás, no porque sean fáciles, sino porque son difíciles». La nación respondió. Siete años después, Neil Armstrong dio un «gran salto para la humanidad» en julio de 1969, al caminar sobre la luna.

El mundo de hoy está lleno de dispositivos ahorradores de energía que facilitan la vida, pero hay algo que decir en cuanto a aceptar los desafíos de la vida. El apóstol Pablo encontró difícil el servicio a Cristo, pero no lo vio como una causa para el desaliento. Continuó centrándose en Cristo y escribió: «Estamos atribulados en todo, mas no angustiados; en apuros, mas no desesperados» (2 Corintios 4:8). Pablo sabía que «el que resucitó al Señor Jesús, a nosotros también nos resucitará con Jesús, y nos presentará juntamente con vosotros» (v.14). Valía la pena el objetivo.

Por la gracia de Dios, comprometámonos a servir a Jesús; no sólo cuando sea fácil hacerlo, sino cuando sea difícil. —WEC

JESÚS DIO TODO DE SÍ PARA SALVARNOS; ¿ESTAMOS
DÁNDOLE TODO DE NUESTRA PARTE PARA SERVIRLO?

ESPERANDO LA COSECHA

Primero hierba, luego espiga,
después grano lleno [...] la siega ha llegado.
—MARCOS 4:28-29

En el libro *What's Gone Wrong With the Harvest?* (¿Qué salió mal en la cosecha?), James Engel y Wilbert Norton ilustran en un gráfico cómo a menudo las personas pasan por una serie de etapas de pre-conversión antes de cruzar la línea de fe y recibir a Jesús como su Salvador.

Cuando escuchamos a las personas compartir su experiencia de conversión, puede que nos parezca que la fe se dio de inmediato. Pero su salvación frecuentemente conlleva una historia de trasfondo ampliado de peregrinaje espiritual antes de que tomaran esa decisión. Necesitaron tiempo para reflexionar en el evangelio. Para ellos, llegar al Salvador fue un proceso.

Esto es similar al proceso de la agricultura: los meses de espera llegan a su fin y los obreros entran a raudales a los campos para ayudar con la cosecha. Una de las parábolas de nuestro Señor ilustra cómo la fe —al igual que un cultivo— necesita tiempo para desarrollarse. Responder al evangelio es como una semilla que crece «primero hierba, luego espiga, después grano lleno», hasta que, finalmente «la siega ha llegado» (Marcos 4:28-29).

Debido a que puede que las personas necesiten tiempo y que se les exponga el evangelio muchísimas veces antes de que estén listas para tomar una decisión, tenemos que ser sensibles en cuanto a dónde se encuentran ellas en su peregrinaje de fe. Mientras tanto, podemos cultivar el interés espiritual, orar por ellas ¡y esperar la cosecha! —HDF

NOSOTROS SEMBRAMOS LA SEMILLA;
DIOS PRODUCE LA COSECHA.

ARREGLANDO EL LÍO

¿Por qué me llamaréis Noemí,
ya que Jehová ha dado testimonio contra mí,
y el Todopoderoso me ha afligido?

—RUT 1:21

Cuando nos encontramos con Noemí en las Escrituras, su vida es un lío. Ella y su esposo habían partido hacia Moab buscando alimento durante una hambruna. Mientras estuvieron en dicho país, sus dos hijos se casaron con mujeres moabitas y la vida les sonreía; hasta que el esposo y los hijos de Rut murieron y ella se quedó estancada y viuda en un país extranjero.

Aunque Noemí era honesta en cuanto a su dolor, obviamente tenía la sensación de quién tenía el control: «Jehová ha dado testimonio contra mí, y el Todopoderoso me ha afligido» (Rut 1:21).

La palabra hebrea para «Todopoderoso» (*Shaddai*) indica la suficiencia de Dios para cualquier situación. La palabra «Jehová» (*Yahveh*) se refiere a Su fidelidad como el Dios amoroso que guarda el pacto. Me encanta cómo Noemí junta estos dos nombres. En medio de su queja, ella jamás perdió de vista el hecho de que su Dios era un Dios capaz y fiel. Y, ciertamente, Él demostró Su capacidad para librarla a ella y Su fidelidad para cuidar de ella al final.

Si parece que no hay salida para tu desesperación, recuerda que el Dios de Noemí también es tu Dios. Y Él se especializa en arreglar nuestros líos, para sacar de ellos resultados buenos y gloriosos. Felizmente, el Señor es capaz y fiel. Así que, cuando tu vida esté hecha un lío, ¡recuerda quién es tu Dios! —JMS

DA UN PASO HACIA ATRÁS Y OBSERVA AL SEÑOR
ARREGLAR TU LÍO, PARA CONVERTIRLO
EN UN RESULTADO GLORIOSO.

LA HISTORIA DE OKELO, NUESTRA HISTORIA

Entonces, extendiendo [Jesús] la mano, le tocó [al leproso].
—Lucas 5:13

Mi amiga Roxana ha tenido algunos empleos impresionantes en su vida. Ha cubierto las Olimpiadas como periodista. Ha trabajado en Washington, D.C., para personas y compañías de renombre. Durante años, ha escrito artículos sobre atletas cristianos de primerísimo nivel. Pero ninguno de esos empleos pueden compararse con lo que está haciendo ahora: darles el amor de Jesús a los niños de Uganda.

¿Cómo son sus días? Vamos a pensar en un jueves lluvioso cuando caminó por la senda llena de lodo hacia un pabellón de enfermos de cáncer. Una vez dentro, levantó en brazos al pequeño Okelo, cuyos brazos estaban llenos de llagas por causa de una mala atención y estaba ardiendo en fiebre. Lo llevó al consultorio del único oncólogo del edificio y se quedó con él hasta que recibiera ayuda y su condición se estabilizara.

Jesús, nuestro ejemplo, pasó todo Su ministerio entre los que sufrían, sanándolos y dándoles las buenas nuevas del amor de Dios (Lucas 7:21-22).

¿Cuán significativos son nuestros empleos? Cierto, son vitales para ganarnos la vida y sustentarnos a nosotros mismos y a nuestras familias. ¿Pero hay algo que podamos hacer para ayudar a aliviar el sufrimiento en nuestro mundo de dolor? Puede que no podamos mudarnos a Uganda como Roxana, pero todos podemos encontrar maneras de ayudar a alguien. ¿En la vida de quién marcarás una diferencia? —JDB

UNA MEDIDA DE NUESTRA SEMEJANZA A CRISTO ES
NUESTRA SENSIBILIDAD AL SUFRIMIENTO DE LOS DEMÁS.

UNA TRISTE SEPARACIÓN

No seáis desleales
para con la mujer de vuestra juventud.
—Malaquías 2:15

El drama se desarrolló en un nido de águilas calvas monitoreado por una cámara web. Una amada familia de águilas, a la cual muchos veían por Internet, estaba separándose. Después de criar a varios polluelos en estaciones pasadas, los padres volvieron a poner nuevos huevos en la primavera. Pero luego, una hembra joven invadió su feliz hogar. Cuando papá comenzó a tontear con ella, mamá desapareció y la vida dentro de los huevos abandonados se apagó.

En la sala de chateo por Internet las preguntas y las acusaciones iban y venían con vehemencia. Todos los que amaban a la pareja estaban afligidos. Los biólogos advirtieron a los aficionados entusiastas de las águilas que no les atribuyeran valores humanos a las aves. Pero todos lo hicieron. Todos queríamos que la pareja original volviera a unirse. Todos parecían «saber» que la unidad familiar es sagrada.

Mientras los miembros de la sala de chateo expresaban su tristeza, me pregunté si sabrían que Dios tiene sentimientos muy parecidos cuando se trata de separaciones familiares humanas. También me hice esta pregunta en cuanto a mí misma: ¿Por qué sentí mayor tristeza por las águilas que por las familias humanas rotas en mi comunidad? Está claro que necesito revisar mis prioridades.

En Malaquías 2, vemos la opinión que Dios tiene del matrimonio. Este simboliza Su pacto con Su pueblo (v.11). Lo toma muy en serio, y nosotros también debemos hacerlo. —JAL

PON A CRISTO PRIMERO SI QUIERES QUE TU
MATRIMONIO LLEGUE HASTA EL FINAL.

TIEMPOS DE QUIETUD

*Estad quietos,
y conoced que yo soy Dios.*
—Salmo 46:10

M i amiga María me contó que siempre había valorado los momentos que pasaba pescando con su padre. Como no soy una aficionada a la pesca, me entró curiosidad por saber qué era lo que ella encontraba tan bonito. «Simplemente me gusta estar con mi padre», dijo. «¿Entonces sólo pescan y hablan?», le pregunté. «Oh, no, en realidad no hablamos —me dijo—. Sólo pescamos». No era la conversación, era la compañía.

¿Alguna vez te has puesto a pensar cuánto tiempo pasamos hablando? Generalmente, en lo que nos gusta llamar nuestro «tiempo de quietud» con Dios, llenamos todo silencio con nuestras oraciones. ¿Pero acaso alguna vez practicamos simplemente estar «quietos»?

Dios dijo: «Estad quietos, y conoced que yo soy Dios» (Salmo 46:10). Cuando Jesús notó que los discípulos estaban tan ocupados que ni siquiera tenían tiempo para comer, les dijo: «Venid vosotros aparte a un lugar desierto, y descansad un poco» (Marcos 6:31). Cuando dejamos atrás las distracciones de la vida, podemos descansar con mayor facilidad y volver a centrarnos en Dios.

¿Estás permitiendo que los momentos de quietud a solas con Dios sean parte de tu vida? ¿Deseas que Él restaure tu alma? (Salmo 23:1-3). Permítele que te enseñe cómo «estar quieto». Y escucha cuando Jesús te invita: «Ven aparte conmigo y descansa un poco». —CHK

LOS TIEMPOS DE QUIETUD CON DIOS ACUMULAN
ENERGÍA Y PODER PARA EMERGENCIAS FUTURAS.

FIEBRE DE BÉISBOL

Amarás a tu prójimo
como a ti mismo.
—MATEO 22:39

En la película *Fever Pitch* (Fiebre de béisbol), Ben Wrightman está loco por el equipo de béisbol de los Medias Rojas de Boston. Rara vez se pierde un juego durante la primavera y los meses de verano.

Un invierno, Ben se enamora de una joven llamada Lindsey y la conquista. Luego llega la primavera y ella descubre que él es una persona totalmente diferente durante la temporada de béisbol. No tiene tiempo para la muchacha a menos que ella vaya a los juegos con él.

Cuando Lindsey le pone fin a su relación con Ben debido al fanatismo de éste, el joven habla con un amigo, que le dice: «Tú amas a los Medias, pero dime, alguna vez ellos han correspondido a tu amor?». Esas palabras hicieron que Ben analizara sus prioridades y le diera más tiempo a la mujer que amaba, y que correspondía a su amor.

Entregamos nuestras vidas a pasatiempos, placeres, actividades, trabajo; muchas cosas buenas. Pero hay dos cosas en las que siempre debemos pensar al hacer nuestras elecciones. Jesús dijo: «Amarás al Señor tu Dios con todo tu corazón […] amarás a tu prójimo como a ti mismo» (Mateo 22:37,39).

Cuando parezca que nuestra vida está perdiendo su equilibrio, puede que la pregunta «¿Alguna vez ese pasatiempo o actividad ha correspondido a mi amor?» nos ayude a mantenernos en línea. Amar a Dios y amar a las personas es lo que realmente cuenta. —AMC

MOSTRAMOS NUESTRO AMOR A DIOS CUANDO
COMPARTIMOS SU AMOR CON LOS DEMÁS.

PAÍS DE LA ANCIANIDAD

Si alguno no provee para los suyos,
[...] es peor que un incrédulo
—1 Timoteo 5:8

En el libro *Un país desconocido*, la escritora Mary Pipher se encuentra con personas de más de 70, 80 y 90 años de edad que atravesaban muchas situaciones diferentes en la vida.

«Quise [...] entender el país de la ancianidad», escribe Pipher. «No estamos organizados como para hacer que la vejez sea fácil». Ella señaló que el problema fundamental es que los jóvenes y los viejos se han segregado, lo cual perjudica a ambos grupos.

Esta tendencia social no es necesariamente intencional. Sin embargo, muchas personas ignoran y eluden sus responsabilidades hacia los ancianos. En la época de Jesús, los fariseos descubrieron formas creativas de evitar sus obligaciones familiares. En Marcos 7:9-13, el Señor censuró la práctica común que tenían de dedicar sus bienes materiales a Dios (al declararlas *Corbán*) en vez de usarlos para suplir las necesidades de sus padres. La tradición había quebrantado el mandato de honrar al padre y a la madre.

Nuestros hijos, el trabajo y las actividades de la iglesia pueden llevarnos en muchas direcciones, pero estas cosas no son excusas para dejar de honrar a nuestros padres ancianos proveyendo para sus necesidades, tanto como nos sea posible (1 Timoteo 5:8). Cuando llegue el momento en que nosotros entremos en el país de la ancianidad, esperemos haber sido el ejemplo correcto para que sigan nuestros hijos. —HDF

A HONRAR A LOS PADRES SE APRENDE
MEDIANTE EL EJEMPLO.

LA NECESIDAD DE ALIMENTO

Confía en Jehová, y haz el bien;
y habitarás en la tierra, y te apacentarás de la verdad.
—Salmo 37:3

Nuestro nieto Cameron nació seis semanas prematuro. Como tenía un tamaño y peso menores que lo normal y estaba en peligro, quedó internado en la unidad de neonatología del hospital por unas dos semanas hasta que ganara suficiente peso como para ir a casa. Su mayor desafío era que, en el esfuerzo físico que realizaba para alimentarse, quemaba más calorías de las que estaba adquiriendo. Esto obviamente era un obstáculo para su crecimiento. Parecía que el pequeñito retrocedía dos pasos por cada uno que avanzaba.

No había medicina ni tratamiento que pudiera resolver el problema: simplemente necesitaba la reconstitución provista por el alimento.

Como seguidores de Cristo, constantemente encontramos que nuestras reservas emocionales y espirituales se agotan por causa de los desafíos de la vida en un mundo caído. En tales momentos, necesitamos el alimento para fortalecernos. En el Salmo 37, David nos alentó a fortalecer nuestros corazones alimentando nuestras almas. Él escribió: «Confía en Jehová, y haz el bien; y habitarás en la tierra, y te apacentarás de la verdad» (v.3).

Cuando la debilidad nos aflige, la seguridad y la tranquilidad de la fidelidad interminable de Dios puede darnos la capacidad para seguir adelante en Su nombre. Su fiel cuidado es el alimento que necesitamos, dándonos, tal y como dice el himno «Oh, tu fidelidad»: «Eres mi fuerza, mi fe, mi reposo». —WEC

ALIMÉNTATE DE LA FIDELIDAD DE DIOS
PARA ENCONTRAR LA FORTALEZA QUE NECESITAS.

ENCONTRANDO NUESTRO LLAMADO

Yo pues, preso en el Señor, os ruego que andéis como es digno de la vocación con que fuisteis llamados.

—Efesios 4:1

Una continua lucha que tenemos cuando intentamos seguir a Cristo es tratar de encontrar nuestro llamado en la vida. Si bien a menudo pensamos en términos de ocupación y ubicación, tal vez un asunto más importante sea el del carácter; el *ser* que provee la sólida base para el *hacer*: «Señor, ¿quién quieres que yo *sea*?».

En Efesios 4, Pablo escribió: «Yo pues, preso en el Señor, os ruego que andéis como es digno de la vocación con que fuisteis llamados» (v.1). Añadió a esto tres condiciones de «ser»: con toda humildad y mansedumbre, soportándoos con paciencia «los unos a los otros en amor» (v.2). Pablo escribió esto desde la cárcel, un lugar difícil donde siguió viviendo su llamado de parte de Dios.

Oswald Chambers dijo: «La consagración no es dedicarse al llamado en una vida para Dios, sino la separación de todos los demás llamados y dedicarnos nosotros mismos a Dios, dejando que Su providencia nos coloque donde Él quiera: en el trabajo, la ley, o la ciencia; en el taller, la política o las labores monótonas. Hemos de estar allí trabajando según las leyes y los principios del reino de Dios».

Cuando somos personas correctas delante de Dios, podemos hacer cualquier tarea que Él nos mande, dondequiera que nos ponga. Al hacerlo, descubrimos y manifestamos públicamente el llamado que hemos recibido de Él. —DCM

LO MÁS IMPORTANTE NO ES LO QUE HACES, SINO LO QUE ERES.

¿A QUÉ NOS ESTAMOS AFERRANDO?

*Pelea la buena batalla de la fe,
echa mano de la vida eterna.*
—1 Timoteo 6:12

Recientemente, la trilogía clásica de Tolkien, *El Señor de los anillos*, cobró vida por medio del cine. En la segunda historia épica, el héroe, Frodo, alcanzó un punto de desesperación y cansado le confió a su amigo: «No puedo hacer esto, Sam». Como buen amigo, Sam le dio un vehemente discurso: «Es como en las grandes historias [...] estaban llenas de tinieblas y peligros [...] la gente de esas historias tuvo muchas oportunidades de volverse atrás, pero no; siguieron adelante. Porque se aferraron a algo». Esto instó a Frodo a preguntar: «¿A qué nos estamos aferrando, Sam?».

Es una pregunta significativa, una pregunta que todos debemos hacernos. Al vivir en un mundo caído y quebrantado, no es de extrañar que algunas veces nos sintamos abrumados por los poderes de las tinieblas. Cuando lleguemos al borde de la desesperación, listos para tirar la toalla, haremos bien en seguir el consejo de Pablo a Timoteo: «Pelea la buena batalla de la fe, echa mano de la vida eterna» (1 Timoteo 6:12).

En las batallas de la vida, aferrémonos al hecho de que, al final, la buena voluntad triunfará sobre el mal, de que un día veremos a nuestro Maestro y Líder cara a cara y reinaremos con Él para siempre. ¡Tú puedes ser parte de esta gran historia, sabiendo que, si has confiado en Jesús para la salvación, se te garantiza un final victorioso! —JMS

LAS PRUEBAS DE LA TIERRA SON PEQUEÑAS
COMPARADAS CON LOS TRIUNFOS DEL CIELO.

UN OCÉANO DE TINTA

Y de conocer el amor de Cristo,
que excede a todo conocimiento.

—Efesios 3:19

Las palabras del himno «El amor de Dios» captan en cuadros verbales la imponente magnitud del amor divino:

Si fuera tinta todo el mar y todo el cielo un gran papel,
y todo hombre un escritor, y cada hoja un pincel,
para escribir de Su existir no bastarían jamás.
Él me salvó y me lavó, y me da el cielo además.

Esta maravillosa letra hace eco a la respuesta de Pablo al amor de Dios. El apóstol oraba para que los creyentes pudieran «comprender con todos los santos cuál sea la anchura, la longitud, la profundidad y la altura, y de conocer el amor de Cristo, que excede a todo conocimiento» (Efesios 3:18-19). Al reflexionar en estos versículos acerca del amor de Dios, algunos eruditos bíblicos creen que «anchura» se refiere a su alcance mundial (Juan 3:16), «longitud», a su existencia por todos los siglos (Efesios 3:21); «profundidad», a su profunda sabiduría (Romanos 11:33); y «altura», a su victoria sobre el pecado abriendo el camino al cielo (Efesios 4:8).

Se nos amonesta a apreciar este asombroso amor. Pero al ampliar nuestra conciencia del amor de Dios, pronto nos damos cuenta de que su medida plena se encuentra más allá de nuestro entendimiento. Si el océano se convirtiera en tinta, usarlo para escribir acerca del amor de Dios lo secaría. —HDF

EL AMOR DE DIOS NO PUEDE EXPLICARSE;
SÓLO PUEDE EXPERIMENTARSE.

ÍDOLOS EN EL CORAZÓN

Hijo de hombre, estos hombres han puesto
sus ídolos en su corazón.

—EZEQUIEL 14:3

Cuando mi esposo y yo salimos por primera vez como misioneros, recuerdo haber estado preocupada por el crecimiento del materialismo en nuestra sociedad. Nunca se me cruzó por la mente que yo misma pudiera ser materialista. Después de todo, ¿no habíamos acaso salido al extranjero con casi nada? ¿No estábamos eligiendo vivir en un apartamento con muebles muy viejos y en decadencia? Pensaba que el materialismo no podía tocarnos.

Sin embargo, sentimientos de descontento gradualmente comenzaron a echar raíces en mi corazón. Al poco tiempo sentía el hambre y el anhelo de tener cosas bonitas y estaba disconforme por no tenerlas.

Luego, un día, el Espíritu de Dios abrió mis ojos con una verdad profunda y perturbadora: el materialismo no es necesariamente tener cosas, también puede ser anhelarlas. Allí estaba yo… ¡culpable de materialismo! Dios había expuesto mi descontento por lo que era ¡un ídolo en mi corazón! Ese día, cuando me arrepentí de este sutil pecado, Dios volvió a capturar mi corazón y establecerse allí con Su trono de justicia. No hace falta decir que a esto le siguió una profunda satisfacción, basada no en cosas materiales sino en Él.

En el tiempo de Ezequiel, Dios lidió concienzudamente con este tipo de idolatría secreta. Su trono en la tierra siempre ha estado en los corazones de Su pueblo. Esa es la razón por la que debemos eliminar de nuestro corazón cualquier cosa que destruya nuestra satisfacción en Él. —JEY

UN ÍDOLO ES CUALQUIER COSA QUE OCUPA EL LUGAR DE DIOS.

NO TE OLVIDAMOS

*Porque Dios no es injusto para olvidar vuestra obra
y el trabajo de amor que habéis mostrado hacia su nombre,
habiendo servido a los santos y sirviéndoles aún.*

—Hebreos 6:10

Cuando el hombre más anciano de Gran Bretaña cumplió 111 años, aviones antiguos volaron por el cielo y la banda de los Infantes de la Marina Real tocó «Feliz Cumpleaños». Según el diario británico *Daily Mirror*, Henry Allingham quedó asombrado por toda la atención. Hasta hacía seis años, él había mantenido en secreto durante 86 años los horrorosos recuerdos de lo que había sucedido en las trincheras de la Primera Guerra Mundial. Este anciano, que había sido blanco de proyectiles, bombas y que al final había sido herido, no recibió honor alguno por lo que había soportado a favor de su país, sino hasta que la Asociación de Veteranos de la Primera Guerra Mundial lo encontró.

La historia de la Biblia nos ofrece historias parecidas a la de Henry. Las Escrituras muestran que aquellos que libran las batallas de Dios a menudo terminan heridos, encarcelados e incluso asesinados como resultado de su servicio.

Los cínicos podrían observar esas vidas y con un suspiro llegar a la conclusión de que no hay buena acción que no reciba castigo. Pero el autor de Hebreos ve un panorama más amplio. Él nos recuerda que un día Dios honrará absolutamente todo lo que hayamos hecho con fe y amor (6:10).

¿Te sientes desalentado hoy? ¿Te sientes insignificante? ¿Te sientes olvidado después de tratar de servir a Dios? Ten la seguridad y la tranquilidad de que Dios no olvidará nada de lo que has hecho en tu servicio a Él o a los demás. —MRD

DIOS RECUERDA EL BIEN QUE OLVIDAMOS.

EL AMOR DE DIOS Y EL NUESTRO

Siendo aún pecadores,
Cristo murió por nosotros.
—ROMANOS 5:8

Franklin Graham lo lamenta ahora, pero tuvo una juventud alocada y rebelde. Un día llegó rugiendo a la casa de su papá, montado en su motocicleta Harley Davidson para pedir dinero. Con su atuendo de cuero, polvoriento y con la barba crecida, irrumpió en la sala de su padre, y entró de lleno en una reunión de la junta ejecutiva de Billy.

Sin dudarlo ni siquiera un segundo, Billy Graham identificó a Franklin como su hijo. Luego lo presentó orgulloso a cada miembro de la junta. Billy no pidió disculpas por su hijo ni mostró vergüenza o culpa alguna. Tiempo después, Franklin escribió en su autobiografía, *Rebel With a Cause* (Rebelde con causa), que el amor y el respeto que su padre le brindó ese día jamás lo abandonaron, incluso durante sus años de rebeldía.

Nuestros hijos no tienen que ganarse nuestro amor. Retener el amor para nuestros propios propósitos egoístas es seguir al enemigo, no a Dios. El amor de Dios para con nosotros es inmerecido. No hicimos nada para ganarlo; no hay bien en nosotros que nos haya hecho merecedores de ello. «Mas Dios muestra su amor para con nosotros, en que siendo aún pecadores, Cristo murió por nosotros» (Romanos 5:8). En todas nuestras relaciones, en especial con nuestros hijos, debemos mostrar ese mismo tipo de amor de manera auténtica.

Estamos llamados a tratar a nuestros hijos —y a todas las personas— con amor y respeto. Nos ayuda a recordar lo que éramos cuando Cristo murió por nosotros.
—DCE

EL AMOR DE DIOS CAMBIA
LOS HIJOS PRÓDIGOS EN SANTOS PRECIOSOS.

PORQUE VENDRÁ TIEMPO

Porque vendrá tiempo
cuando no sufrirán la sana doctrina.
—2 Timoteo 4:3

Un artículo de una revista muy popular en los Estados Unidos describe cómo algunos padres hoy quieren que sus hijos se adapten a un mundo en el que predomina el sincretismo. Una pareja le pidió a Ema Drouillard, quien realiza servicios religiosos, que oficiara un servicio para la hijita de ellos, Greer. La madre dijo: «Simplemente queríamos que un espíritu mayor guiara a nuestra hija, pero no queríamos ser específicos. No queríamos que se nos escapara nadie». La pareja dijo: «Simplemente hacemos que el cristianismo sea algo *light* para Greer, quien 'cree en ángeles y hadas, duendes y Papá Noel'». Esto ilustra el poco valor que se le da a la verdad bíblica y esto es lo que hoy prevalece tanto en nuestra cultura.

El apóstol Pablo le advirtió a Timoteo que vendría una época cuando las personas preferirían alimento espiritual «light» y que no tolerarían la enseñanza más intensa (2 Timoteo 4:3-4). Predijo que la falsa enseñanza se incrementaría y que muchos la adoptarían porque satisface las necesidades de su carne. Quieren ser aceptados y desean una enseñanza que les haga sentirse bien consigo mismos. Pablo dio instrucciones a Timoteo de combatir esto enseñando doctrinas según la Palabra de Dios. El propósito de esta instrucción era redargüir, reprender y exhortar a los demás (v.2).

Como creyentes, estamos llamados a enseñar y obedecer la Palabra de Dios, no a satisfacer los deseos de nuestra cultura. —MLW

SOSTENTE EN LA PALABRA DE DIOS
Y NO CAERÁS EN EL ERROR.

¡NO PUEDES DECIR ESO!

Señor, ¿qué quieres que yo haga?
—Hechos 9:6

Según un sitio en Internet para formación de carreras profesionales, hay ciertas palabras que se deben evitar en el trabajo. Cuando alguien de autoridad te pide que hagas un proyecto, no debes responder, «claro, no hay problema», si no estás hablando en serio y no vas a llevarlo a cabo hasta el final. De otra manera, te ganarás la fama de ser alguien que no cumple su palabra. Y no digas, «no me corresponde hacer eso», porque puede que en el futuro necesites la ayuda de esa persona.

Y si tu jefe viene a ti con un problema, el sitio en Internet antes mencionado sugiere que lo mejor es no culpar a otra persona ni decir, «¡no es mi culpa!».

Esa es la excusa que Adán y Eva le dieron a Dios. Se les dijo que no comieran del fruto del árbol del conocimiento del bien y del mal (Génesis 2:16-17). Cuando desobedecieron y Dios los confrontó, Adán le echó la culpa a Dios y a Eva, y Eva le echó la culpa a la serpiente (3:9-19). Básicamente, lo que dijeron fue: «¡No es mi culpa!».

Tal vez deberíamos evitar ponerle a Dios algunas excusas en lo que respecta a lo que Él nos ha dicho que hagamos o no hagamos. Por ejemplo, en 1 Corintios 13 nos da instrucciones específicas para un comportamiento a semejanza de Cristo, pero puede que nos veamos tentados a decir, «simplemente eso no me convence en absoluto», o «ese no es realmente mi don».

¿Qué está pidiendo el Señor de ti hoy? ¿Cómo responderás? ¿Qué te parece decirle: «¡Sí, Señor!»?. —AMC

EL MOTIVO MÁS ELEVADO PARA OBEDECER
A DIOS ES EL DESEO DE AGRADARLE.

PARA LAS AVES

No codiciarás [...]
cosa alguna de tu prójimo.
—ÉXODO 20:17

El comedero para aves atado a la ventana de mi oficina está justo fuera del alcance de las ardillas. Pero una ardilla se ha planteado como misión especial obtener las semillas que son para los pájaros. Al ver a sus diminutos vecinos mordisquear ruidosamente la abundante provisión, la ardilla está obsesionada con disfrutar del mismo placer. Ha tratado de llegar al comedero desde todos los lados, pero sin éxito. Se abrió paso trepando por el marco de madera de la ventana hasta llegar a tan sólo unos cuantos centímetros del comedero, pero cayó por el vidrio resbaladizo. Trepó por las delgadas ramas del arbusto forsitia, y llegó tan al borde que cayó al suelo.

Los incansables intentos de la ardilla por obtener lo que no ha sido preparado para ella nos traen a la memoria a un hombre y una mujer que tomaron alimento que no había sido provisto para ellos. Ellos también sufrieron una caída; una caída tan severa que causó un profundo dolor a toda la raza humana. Debido a su desobediencia y a que tomaron un alimento que Dios les había dicho que no comieran, el Señor los puso donde ya no pudieran alcanzarlo. Como resultado de dicha desobediencia, ellos y sus descendientes ahora debemos trabajar duro para obtener lo que originalmente Dios había dado como un regalo: el alimento (ver Génesis 2–3).

Que nuestro deseo por tener lo que Dios ha mantenido fuera de nuestro alcance no nos impida disfrutar lo que sí nos ha dado (Hebreos 13:5). —JAL

PERO GRAN GANANCIA ES LA PIEDAD ACOMPAÑADA
DE CONTENTAMIENTO. —1 TIMOTEO 6:6

MÁQUINAS VOLADORAS

Me he consumido a fuerza de gemir;
todas las noches inundo de llanto mi lecho,
riego mi cama con mis lágrimas.

—SALMO 6:6

El artista discográfico James Taylor se lanzó a la escena musical a comienzos de los años 70 con la canción «Fire and Rain» («Fuego y lluvia»). En ella, hablaba acerca de las decepciones de la vida, describiéndolas como «dulces sueños y máquinas voladoras hechos pedazos en el suelo». Esa era una referencia al grupo musical original de Taylor «Flying Machine» («Máquina voladora»), cuyos intentos por introducirse en la industria discográfica habían fracasado rotundamente, haciéndole preguntarse si sus sueños de una carrera musical se cristalizarían alguna vez. La realidad de las expectativas que se rompen era claramente perceptible, dejando a Taylor con un sentimiento de pérdida y desesperanza.

El salmista David también experimentó esa frustración sin esperanza, mientras luchaba con sus propios fracasos, los ataques de los demás y las decepciones de la vida. En el Salmo 6:6 dijo: «Me he consumido a fuerza de gemir; todas las noches inundo de llanto mi lecho, riego mi cama con mis lágrimas». La profundidad de su dolor y pérdida lo llevó al sufrimiento; pero en ese pesar se volvió al Dios de todo consuelo. Las mismas «máquinas voladoras» estrelladas y rotas dieron pie a la seguridad del cuidado de Dios, empujándolo a decir: «Jehová ha oído mi ruego; ha recibido Jehová mi oración» (v.9).

En nuestras épocas de decepción, también podemos encontrar consuelo en Dios, quien se ocupa de nuestros corazones destrozados. —WEC

EL SUSURRO CONSOLADOR DE DIOS
AQUIETA EL RUIDO DE NUESTRAS PRUEBAS.

INCOMPLETA

El que comenzó en vosotros la buena obra,
la perfeccionará hasta el día de Jesucristo.

—FILIPENSES 1:6

Cuando yo era una niñita, mis padres compraron su primera casa. Una tarde, toda la familia nos metimos de repente en el automóvil y fuimos a ver dónde estaríamos viviendo pronto.

No lo podía creer. La casa no tenía ventanas ni puertas y tenía un olor extraño. Se podía ver el sótano claramente a través de grandes brechas en el suelo y tuvimos que encaramarnos a una escalera para bajar allí.

Esa noche, cuando le pregunté a mi madre por qué ella y papá querían vivir en una casa como ésa, ella me explicó que el constructor todavía no la había terminado. «Sólo espera y verás —dijo—. Creo que te va a gustar cuando quede lista».

Pronto comenzamos a ver cambios. A la casa le pusieron ventanas, luego puertas. El «olor raro» de la madera nueva se fue. Pintaron las paredes. Mamá puso cortinas en las ventanas y cuadros en las paredes. La casa incompleta se había transformado. Había llevado algo de tiempo, pero finalmente había quedado terminada.

Como cristianos, nosotros también necesitamos un «acabado». Aunque los cimientos se echan en el momento de nuestra conversión, el proceso de crecimiento continúa a lo largo de nuestra vida. Al seguir obedientemente a Jesús, «el autor y consumador de nuestra fe» (Hebreos 12:2), un día, nosotros también quedaremos completos. —CHK

TEN PACIENCIA, POR FAVOR.
¡DIOS TODAVÍA NO HA TERMINADO CONMIGO!

SER O NO SER

Fuimos abrumados sobremanera [...], de tal modo que aun perdimos la esperanza de conservar la vida.
—2 Corintios 1:8

Cuando yo era pequeño, los niños en el parque citaban en broma la famosa frase de Shakespeare: «Ser o no ser; esa es la cuestión». Pero en realidad no entendíamos lo que significaba. Más tarde supe que el personaje de Shakespeare, Hamlet, quien dice estas líneas, es un príncipe melancólico que se entera de que su tío ha asesinado a su padre y se ha casado con su madre. El horror de esta realidad es tan perturbador que él piensa en el suicidio. Su duda era: «ser» (continuar viviendo) o «no ser» (quitarse la vida).

A veces, el sufrimiento de la vida puede llegar a ser tan abrumador que somos tentados a caer en la desesperación. El apóstol Pablo le dijo a la iglesia en Corinto que la persecución que él había padecido en Asia había sido tan intensa, que «aun perdí la esperanza de conservar la vida» (2 Corintios 1:8). Pero al trasladar su enfoque hacia su Dios, el sustentador de su vida, Pablo adquirió una capacidad de recuperación en vez de abrumarse, y llegó a la conclusión de que «no confiásemos en nosotros mismos, sino en Dios» (v.9).

Las pruebas pueden hacer parecer que la vida no vale la pena. Centrarnos en nosotros mismos puede llevarnos a la desesperación. Pero poner nuestra confianza en Dios nos da una perspectiva completamente diferente. Mientras vivamos en este mundo, podemos tener la certeza de que nuestro Dios Todo-suficiente puede sostenernos. Y como Sus seguidores, siempre tendremos un propósito divino para «ser». —HDF

LAS PRUEBAS NOS HACEN PENSAR;
PENSAR NOS HACE SABIOS; LA SABIDURÍA HACE QUE
LA VIDA SEA PROVECHOSA.

SACANDO LOS CACHIVACHES

¿O ignoráis que vuestro cuerpo es templo de Espíritu Santo,
el cual está en vosotros, el cual tenéis de Dios,
y que no sois vuestros?

—1 Corintios 6:19

Mi garaje sirve de «almacén» de aquellas cosas que no encuentran un lugar en nuestro hogar y, francamente, hay momentos en los que me avergüenzo de abrir la puerta. No quiero que nadie vea los cachivaches. Así que, con regularidad, separo un día para sacarlos.

Nuestros corazones y nuestras mentes se parecen mucho a eso; acumulan muchos cachivaches. Al chocarnos con el mundo, inevitable, tal vez inconscientemente, tomamos pensamientos y actitudes impías, como pensar que todo en la vida gira a nuestro alrededor, demandar nuestros derechos o reaccionar amargamente hacia aquellos que nos han herido. Rápidamente nuestros corazones y nuestras mentes ya no están limpios ni ordenados. Y aunque pensemos que podemos esconder todo ese desorden, este al final se hará evidente.

Pablo preguntó claramente: «¿O ignoráis que vuestro cuerpo es templo del Espíritu Santo?» (1 Corintios 6:19). Esto hace que me pregunte si Dios a menudo sentirá que está viviendo en nuestro desordenado garaje.

Tal vez sea momento de separar un día espiritual y, con Su ayuda, ponerte a trabajar para sacar los cachivaches. Deshazte de esos pensamientos de amargura. Mete en bolsas y echa fuera los viejos patrones de pensamientos sensuales. Organiza tus actitudes. Llena tu corazón de la belleza de la Palabra de Dios. Límpiate a fondo, ¡y luego deja la puerta abierta para que todos lo vean! —JMS

No dejes que el Espíritu more en un corazón
abarrotado. ¡Tómate un tiempo para limpiarlo hoy!

ALZANDO LAS MANOS AL CIELO

*El Espíritu mismo intercede por nosotros
con gemidos indecibles.*

—ROMANOS 8:26

Veo a niños que alzan sus manos hacia sus madres, ansiosos por captar su atención. Me recuerda mis propios esfuerzos por llegar a Dios en oración.

La iglesia primitiva declaró que la obra de los ancianos es amar y orar. De estos dos, me parece que amar es lo más difícil y orar es lo más confuso. Mi debilidad radica en no saber exactamente por qué debo orar. ¿Debo orar para que los demás sean librados de sus tribulaciones o para que dichas tribulaciones desaparezcan? ¿O debo orar pidiendo valentía para continuar en medio de las dificultades que los acosan?

Encuentro consuelo en las palabras de Pablo: «Y de igual manera el Espíritu nos ayuda en nuestra debilidad» (Romanos 8:26). Aquí el apóstol usa un verbo que significa «ayudar uniéndose en una actividad o esfuerzo». El Espíritu de Dios se une al nuestro cuando oramos. Él intercede por nosotros «con gemidos indecibles». Él se conmueve con nuestras tribulaciones; a menudo suspira mientras ora. Se preocupa profundamente por nosotros, más de lo que nos preocupamos por nosotros mismos. Más aun ora «conforme a la voluntad de Dios» (v.27). Sabe cuáles son las palabras correctas que hay que decir.

Por lo tanto, no tengo que preocuparme por formular mi petición a la perfección. Sólo tengo que tener sed de Dios y alzar mis manos, sabiendo que a Él le importa. —DHR

AL ORAR, ES MEJOR TENER UN CORAZÓN SIN PALABRAS
QUE PALABRAS SIN CORAZÓN.

EL TIEMPO DE TOMÁS

Entonces Tomás respondió y le dijo:
¡Señor mío, y Dios mío!

—Juan 20:28

Un joven estaba luchando con su fe. Después de crecer en un hogar donde lo amaron y lo criaron de una manera piadosa, permitió que las malas decisiones y las circunstancias lo alejaran del Señor. Aunque había afirmado conocer a Jesús cuando era un niño, ahora luchaba con la incredulidad.

Un día, mientras hablaba con él, le dije: «Sé que caminaste con el Señor por largo tiempo, pero justo ahora no estás tan seguro acerca de Jesús y la fe. ¿Puedo decirte que creo que te encuentras en el 'tiempo de Tomás' en tu vida?».

Él sabía que Tomás era uno de los doce apóstoles y que había confiado abiertamente en Cristo por varios años. Le recordé a este joven que, después de la muerte de Jesús, Tomás dudó de que Él realmente hubiese resucitado de la tumba. Pero ocho días después, el Señor se le apareció a Tomás, le mostró Sus cicatrices y le dijo que dejara de dudar y creyera. Finalmente, listo para abandonar sus dudas, Tomás dijo: «¡Señor mío, y Dios mío!».

¿Será posible que te encuentres en el «tiempo de Tomás»; es un momento en el que te parece difícil sentirte cerca de Jesús, tal vez incluso dudando de Él? Jesús está esperándote. Extiende tu brazo y toma Su mano marcada por los clavos.

—JDB

UN HIJO DE DIOS
SIEMPRE ES BIENVENIDO A CASA.

17 de marzo

DA UN PASO

Amando a Jehová tu Dios,
atendiendo a su voz, y siguiéndole a él;
porque él es vida para ti, y prolongación de tus días.
—Deuteronomio 30:20

En un centro comercial en Coventry, Inglaterra, los investigadores colocaron coloridos anuncios a lo largo de las barandillas de una escalera que decían: «Subir las escaleras protege su corazón». A lo largo de un periodo de seis semanas, el número de personas que eligieron subir las escaleras tradicionales en vez de las escaleras mecánicas que había al lado se elevó a más del doble. Los investigadores dicen que cada paso cuenta, y que el comportamiento a largo plazo sólo cambiará si los anuncios se ven con regularidad.

La Biblia está llena de «anuncios» que nos instan a obedecer al Señor y seguirle incondicionalmente. Justo antes de que el pueblo de Dios entrara en la tierra prometida, Dios le dijo: «Mira, yo he puesto delante de ti hoy la vida y el bien, la muerte y el mal: [...] escoge, pues, la vida, para que vivas tú y tu descendencia; amando a Jehová tu Dios, atendiendo a su voz, y siguiéndole a él; porque él es vida para ti, y prolongación de tus días» (Deuteronomio 30:15,19-20).

Muy a menudo esperamos que nuestras vidas cambien por medio de un gigantesco salto de fe, una profunda decisión o algún acto significativo de servicio. En realidad, la única manera en que cambiamos es dando un paso cada vez; y cada paso cuenta.

Prestemos hoy atención a los anuncios y demos un paso de obediencia sincera hacia el Señor. —DCM

UN PEQUEÑO PASO DE OBEDIENCIA
ES UN GIGANTESCO PASO HACIA LA BENDICIÓN.

¿QUÉ IMPLICA UN NOMBRE?

*And [ad] como es digno de la vocación
con que fuisteis llamados.*

—Efesios 4:1

Mi apellido chino me separa de las demás personas con otros apellidos. También me confiere una responsabilidad familiar. Soy un miembro de la familia Hia. Como miembro de la familia, se espera que yo continúe con la línea Hia y conserve el honor de mis ancestros.

Los creyentes que han sido salvados por la sangre expiatoria de Jesucristo tienen un apellido espiritual. Se nos llama «cristianos».

En el Nuevo Testamento, fueron los discípulos de Antioquia quienes recibieron el nombre *cristianos* por parte de aquellos que observaron su comportamiento (Hechos 11:26). Dos cosas definían a estos primeros creyentes. Hablaban acerca de las buenas nuevas del Señor Jesús dondequiera que iban (v.20); y aprendieron con entusiasmo las Escrituras cuando Bernabé y Saulo les enseñaron durante todo un año (v.26).

El nombre *cristiano* significa un «seguidor de Cristo», literalmente, alguien que «se pega» a Cristo. Hoy en día, muchas personas se llaman a sí mismos cristianos. Pero ¿debieran hacerlo?

Si te llamas a ti mismo cristiano, ¿le dice tu vida a los demás quién es Jesús? ¿Tienes sed de la Palabra de Dios? ¿Tus acciones dan honra o traen vergüenza al nombre de Cristo?

¿Qué implica un nombre? Cuando el nombre es *cristiano*, ¡ciertamente implica mucho! —CPH

UN CRISTIANO REFLEJA A JESUCRISTO.

UN CORAZÓN DE PREOCUPACIÓN

Con humildad, estimando cada uno a los demás como superiores a él mismo; no mirando cada uno por lo suyo propio, sino cada cual también por lo de los otros.
—FILIPENSES 2:3-4

Jason Ray era un rayo de alegría en la Universidad de Carolina del Norte en Chapel Hill. Durante tres años representó al Carnero Ramsés (la mascota de la universidad), arrastrando la gigantesca cabeza de carnero de su disfraz a los eventos deportivos unos días y a los hospitales infantiles otros. Luego, en marzo del 2007, mientras estaba con su equipo en un torneo de baloncesto, un automóvil atropelló a Jason. Su familia hizo vigilia y esperó en el hospital, pero el joven de 21 años sucumbió a sus heridas y murió.

Sin embargo, su historia no termina allí. Dos años antes, Jason había llenado unos formularios para donar sus órganos después de su muerte; y ese acto de preocupación salvó la vida de cuatro personas y ayudó a docenas más. Un joven en la flor de la vida, con todos los motivos para vivir, se preocupó por el bienestar de los demás y actuó en base a dicha preocupación. Las personas que recibieron la ayuda y sus familias están profundamente agradecidas a este joven, quien pensó en los demás.

El acto de Jason resuena en el meollo de las palabras de Pablo en Filipenses 2, cuando este llamó a los creyentes a que vieran más allá de sí mismos y sus propios intereses y se interesaran por los demás. Un corazón que se vuelve hacia las otras personas ciertamente será un corazón sano. —WEC

VER LAS NECESIDADES DE LOS DEMÁS
HONRA A CRISTO.

20 de marzo

JAMÁS SE ES DEMASIADO VIEJO

¿Hay para Dios alguna cosa difícil?
—Génesis 18:14

Las mujeres de la Casa Brown habían criado a sus familias y se habían jubilado de sus carreras. Ahora ya no podían vivir solas así que vinieron a la Casa Brown, como una especie de «última parada antes del cielo». Disfrutaban de la compañía mutua, pero a menudo luchaban con sentimientos de inutilidad. Algunas veces incluso cuestionaban por qué Dios tardaba tanto en llevárselas al cielo.

Una de las mujeres, que había pasado años tocando el piano, a menudo tocaba himnos en el piano de la casa. Otras mujeres se le unían y juntas elevaban sus voces en alabanza a Dios.

Un día, un auditor gubernamental estaba llevando a cabo una inspección de rutina durante uno de los servicios religiosos espontáneos de estas mujeres. Cuando las escuchó cantar «¿Qué harás con Jesús?», el espíritu de Dios conmovió su corazón. Recordó la canción de su niñez y supo que había elegido dejar atrás a Jesús. Ese día, Dios le habló otra vez y le dio otra oportunidad para responder a la pregunta de manera diferente. Y lo hizo.

Al igual que las mujeres de la Casa Brown, Sara pensó que estaba demasiado vieja para ser usada por Dios (Génesis 18:11). Pero Dios le dio un hijo en su vejez, quien habría de ser el ancestro de Jesús (21:1-3; Mateo 1:2,17). Al igual que Sara y las mujeres de la Casa Brown, jamás somos demasiado viejos para ser usados por Dios. —JAL

DIOS TE PUEDE USAR A CUALQUIER EDAD...
SI ESTÁS DISPUESTO.

LA CASA TORCIDA

Yo reprendo y castigo a todos los que amo;
sé, pues, celoso, y arrepiéntete.
—APOCALIPSIS 3:19

Cuando Roberto se mudó a su casa de cien años de antigüedad, los extraños sonidos que de ella emanaban eran desconcertantes. Un carpintero le dijo que la casa estaba torcida. Roberto admitió: «Podía verlo en los pisos, los cielos rasos, la línea del tejado, las jambas e incluso los marcos de las ventanas. Si se dejaba caer una pelota en el piso, esta se iría rodando hasta perderse». Diecisiete años después, la casa sigue en pie y Roberto ha llegado a habituarse a ella e incluso a quererla.

En Apocalipsis, Jesús se enfrentó a una iglesia que se había acostumbrado a su espiritualidad torcida e incluso había llegado a amar sus inconsistencias. Laodicea era una ciudad acaudalada, pero esa misma riqueza la había llevado a una falsa ilusión de autosuficiencia. Esto se había impregnado en la cultura de la iglesia y había producido un tipo de espiritualidad torcida que parecía decir «no necesitamos a Jesús». Por lo tanto, Jesús reprendió a estos creyentes, llamándoles «tibios [...] desventurados, miserables, pobres, ciegos y desnudos» (3:16-17). Los reprendió porque los amaba y seguía queriendo una comunión cada vez más profunda con ellos. Así que les dio la oportunidad de arrepentirse (v.19).

Si la autosuficiencia ha torcido tu comunión con Jesús, puedes enderezarla por medio del arrepentimiento y una renovación de la comunión íntima con Él.
—MLW

EL ARREPENTIMIENTO ES EL MÉTODO QUE DIOS USA
PARA ENDEREZAR LO TORCIDO.

PROYECTANDO SOMBRAS

A fin de que nadie se jacte en su presencia.
—1 Corintios 1:29

Dice la leyenda que Miguel Ángel pintaba con un pincel en una mano y una vela en la otra para evitar que su propia sombra cubriera la obra maestra que estaba en proceso.

Ese es el tipo de actitud que debemos adoptar si hemos de ser serios en cuanto a querer mostrar la obra maestra de la gloria de Dios en el lienzo de nuestras vidas. Desafortunadamente, tendemos a vivir atrayendo la atención sobre nosotros mismos: nuestros automóviles, nuestras ropas, nuestras carreras, nuestra posición, nuestra sagacidad, nuestro éxito. Y cuando la vida gira a nuestro alrededor, es difícil que las personas puedan ver a Jesús en nosotros. Jesús nos salvó para ser el reflejo de Su gloria (Romanos 8:29), pero cuando vivimos para nosotros mismos, nuestra sombra se proyecta sobre el lienzo de Su presencia en nosotros.

Cuando los creyentes en Corinto empezaron a ser demasiado engreídos, Pablo los advirtió «a fin de que nadie se jacte [alardee] en su presencia» (1 Corintios 1:29) y les recordó lo que Jeremías había dicho: «El que se gloría, gloríese en el Señor» (v.31; Jeremías 9:24).

Piensa en tu vida como un lienzo sobre el cual se está pintando un cuadro. ¿Qué preferirías que viera la gente: la obra maestra de la presencia de Jesús o la sombra de tu propio perfil? No te interpongas en medio de una gran obra en proceso. Vive para dejar que los demás vean a Jesús en ti. —JMS

LA VIDA DE UN CRISTIANO ES EL LIENZO
SOBRE EL CUAL LOS DEMÁS PUEDEN VER A JESÚS.

CABALLO LOCO

Tomó luego Samuel una piedra [...]
y le puso por nombre Eben-ezer,
diciendo: hasta aquí nos ayudó Jehová.
—1 Samuel 7:12

En 1876, el líder de los Sioux Caballo Loco unió fuerzas con Toro Sentado para derrotar al General Custer y su ejército en el sitio de Little Bighorn. Pero no mucho tiempo después, el hambre hizo que Caballo Loco se rindiera a las tropas de los Estados Unidos. Lo mataron cuando estaba tratando de escapar. A pesar de este triste final que tuvo su vida, Caballo Loco se convirtió en un símbolo del liderazgo heroico de un pueblo amenazado.

Hoy en día, en las Colinas Negras de Dakota del Sur, se lo conmemora con un monumento tallado en una montaña: el monumento a la memoria de Caballo Loco. Cuando quede terminado, medirá 192 metros de largo por 169 de alto. Mostrará a Caballo Loco sobre un caballo a galope, indicando el camino a su pueblo.

Miles de años atrás, el profeta Samuel usó una piedra conmemorativa mucho más pequeña de una manera significativa. En medio de una batalla crucial con los filisteos, el profeta clamó a Dios pidiendo ayuda para Israel. El Señor contestó su oración (1 Samuel 7:10). Como muestra de gratitud, Samuel levantó una piedra «y le puso por nombre Eben-ezer, diciendo: hasta aquí nos ayudó Jehová» (v.12).

Samuel ha establecido un ejemplo para nuestro peregrinaje espiritual. Nosotros también podemos hacer uso de recordatorios tangibles de la fidelidad de Dios para ayudarnos a adorarle y servirle. Bueno es recordar que «hasta aquí nos ayudó Jehová». —HDF

LA GRATITUD ES
LA MEMORIA DE UN CORAZÓN CONTENTO.

DÍAS CORRIENTES

Y he aquí, se les presentó un ángel del Señor,
y la gloria del Señor los rodeó de resplandor.

—Lucas 2:9

En la revista *God's Revivalist* (El que hace el avivamiento de Dios) la autora Anita Brechbill hizo la observación de que «la mayoría de las veces la Palabra del Señor llega al alma en medio de los deberes ordinarios de la vida». Ella cita los ejemplos de Zacarías cuando estaba realizando sus deberes como sacerdote y de los pastores cuando vigilaban sus rebaños. Trabajaban según su costumbre, sin la menor idea de que estaban a punto de recibir un mensaje de parte de Dios.

Lucas describe los días comunes y corrientes en que estos hombres recibieron su mensaje de parte de Dios: «Ejerciendo Zacarías el sacerdocio delante de Dios según el orden de su clase, [...] se le apareció un ángel del Señor» (1:8,11). Mientras los pastores «velaban y guardaban las vigilias de la noche sobre su rebaño [...] se les presentó un ángel del Señor, y la gloria del Señor los rodeó de resplandor» (2:8,9).

En su obra *My Utmost for His Highest* (En pos de lo supremo), Oswald Chambers dijo: «Rara es la vez en que Jesús llega donde lo esperamos; Él aparece donde menos lo esperamos y siempre en las situaciones más ilógicas. La única manera en que un obrero puede mantenerse fiel a Dios es estando listo para las visitas por sorpresa del Señor».

En este día común y corriente, puede que el Señor tenga una palabra de aliento, guía o instrucción para nosotros, si estamos escuchando y listos para obedecer. —DCM

DIOS LES HABLA A AQUELLOS
QUE ESTÁN EN SILENCIO DELANTE DE ÉL.

25 de marzo

EN TODO TIPO DE CLIMA

Y he aquí, yo estoy con vosotros todos los días,
hasta el fin del mundo.

—MATEO 28:20

Cuando Jesús envió a Sus discípulos a la obra, les dio esta promesa: «Y he aquí, yo estoy con vosotros todos los días, hasta el fin del mundo» (Mateo 28:20). Y literalmente, al decir *todos los días* se refería a «cada día», según los eruditos en griego.

Jesús no dijo simplemente «todos los días», sino «cada día». Eso toma en cuenta todas nuestras diversas actividades, las circunstancias buenas y malas que nos rodean, las variadas responsabilidades que tenemos en el transcurso de nuestros días, las nubes de tormenta y los días soleados.

Nuestro Señor está presente con nosotros sin importar lo que traiga cada día. Puede que se trate de un día de gozo o de tristeza, de enfermedad o de salud, de éxito o de fracaso. Sin importar lo que nos suceda hoy, nuestro Señor está caminando a nuestro lado, fortaleciéndonos, amándonos, llenándonos de fe, esperanza y amor. Al envolvernos con Su serenidad y seguridad silenciosas, nuestros enemigos, nuestros temores, nuestras aflicciones y dudas comienzan a desvanecerse. Podemos soportar cualquier situación y circunstancia porque sabemos que el Señor está a nuestro alcance, tal y como se lo dijo a Pablo en Hechos 18:10: «Yo estoy contigo».

Disfruta en la práctica de la presencia de Dios, deteniéndote en medio de tu ajetreado día para decirte a ti mismo, «el Señor está aquí». Y ora para que veas al Invisible, y lo veas en todas partes. —DHR

BUSCAD A JEHOVÁ MIENTRAS PUEDE SER HALLADO,
LLAMADLE EN TANTO QUE ESTÁ CERCANO. —ISAÍAS 55:6

FIDELIDAD EN TODO

Y todo lo que hacéis, sea de palabra o de hecho,
hacedlo todo en el nombre del Señor Jesús.
—COLOSENSES 3:17

En agosto del 2007, un gran puente en Minneapolis se derrumbó sobre el río Mississippi, matando a trece personas. En las semanas que siguieron, me fue difícil no pensar en dicha tragedia cada vez que cruzaba un puente.

Algún tiempo después, estaba viendo un episodio de *Trabajos sucios* en el canal Discovery. El presentador, Mike Rowe, hablaba con un pintor industrial, cuyo trabajo estaba tratando de replicar. «Realmente no hay nada de qué vanagloriarse en lo que usted hace», le dijo. «Es cierto —contestó el pintor—, pero es un trabajo que tiene que hacerse».

Este hombre pinta el interior de las torres del puente Mackinac en el norte de Michigan. Realiza su labor desapercibida para garantizar que el acero de la magnífica estructura suspendida no se oxide desde el interior y la integridad del puente no se vea comprometida. La mayoría de las 12.000 personas que cruzan los estrechos del Mackinac cada día ni siquiera son conscientes de que dependen de la fiel y concienzuda labor de obreros como este pintor.

Dios también ve nuestra fidelidad en las cosas que hacemos. Aunque pensemos que nuestras acciones —grandes y pequeñas— algunas veces pasan desapercibidas, la Persona más importante de todas las está observando. Cualquiera que sea nuestra labor hoy, hagámoslo «todo en el nombre del Señor Jesús» (Colosenses 3:17). —CHK

EL TRABAJO DIARIO ADQUIERE VALOR ETERNO
CUANDO SE HACE PARA DIOS.

¡SOY INOCENTE!

Pero sed hacedores de la palabra.
—Santiago 1:22

Todos los estudiantes de un colegio en Florida —2550 en total— estaban en problemas. Un sistema de mensajes notificó a cada uno de los padres que su hijo (o hijos) quedarían castigados ese fin de semana por mal comportamiento. Muchos niños alegaron su inocencia, pero algunos padres de todas maneras impusieron el castigo. Una madre, Amy, admitió que le gritó a su hijo y se aseguró que este se presentara en el colegio el sábado para recibir su castigo.

Para alivio de 2534 niños y vergüenza de algunos padres, se descubrió que el mensaje automático había sido enviado por error a todo el cuerpo estudiantil, ¡cuando en realidad sólo 16 estudiantes merecían el castigo! Amy se sintió tan mal por no haber escuchado y creído a su hijo que esa mañana lo invitó a desayunar fuera.

Todos tenemos historias que contar acerca de circunstancias que nos han mostrado nuestra necesidad de escuchar antes de hablar. Somos naturalmente tentados a hacer juicios rápidos y a reaccionar con ira. El libro de Santiago nos da estas tres exhortaciones prácticas para tratar las situaciones estresantes de la vida: «Todo hombre sea pronto para oír, tardo para hablar, tardo para airarse» (Santiago 1:19).

En las tensiones de la vida, seamos hoy «hacedores de la palabra» (v.22) y tomemos tiempo para escuchar y restringir nuestras palabras y nuestra ira. —AMC

ESCUCHA PARA ENTENDER,
Y LUEGO HABLA CON AMOR.

28 de marzo

LA MEDIDA DE LA MISERICORDIA

Fuisteis rescatados [...] no con cosas corruptibles,
[...] sino con la sangre preciosa de Cristo.
—1 PEDRO 1:18-19

¿Cuál es la distancia desde el trono de esplendor de Dios hasta el abismo de la cruz del calvario? ¿Cuál es la medida del amor del Salvador por nosotros? En la carta de Pablo a los filipenses, el apóstol describió el descenso de Jesús desde las alturas de la gloria hasta las profundidades de la vergüenza y la agonía, y Su ascenso de regreso (2:5-11).

Cristo es el Creador eterno y Señor de todo lo que existió, existe y existirá, y exaltado infinitamente sobre lo viciado y lo podrido del mundo. Él es la fuente de vida, con millares de ángeles que cantan Sus alabanzas y hacen Su voluntad. Y, sin embargo, motivado por Su amor hacia nuestra raza humana perdida, «se humilló a sí mismo, haciéndose obediente hasta la muerte, y muerte de cruz» (v.8). Vino a nuestro penoso planeta, nació en un establo que era una cueva llena de hedores e inmundicia y lo colocaron como un indefenso bebé en un pesebre.

Cuando se hizo hombre, soportó no tener un lugar para vivir (Mateo 8:20). Sediento, le pidió agua a una adúltera (Juan 4:7-9). Agotado, se quedó dormido en una barca en medio de un mar agitado por la tormenta (Marcos 4:37-38). Sin tener pecado alguno, las multitudes lo adoraron un día (Mateo 21:9) y luego lo condenaron como un criminal y murió en una cruz romana sufriendo de manera atroz.

¡Esa es la distancia desde el trono de Dios hasta el calvario! ¡Esa es la medida de Su misericordia y gracia! —VCG

DIOS IRRUMPIÓ EN LA HISTORIA HUMANA PARA
OFRECERNOS EL REGALO ETERNO DE LA SALVACIÓN.

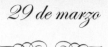

DECIDE

*Decidid no poner tropiezo
u ocasión de caer al hermano.*

—ROMANOS 14:13

U na vez decoré un cuaderno con definiciones de las palabras *idea, pensamiento, opinión, preferencia, fe* y *convicción,* para recordarme que no significan lo mismo. La tentación de elevar una opinión al nivel de una convicción puede ser fuerte, pero está mal hacerlo, tal y como lo aprendemos de Romanos 14.

En el primer siglo, las tradiciones religiosas basadas en la ley eran tan importantes para los líderes religiosos que estos no lograron reconocer a Aquel que personificaba la ley, Jesús. Estaban tan centrados en asuntos de menor cuantía que descuidaron los importantes (Mateo 23:23).

Las Escrituras dicen que necesitamos subyugar incluso nuestras creencias y convicciones a la ley del amor (Romanos 13:8,10; Gálatas 5:14; Santiago 2:8), por cuanto el amor cumple la ley y lleva a la paz y la edificación mutua.

Cuando las opciones y las preferencias se vuelven más importantes para nosotros que lo que Dios dice que es valioso para Él, significa que hemos hecho ídolos de nuestras propias creencias. La idolatría es una ofensa grave porque viola el primer y más importante mandamiento: «No tendrás dioses ajenos delante de mí» (Éxodo 20:3).

Decidamos no elevar nuestras propias opiniones por encima de las de Dios, no vaya a ser que se conviertan en una piedra de tropiezo e impidan que los demás conozcan el amor de Jesús. —JAL

LA MAYOR FUERZA EN LA TIERRA NO ES LA COACCIÓN
DE LA LEY, SINO LA COMPASIÓN DEL AMOR.

¿INMUNDO? ¡SÉ LIMPIO!

Y Jesús, teniendo misericordia de él,
extendió la mano y le tocó, y le dijo:
Quiero, sé limpio.
—Marcos 1:41

Cuando leo Marcos 1:40-45, imagino la siguiente escena: Lo vieron venir hacia ellos desde el otro lado del camino. Estaba agitando los brazos para advertirles que debían alejarse. Lo reconocieron por el pañuelo que le cubría la nariz y la boca. Tenía las vestimentas rotas y la piel se le caía del cuerpo. Era un leproso, ¡un inmundo!

La multitud alrededor de Jesús se dispersó cuando el leproso se les abalanzó, poniéndose en medio de ellos. Todos tenían miedo de que los tocara porque entonces ellos mismos se harían inmundos. A los leprosos se los excluía de la vida religiosa de la comunidad, se los aislaba de la sociedad y se los obligaba a llevar luto por su propia muerte rasgando sus vestiduras.

Pero este leproso se echó a los pies de Jesús, clamando a Él en un acto de desesperación y fe para ser restaurado y volver a ser una persona íntegra: «Si quieres, puedes limpiarme» (v.40). Teniendo misericordia de él, Jesús lo tocó y le dijo: «Quiero, sé limpio» (v.41). Jesús sanó al hombre de su lepra y le dijo que se mostrara al sacerdote del templo.

Jesús tiene el poder de limpiar, perdonar y restaurar a aquellos que han quedado atrapados sin esperanza e impotentes en su pecado, y que no pueden encontrar una salida. Confía en que Él te dirá: «Quiero, sé limpio». —MLW

JESÚS ES ESPECIALISTA EN RESTAURACIÓN.

31 de marzo

¿LE IMPORTA A DIOS?

Y [Jesús] tomó consigo a Pedro, a Jacobo y a Juan,
y comenzó a entristecerse y a angustiarse. Y les dijo:
Mi alma está muy triste, hasta la muerte.
—Marcos 14:33-34

En un terrible año, tres de mis amigos murieron rápidamente uno tras otro. Mi experiencia con las dos primeras muertes no contribuyó para nada en prepararme para la tercera. Apenas si podía hacer otra cosa que no fuera llorar.

Encuentro extrañamente consolador el hecho de que Jesús respondió de una manera muy parecida a la mía cuando enfrentó el dolor. Me consuela saber que Él lloró cuando Su amigo Lázaro murió (Juan 11:32-36). Eso me da una revelación asombrosa de cómo se habrá sentido Dios con respecto a mis amigos, a quienes Él también amaba.

Y en el huerto, la noche antes de Su crucifixión, Jesús no oró: «Oh, Señor, estoy tan agradecido de que me hayas escogido para sufrir en tu nombre». No, Él experimentó dolor, temor, abandono, incluso desesperación. El libro de Hebreos nos dice que Jesús rogó «con gran clamor y lágrimas al que le podía librar de la muerte» (5:7). Pero no fue salvado de la muerte.

Es demasiado decir que Jesús mismo hizo la pregunta que nos angustia: *¿Le importa a Dios?* ¿Qué otra cosa pueden significar Sus palabras en ese oscuro salmo: «Dios mío, Dios mío, ¿por qué me has desamparado?» (Salmo 22:1; Marcos 15:34).

Jesús soportó Su dolor porque sabía que Su Padre es un Dios de amor en quien se puede confiar, sin importar cómo se presenten las circunstancias. Demostró con fe que la respuesta final a la pregunta *¿Le importa a Dios?* es un rotundo: ¡Sí!
—PY

CUANDO SABEMOS QUE LA MANO DE DIOS ESTÁ EN
TODO, PODEMOS DEJARLO TODO EN LA MANO DE DIOS.

EL OTRO CHIVO

Y él es la propiciación por nuestros pecados;
y no solamente por los nuestros,
sino también por los de todo el mundo.

—1 Juan 2:2

El chivo expiatorio, una novela de Daphne du Maurier, trata acerca de dos hombres que quedan sorprendidos ante su asombroso parecido físico. Pasan una noche juntos, pero uno de ellos huye, robándole la identidad al otro y dejándolo en el torbellino de una vida llena de problemas. El segundo hombre se convierte en un chivo expiatorio.

El origen de esta palabra proviene de una ceremonia que se realizaba con dos machos cabríos en el Día de Expiación (hoy conocido como Yom Kippur). El sumo sacerdote sacrificaba un chivo y simbólicamente colocaba los pecados del pueblo en la cabeza del otro —el chivo expiatorio— antes de enviarlo al desierto, llevándose consigo la culpa del pecado (Levítico 16:7-10).

Pero cuando vino Jesús, Él se convirtió en nuestro chivo expiatorio. Se ofreció a sí mismo «una vez para siempre» como sacrificio para pagar por los pecados «de todo el mundo» (1 Juan 2:2; Hebreos 7:27). Al primer chivo se le había sacrificado como una ofrenda por el pecado del pueblo de Dios y simbolizaba el sacrificio de Jesús en la cruz. El otro chivo era una representación del Jesús completamente inocente, que aceptaba y quitaba nuestro pecado y nuestra culpa.

Ninguno de nosotros está libre de pecado, pero el Padre puso en Jesús «el pecado de todos nosotros» (Isaías 53:6). Dios ve a los seguidores de Su Hijo como intachables, porque Jesús tomó toda la culpa que merecemos. —CHK

JESÚS TOMA NUESTRO PECADO
Y NOS DA SU SALVACIÓN.

¿QUIÉN CRUCIFICÓ A JESÚS?

*Y cuando llegaron al lugar llamado de la Calavera,
le crucificaron allí, y a los malhechores...*
—Lucas 23:33

Al mirar la pintura de Rembrandt *Las tres cruces*, lo primero que capta nuestra atención es la cruz donde murió Jesús. Luego, al mirar a la multitud congregada alrededor del pie de esa cruz, quedamos impresionados ante las diversas expresiones faciales y las acciones de las personas involucradas en el terrible crimen de crucificar al Hijo de Dios. Finalmente, nuestros ojos van hacia el extremo de la pintura para captar con la vista otra figura, casi escondida en las sombras. Algunos críticos dicen que es una representación de Rembrandt mismo, por cuanto reconocía que por causa de sus pecados él había ayudado a clavar a Jesús a la cruz.

Alguien ha dicho: «Es sencillo decir que Cristo murió por los pecados del mundo. Lo difícil es decir que Cristo murió por mis pecados [...] Es una idea espeluznante el que podamos ser tan indiferentes como Pilato, tan intrigantes como Caifás, tan crueles como los soldados, tan despiadados como la muchedumbre o tan cobardes como los discípulos. No fue simplemente lo que *ellos* hicieron; fui yo quien lo clavó al madero. Yo crucifiqué al Cristo de Dios. Me uní a la mofa».

Colócate en las sombras junto con Rembrandt. Tú también estás allí. Pero luego recuerda lo que Jesús dijo mientras colgaba de esa cruz, «Padre, perdónalos». Gracias a Dios, eso nos incluye a ti y a mí. —HB

LA CRUZ DE CRISTO REVELA LO MEJOR DEL AMOR DE
DIOS Y LO PEOR DEL PECADO DEL MUNDO.

EL DÍA SIN NOMBRE

Pero si esperamos lo que no vemos,
con paciencia lo aguardamos.

—ROMANOS 8:25

En Louisiana se encuentra la tumba de una mujer sepultada en un huerto de robles de 150 años en el cementerio de una iglesia episcopal. Sólo una palabra ha sido grabada en su lápida: «Esperando».

Un amigo mío conoce a un pastor anciano que dio un conmovedor sermón de Viernes Santo titulado «Es viernes, pero ya llega el domingo». Con una cadencia cuyo ritmo y volumen van en aumento, el sermón de este ministro contrasta la manera en que se veía el mundo el viernes —cuando las fuerzas del mal parecían haber triunfado— con la manera en que se veía el domingo. Los discípulos que pasaron por ambos días jamás volvieron a dudar de Dios. Aprendieron que, cuando Dios parece estar más ausente que nunca, puede que esté más cerca que nunca.

Sin embargo, el sermón se salta un día —el sábado—, el día sin nombre. Lo que los discípulos vivieron a pequeña escala ahora lo vivimos a una escala cósmica. Es sábado en nuestro planeta tierra; ¿llegará el domingo alguna vez?

A ese oscuro viernes «golgotano» sólo puede llamársele Viernes Santo por lo que sucedió el domingo. La Pascua de resurrección abrió una grieta en un universo que cae en espiral hacia la desintegración; y un día, Dios ampliará el milagro de la Pascua a una escala cósmica.

Mientras tanto, aguardamos con una expectativa llena de esperanza, viviendo nuestros días de sábado, el día de en medio sin nombre. Es sábado. Pero ya llega el domingo. —PY

DIOS TOMÓ LA PEOR DE LAS ACCIONES DE LA HISTORIA Y LA CONVIRTIÓ EN LA MAYOR DE LAS VICTORIAS.

¡MUCHO MÁS!

Mas cuando el pecado abundó,
sobreabundó la gracia.

—ROMANOS 5:20

Hay una declaración que escuché en un culto de Pascua que siempre me viene a la memoria: «Más fue lo que se ganó con la resurrección de Jesús que lo que se perdió con la caída». ¿Se ganó más de lo que se perdió? ¿Puede ser esto cierto?

Cada día experimentamos el daño causado por el pecado que ha entrado en nuestro mundo. La codicia, la injusticia y la crueldad encuentran sus orígenes en la decisión de Adán y Eva de seguir su propio camino en vez de el de Dios (Génesis 3). El legado de su desobediencia ha pasado a cada generación. Sin la intervención de Dios estaríamos en una situación sin esperanza. Pero Jesús dominó el pecado por medio de Su cruz y conquistó la muerte por medio de Su resurrección.

La victoria de Cristo se celebra en Romanos 5, al cual a menudo se lo llama el capítulo del «mucho más» en el Nuevo Testamento, donde Pablo contrasta la devastación causada por el pecado con el poder restaurador de la gracia de Dios. En cada caso, la gracia supera las consecuencias del pecado. Llegando a una gran conclusión, Pablo dice: «Mas cuando el pecado abundó, sobreabundó la gracia; para que así como el pecado reinó para muerte, así también la gracia reine por la justicia para vida eterna mediante Jesucristo, Señor nuestro» (5:20-21).

No importa cuánto hayamos perdido personalmente por causa del pecado, hemos ganado muchísimo más por medio de la victoria de la resurrección de Cristo. —DCM

NUESTRO PECADO ES GRANDE;
LA GRACIA DE DIOS ES MÁS GRANDE.

¿HAS DEJADO PROPINA?

Por amor a vosotros se hizo pobre,
siendo rico.
—2 Corintios 8:9

La práctica de dejar propina es comúnmente aceptada en muchos países. Pero me pregunto: ¿Habrá influido este gesto de cortesía en nuestra actitud en cuanto a dar dinero a la iglesia?

Muchos cristianos consideran sus ofrendas financieras como apenas algo más que un gesto de buena voluntad hacia Dios por el servicio que Él nos ha prestado. Creen que, mientras hayan dado su diezmo a Dios, el resto es para que ellos hagan con ello como les plazca. ¡Pero la vida cristiana significa muchísimo más que el dinero!

La Biblia nos dice que a nuestro Creador le pertenecen «los millares de animales en los collados» (Salmo 50:10). «Mío es el mundo —dice Dios—, y su plenitud» (v.12). Todo proviene de Él y todo lo que tenemos le pertenece a Él. Dios no sólo nos ha dado todos los bienes materiales que poseemos, sino que también nos ha dado a Su Hijo, el Señor Jesucristo, quien nos provee nuestra propia salvación.

Pablo usó a los cristianos macedonios como una ilustración de cómo debe ser nuestro ofrendar a la luz de la increíble generosidad de Dios hacia nosotros. Los macedonios, quienes estaban en «profunda pobreza», dieron con «generosidad» (2 Corintios 8:2). Pero «se dieron primeramente al Señor» (v. 5).

Dios el Creador del universo no necesita nada de nosotros. No quiere una propina. ¡Nos quiere a nosotros! —CPH

NO IMPORTA CUÁNTO DES, NO PUEDES SUPERAR A DIOS.

SIN NADA MÁS QUE DIOS

No temáis ni os amedrentéis
delante de esta multitud tan grande,
porque no es vuestra la guerra, sino de Dios.
—2 CRÓNICAS 20:15

Un sabio maestro bíblico dijo una vez: «Tarde o temprano Dios colocará a personas autosuficientes en una posición donde no les quede otro recurso que Él: sin fuerzas, sin respuestas, sin nada más que Él. Sin la ayuda de Dios, se hunden».

Luego contó acerca de un hombre desesperado que le confesó a su pastor: «Mi vida está realmente yendo muy mal». «¿Cómo de mal?», inquirió el pastor. Enterrando la cabeza entre sus manos, gimió: «Le diré cómo de mal; Dios es todo lo que me queda». El rostro del pastor se iluminó. «¡Me alegra poder darte la seguridad y la tranquilidad de que una persona a la que no le queda nada más que Dios tiene más que suficiente para alcanzar la mayor victoria!».

En la lectura bíblica de hoy, el pueblo de Judá también estaba en problemas. Admitió su falta de poder y sabiduría para conquistar a sus enemigos. ¡Dios era todo lo que les quedaba! Pero el rey Josafat y el pueblo vieron esto como un motivo de esperanza y no de desesperación. «A ti volvemos nuestros ojos», le declararon a Dios (2 Crónicas 20:12). Y su esperanza no quedó decepcionada cuando Él cumplió Su promesa: «No es vuestra la guerra, sino de Dios» (v.15).

¿Te encuentras en una posición donde toda la autosuficiencia ha desaparecido? Al volver tus ojos al Señor y poner tu esperanza en Él, tienes la tranquilizadora promesa de Dios de que no necesitas nada más. —JEY

CUANDO DIOS ES TODO LO QUE TIENES,
TIENES TODO LO QUE NECESITAS.

¿QUIÉN ESTÁ EN MI LISTA DE INVITADOS?

Mas cuando hagas banquete,
llama a los pobres, los mancos, los cojos y los ciegos;
y serás bienaventurado.

—Lucas 14:13-14

Me encanta ofrecer cenas festivas. Algunas veces le digo a mi esposa: «Tonia, hace bastante tiempo que no tenemos a nadie en casa para cenar. ¿A quién crees que debemos invitar?» Repasamos nuestra propuesta de lista de invitados y sugerimos amigos a los que nunca hemos invitado o que no han venido hace tiempo. Y parece que esta lista normalmente consta de personas que se parecen, actúan y viven como nosotros y que pueden corresponder a nuestra invitación. Pero, si le preguntamos a Jesús a quién debiéramos invitar a cenar, Él nos dará una lista de invitados totalmente distinta.

Un día, un prominente fariseo invitó a Jesús a su casa, probablemente para compartir la mesa con Él, pero posiblemente para observarlo de cerca y poder atraparlo. Mientras estuvo allí, Jesús sanó a un hombre y le enseñó a Su anfitrión una importante lección: Al hacer nuestra lista de invitados para una cena, no debemos ser exclusivos; invitando sólo a amigos, parientes, vecinos ricos y aquellos que pueden devolverte la invitación. En cambio, debemos ser inclusivos, invitando a los pobres, los lisiados, los cojos y los ciegos. Aunque tales personas no podrían corresponderle al anfitrión, Jesús le aseguró que recibiría bendición y que Dios lo recompensaría (Lucas 14:12-14).

Así como Jesús ama a los menos afortunados, también nos invita a amarlos abriendo nuestros corazones y hogares. —MLW

ABRIR NUESTROS CORAZONES Y HOGARES NOS BENDICE TANTO A NOSOTROS COMO A LOS DEMÁS.

LA AMISTAD POR MEDIO DEL SERVICIO

Antes fuimos tiernos entre vosotros,
como la nodriza que cuida con ternura a sus propios hijos.
—1 TESALONICENSES 2:7

Don Tack quería saber cómo era la vida de los que no tenían hogar. Así que ocultó su identidad y se fue a vivir a las calles de su ciudad. Descubrió que muchas organizaciones ofrecían alimento y refugio. Se enteró de que podía pasar la noche en uno de los albergues si, antes, escuchaba un sermón. Así lo hizo, agradeció el mensaje del orador invitado y quiso hablar con él después. Pero, cuando Don se acercó para estrecharle la mano y preguntarle si podía hablar con él, este pasó por su lado como si no existiera.

Don supo que lo que más faltaba en el ministerio a los que no tenían hogar en su localidad era personas que estuvieran dispuestas a formar relaciones amistosas. Así que comenzó una organización llamada el Centro de los Siervos, para ofrecer ayuda por medio de la amistad.

Lo que Don encontró en el albergue fue lo opuesto a lo que experimentaban las personas cuando escuchaban al apóstol Pablo. Cuando él compartía el evangelio, se daba a sí mismo también. En su carta a los tesalonicenses dio testimonio de lo siguiente: «Tan grande es nuestro afecto por vosotros, que hubiéramos querido entregaros no sólo el evangelio de Dios, sino también nuestras propias vidas; porque habéis llegado a sernos muy queridos» (1 Tesalonicenses 2:8). Dijo también: «Antes fuimos tiernos entre vosotros, como la nodriza» (v.7).

En nuestro servicio para el Señor, ¿compartimos no sólo nuestras palabras o dinero, sino también nuestro tiempo y nuestra amistad? —AMC

UNA MEDIDA DE NUESTRA SEMEJANZA A CRISTO ES NUESTRA
SENSIBILIDAD ANTE EL SUFRIMIENTO DE LOS DEMÁS.

EL HONOR DE TU AMISTAD

Os he llamado amigos.
—Juan 15:15

Durante la ceremonia de bodas de una pareja británica, el padrino se mantuvo inmóvil. Ni siquiera se movió después del intercambio de votos.

La figura quieta era la de un conductor de autos de carrera que estaba tratando de estar en dos lugares a la vez. Debido a compromisos contractuales, Andy Priaulx, tricampeón mundial de carreras de automóvil, tuvo que romper su promesa de participar en la boda de su amigo. Así que, envió una figura de cartón de tamaño natural de sí mismo, así como también un discurso grabado con anticipación. La novia dijo que se sintió conmovida por el esfuerzo de este amigo por honrar el matrimonio de la pareja.

El gesto de Priaulx ciertamente fue creativo y no debemos cuestionar a posteriori sus acciones. Pero Jesús nos dio otra norma por la cual medir la amistad.

Jesús les pidió a Sus discípulos que le mostraran su amistad amándose unos a otros tal y como Él los había amado. Después, elevó el nivel de exigencia. Previendo Su muerte en la cruz, dijo: «Nadie tiene mayor amor que éste, que uno ponga su vida por sus amigos» (Juan 15:13).

Esta profundidad de la amistad no trata simplemente acerca de hacer lo correcto. Trata acerca de sacrificio y emana de una relación con Aquel que verdaderamente puso Su vida por nosotros.

¿Les estamos mostrando a los demás que Jesús nos ha amado tal y como Su Padre lo ha amado a Él? (v.9) —MRD

EL AMOR ES MÁS QUE UN SENTIMIENTO,
ES PONER LAS NECESIDADES DE LA OTRA PERSONA
POR ENCIMA DE LAS PROPIAS.

SU PARTE; NUESTRA PARTE

Ahora, pues, levántate y pasa este Jordán
[...] no te dejaré, ni te desampararé.

—JOSUÉ 1:2-5

Siempre que el Señor nos asigna una tarea difícil, nos da lo que necesitamos para llevarla a cabo. Juan Wesley escribió. «Entre las muchas dificultades al inicio de nuestro ministerio, mi hermano Carlos a menudo decía: 'Si el Señor me diera alas, volaría'. Yo solía responder: 'Si Dios me pide que vuele, yo confiaré en que Él me dará las alas'».

El pasaje de hoy nos dice que a Josué le entregaron un cargo de gran responsabilidad. Sin duda alguna, la magnitud del desafío que tenía por delante lo hizo temblar de miedo. ¿Cómo podría alguna vez seguir a semejante líder como Moisés? Sería imposible que guiara al pueblo a la tierra prometida con sus propias fuerzas. Pero junto con las órdenes de marchar, el Señor le dio una promesa de seguridad y tranquilidad: «No te dejaré ni te desampararé» (Josué 1:5). Luego dijo: «Mira que te mando que te esfuerces y seas valiente; no temas ni desmayes, porque Jehová tu Dios estará contigo en dondequiera que vayas» (v.9). Tales palabras de tranquilidad fueron el respaldo que necesitaba Josué.

Si Dios te ha encomendado que realices alguna tarea especial que te atemoriza, es tu responsabilidad entrar de lleno en ella. Dependerá del Señor que la culmines. Si haces tu parte fielmente, Él hará la suya. —RWD

¡ADONDE DIOS GUÍA, DIOS PROVEE!

EL VIAJE A CASA

Porque [Abraham] esperaba la ciudad [...]
cuyo arquitecto y constructor es Dios.
—HEBREOS 11:10

A Bill Bright, el fundador de Cruzada Estudiantil para Cristo, le diagnosticaron hace años fibrosis pulmonar, la cual es una enfermedad mortal. En su última época tenía que guardar cama. Bright usó este tiempo de callada reflexión para escribir un libro llamado *The Journey Home* (El viaje a casa).

En su libro, cita a Charles Haddon Spurgeon, quien dijo: «Vivamos aquí como extranjeros y hagamos del mundo no un hogar, sino una posada, en la que comemos y nos alojamos, esperando reanudar nuestro viaje mañana».

Impresionado por la perspectiva de Spurgeon en lo concerniente a su propio pronóstico mortal, Bright comentó: «Saber que el cielo es nuestro verdadero hogar nos hace más fácil pasar por los duros momentos aquí en la tierra. A menudo, he encontrado consuelo en el conocimiento de que los peligros de un viaje en la tierra no serán nada comparados con las glorias del cielo».

Abraham, el amigo de Dios, ilustra esta misma orientación hacia el otro mundo: «Por la fe habitó como extranjero en la tierra prometida como en tierra ajena [...] porque esperaba la ciudad que tiene fundamentos, cuyo arquitecto y constructor es Dios» (Hebreos 11:9-10). Su estancia era la de un extranjero de viaje, quien por fe buscaba una ciudad eternal construida por Dios.

Ya sea que la muerte esté cerca o lejos, mostremos una fe que se centre en nuestro hogar eterno. —HDF

PUEDE QUE ANDEMOS POR UN CAMINO DESIERTO, PERO
AL FINAL DEL VIAJE SE ENCUENTRA EL HUERTO DE DIOS.

HUMILDAD Y GRANDEZA

El que quiera hacerse grande entre vosotros
será vuestro servidor.

—MATEO 20:26

Cuando tenía siete años, Richard Bernstein admiraba la habilidad atlética y la valentía de Jackie Robinson porque era el primer afro-americano que jugó en las ligas mayores de béisbol de la era moderna. Unos cuantos años después, mientras trabajaba en el campo de golf de una ciudad pequeña, Bernstein quedó atónito al encontrarse cargando la bolsa de su héroe, Jackie Robinson. Mientras la lluvia demoraba el partido, Robinson sostenía un paraguas sobre las cabezas de ambos y compartió su barra de chocolate con el joven cargador de palos de golf. Ya como escritor de un importante periódico, Bernstein citó ese humilde acto de amabilidad como una marca de grandeza que jamás olvidó.

La verdadera grandeza se muestra por medio de la humildad, no por el orgullo. Jesucristo demostró y enseñó esto de manera poderosa, al decirles a Sus ambiciosos discípulos: «Mas entre vosotros no será así, sino que el que quiera hacerse grande entre vosotros será vuestro servidor, y el que quiera ser el primero entre vosotros será vuestro siervo; como el Hijo del Hombre no vino para ser servido, sino para servir, y para dar su vida en rescate por muchos» (Mateo 20:26-28).

Cuando Dios mismo caminó sobre la tierra como un hombre, lavó pies, recibió niños y voluntariamente entregó Su vida para librarnos de la tiranía egocéntrica del pecado. Su ejemplo hace que Su mandato tenga validez. —DCM

PODEMOS HACER GRANDES COSAS PARA EL SEÑOR SI ESTAMOS
DISPUESTOS A HACER PEQUEÑAS COSAS PARA LOS DEMÁS.

BORBOTEA EN MI ALMA

Si alguno tiene sed, venga a mí y beba [...]
de su interior correrán ríos de agua viva.
—Juan 7:37-38

Hace décadas, visité un centro ministerial en el África Occidental y vi a una niñita trepar a un camión que tenía un sistema de altavoces para dirigirse al público. Sonriendo, comenzó a cantar por el micrófono:

¡Borbotea, borbotea, borbotea en mi alma;
canto y río pues Jesús me restauró.
Pues Jesús entró en mi vida, y limpió mi corazón de pecado,
borbotea, borbotea, borbotea, borbotea, borbotea en mi alma!

Sólo la escuché cantar esa canción una vez. Pero el gozo en su voz era tan evidente y poderoso que hasta hoy recuerdo la letra y la tonada.

El paralelo en la canción entre el agua y el refrigerio espiritual es bíblico. Durante la fiesta de los tabernáculos, un sacerdote levita vertía agua como símbolo de que Dios proveyó de agua a Israel en el desierto. Durante esa fiesta, «Jesús se puso en pie y alzó la voz, diciendo: Si alguno tiene sed, venga a mí y beba. El que cree en mí, como dice la Escritura, de su interior correrán ríos de agua viva» (Juan 7:37-38). Jesús estaba hablando acerca de la promesa del Espíritu Santo para aquellos que creyeran en Él (v.39). El agua que sacia la sed es una ilustración de la satisfacción espiritual que sólo Él puede proveer.

Tal vez has perdido ese gozo que experimentaste por primera vez en el momento de tu salvación. Confiesa todo pecado conocido en este momento (1 Juan 1:9). Sé lleno del Espíritu Santo de Dios (Efesios 5:18) y deja que Él te provea de eso que «borbotea en tu alma». —HDF

FUE NECESARIO QUE CRISTO SE FUERA
PARA QUE EL ESPÍRITU SANTO VINIERA.

DIOS SE ACUERDA

*Y se acordó Dios de Noé, y de todos los animales,
y de todas las bestias que estaban con él en el arca.*

—GÉNESIS 8:1

Hay un festival chino llamado *Qing Ming*, el cual es un tiempo de duelo por los parientes fallecidos. Durante este festival siempre se arreglan las tumbas y se dan caminatas con los seres queridos por el campo. La leyenda dice que el *Qing Ming* comenzó cuando el comportamiento grosero e insensato de un joven tuvo como resultado la muerte de su madre. Así que, él decidió que de allí en adelante visitaría la tumba de su madre cada año para recordar lo que ella había hecho por él. Es triste pensar que él no se acordó de su madre hasta que esta murió.

¡Cuán diferente es la manera en que Dios nos trata! En Génesis, leemos cómo el diluvio destruyó el mundo. Sólo sobrevivieron aquellos que estaban con Noé en el arca. Pero Dios se acordó de ellos (8:1) y envío un viento para secar las aguas y para que ellos pudieran dejar el arca.

Dios también se acordó de Ana cuando pedía un hijo (1 Samuel 1:19). Él le concedió a Samuel.

Jesús se acordó del ladrón moribundo quien dijo: «Acuérdate de mí cuando vengas en tu reino». A lo que Jesús respondió: «De cierto te digo que hoy estarás conmigo en el paraíso» (Lucas 23:42-43).

Dios se acuerda de nosotros dondequiera que estemos. Nuestras preocupaciones son suyas. Nuestro dolor es suyo. Encomiéndale a Él tus desafíos y tus dificultades. Él es el Dios que todo lo ve y que se acuerda de nosotros como una madre se acuerda de sus hijos y espera satisfacer nuestras necesidades. —CPH

SABER QUE DIOS NOS VE TRAE
TANTO CONVICCIÓN COMO CONSUELO.

15 de abril

VERIFICA TU ACTITUD

Es necesario que él crezca, pero que yo mengüe.
—JUAN 3:30

Un profesor de música con una voz bien entrenada era quien generalmente cantaba las principales partes para solista masculino en el coro de una gran iglesia. Algunas veces, un joven llamado Beto, quien carecía de formación musical, cantaba unos cuantos solos más cortos. Cuando la directora del coro comenzó las preparaciones para la cantata navideña, tuvo la idea de que la voz y el estilo de Beto eran la elección natural para el principal papel de solista. Sin embargo, no sabía cómo decírselo a Beto sin ofender al otro solista, quien era un hombre mayor.

Su angustia fue innecesaria. El profesor pensaba lo mismo que ella, y le dijo que Beto debía cantar como solista. Él siguió cantando fielmente en el coro y fue una fuente de mucho aliento para Beto.

Las personas que pueden poner a un lado sus ambiciones egoístas y buscan de todo corazón el bien de los demás tienen una actitud que agrada a Dios. ¿Recuerdas cómo reaccionó Juan el Bautista cuando las multitudes lo dejaron y comenzaron a seguir a Jesús? Él dijo: «Es necesario que él crezca, pero que yo mengüe» (Juan 3:30).

¿Qué tienen en común Juan el Bautista y el profesor de música? Pudieron poner a un lado sus «ambiciones egoístas». Estuvieron felices de ver a los demás elevarse por encima de ellos cuando era para un bien común. ¿Se puede decir lo mismo acerca de nosotros? —HVL

CUANDO NOS OLVIDAMOS DE NOSOTROS MISMOS, HACEMOS COSAS QUE LOS DEMÁS RECORDARÁN.

❀

PORTEROS

El templo de Dios, el cual sois vosotros, santo es.
—1 CORINTIOS 3:17

En periodismo, el término portero hace referencia a los periodistas, redactores y editores que consideran diversos artículos y determinan qué historias son dignas de hacer noticia. Algunos experimentados profesionales de las noticias advierten que Internet permite que pase la información sin que esta haya sido verificada en la puerta.

En tiempos del Antiguo Testamento, los guardianes cuidaban el templo para evitar que los inmundos entraran en él (2 Crónicas 23:19). En el año 70 d.C., el ejército romano comandado por Tito destruyó el templo. Pero la destrucción había comenzado años antes cuando los levitas asignados para cuidarlo no lo hicieron, después de caer bajo la corrupta influencia del rey sirio Antíoco IV.

Pablo llamó a nuestros cuerpos el «templo» de Dios (1 Corintios 3:16-17), y hay muchas fuerzas obrando para atacar la nueva morada de Dios. El mal puede lograr un punto de apoyo atravesando áreas no fortificadas de nuestra vida espiritual, lugares donde la envidia, los conflictos, o las divisiones pueden socavarnos (3:3). Cada uno de nosotros debe estar en guardia contra el enemigo de nuestras almas y jamás darle lugar al diablo (Efesios 4:27).

Los criterios para lo que puede entrar se encuentran en Filipenses 4:8: todo lo verdadero, honesto, justo, puro, amable, de buen nombre, de virtud y digno de alabanza. La paz que resulta guardará la puerta de nuestros corazones y de nuestras mentes. —JAL

SI NO ESTÁS EN GUARDIA CONTRA EL MAL,
ESTE INFLUIRÁ EN TI.

EL CONDUCTOR DE AUTOBÚS

Sed, pues, imitadores de Dios [...]
y andad en amor.
—EFESIOS 5:1-2

Es fácil que en medio del acarreo de 70 piezas de equipaje, un piano electrónico y otros equipos de un aeropuerto a otro y de un autobús a otro, nos preguntemos: «¿Por qué estamos haciendo esto?».

No es fácil llevar a 28 adolescentes en un viaje ministerial de once días a un país al otro lado del océano. Pero, al final del viaje, nuestro conductor de autobús, quien nos había llevado por toda Inglaterra y Escocia, tomó el micrófono del vehículo y con lágrimas les agradeció a los muchachos y a las muchachas por lo maravillosos que habían sido. Más tarde, cuando llegamos a casa, él nos escribió un correo electrónico para decirnos lo mucho que apreció las tarjetas de agradecimiento que los jóvenes le habían escrito, muchas de las cuales contenían el evangelio.

Aunque los estudiantes ministraron a cientos por medio de canciones durante el viaje, tal vez fue el conductor del autobús quien recibió el mayor beneficio de la actitud de los jóvenes que imitaban a Cristo. En Efesios se nos dice que seamos imitadores de Dios y que andemos en amor (Efesios 5:1-2). Los demás ven a Dios en nosotros cuando nos mostramos amor unos a otros (1 Juan 4:12). El conductor de autobús vio a Jesús en los estudiantes y les dijo que ellos podían perfectamente convertirlo a la fe en Cristo. Tal vez fue por este hombre que hicimos ese viaje.

¿Por qué haces lo que haces? ¿En la vida de quién estás causando efecto? Algunas veces no es a la audiencia a la que nos dirigimos a quien le causamos el mayor impacto. Algunas veces es a los conductores de autobús del mundo. —JDB

DAR TESTIMONIO NO ES SIMPLEMENTE LO QUE
UN CRISTIANO DICE, SINO LO QUE HACE.

¿QUÉ SIGUE?

Prosigo a la meta,
al premio del supremo llamamiento de Dios
en Cristo Jesús.
—Filipenses 3:14

En la serie de televisión *The West Wing* (El ala oeste), el presidente en la ficción, Josiah Bartlet, frecuentemente terminaba las reuniones con su personal con dos palabras. «¿Qué sigue?». Era su manera de señalar que había dado por terminado el asunto que estaba tratando y que estaba listo para continuar con otros temas preocupantes. Las presiones y las responsabilidades de la vida en la Casa Blanca exigían que él no se centrara en lo que estaba en el espejo retrovisor; tenía que mantener su mirada al frente, avanzando hacia lo que seguía.

En un sentido, el apóstol Pablo tenía una perspectiva similar de la vida. Él sabía que espiritualmente todavía no había «llegado» y que le quedaba un largo camino por recorrer para llegar a ser como Cristo. ¿Qué podía hacer? Podía obsesionarse con el pasado, con sus fracasos, decepciones, luchas y disputas, o podía aprender de aquellas cosas y proseguir hacia «lo que sigue».

En Filipenses 3, Pablo nos dice cómo eligió vivir su vida: «Olvidando ciertamente lo que queda atrás, y extendiéndome a lo que está delante, prosigo a la meta, al premio del supremo llamamiento de Dios en Cristo Jesús» (vv.13-14). Es una perspectiva que habla acerca de proseguir, de adoptar lo que sigue. También es donde debemos centrarnos al buscar ser formados a la imagen del Salvador mientras esperamos la eternidad con Él. —WEC

MANTÉN TUS OJOS FIJOS EN EL PREMIO.

~~~~~~

EL MEJOR BORRADOR

Yo deshice como una nube tus rebeliones.

—ISAÍAS 44:22

¿Qué es la memoria? ¿Qué es esta facultad que nos hace capaces de recordar sentimientos, visiones, sonidos y experiencias pasados? ¿Por medio de qué proceso se registran, almacenan y conservan los eventos en nuestro cerebro para que vuelvan una y otra vez? Gran parte de esto sigue siendo un misterio.

Sabemos que los recuerdos pueden ser bendiciones, llenos de consuelo, tranquilidad, seguridad y gozo. La vejez puede ser una etapa feliz y satisfactoria si hemos almacenado recuerdos de pureza, fe, confraternidad y amor. Si un santo mira hacia atrás recordando su vida de servicio cristiano y rememora la fidelidad de Aquel que prometió: «no te desampararé, ni te dejaré» (Hebreos 13:5), los años del crepúsculo de su vida pueden ser los más dulces de todos.

Pero la memoria también puede ser una maldición y un instrumento de tortura. Muchas personas, al acercarse al final de su vida, darían todo lo que poseen por borrar de sus mentes los pecados de su pasado que los acechan. ¿Qué puede hacer una persona que está plagada de tales recuerdos? Tan sólo una cosa. Puede llevarlas a Aquel que puede perdonarlos y deshacerlos para siempre. Él es Aquel quien dijo: «Y nunca más me acordaré de sus pecados y transgresiones» (Hebreos 10:17).

Quizá no puedas olvidar tu pasado. Pero el Señor ofrece deshacer, «como una nube tus rebeliones» (Isaías 44:22).   —MRD

**EL MEJOR BORRADOR ES
LA HONESTA CONFESIÓN A DIOS.**

EL FIEL GAYO

Amado [Gayo], fielmente te conduces
cuando prestas algún servicio a los hermanos,
especialmente a los desconocidos.

—3 Juan 1:5

La tercera carta de Juan presenta un agudo contraste entre la manera en que dos miembros de la iglesia recibían a los creyentes que los visitaban. La carta está dirigida al «amado» Gayo, a quien Juan amaba «en la verdad» (v.1). La verdad estaba en él ya que caminaba con Dios (v.3). Lo que fuera que hiciera por sus «hermanos» —misioneros y maestros itinerantes, como Pablo— lo hacía fielmente y con amor (vv.5-6).

Con Diótrefes, la historia era otra. Él era orgulloso y dominante (v.9) y hablaba contra aquellos que venían en el nombre de Cristo (v.10), probablemente incluso contra Pablo. Además, expulsaba de la iglesia a cualquiera que quisiera aceptarlos. Sin duda alguna, lo hacía para proteger su posición y sus propios intereses, y para mantenerlo todo y a todos centrados en él.

Mi esposa Shirley y yo, junto con nuestra nieta Bree, recientemente visitamos un país que una vez estuvo cerrado al evangelio. Los creyentes nos recibieron con confianza, disposición, hospitalidad y auténtico amor. Aunque tenían muy poco, su generosidad era increíble. ¡Qué motivo de aliento para nosotros! Verdaderamente seguían el ejemplo del fiel Gayo.

Que Dios nos dé un espíritu amoroso y fiel que nos haga capaces de tratar a nuestros compañeros creyentes «como es digno de su servicio a Dios» (v.6).
—DCE

LA HOSPITALIDAD A LA IMAGEN DE CRISTO ES
UN CORAZÓN ABIERTO Y UN HOGAR ABIERTO.

21 de abril

PENSAMIENTOS TORMENTOSOS

Y el Dios de paz estará con vosotros.
—Filipenses 4:9

Me río cada vez que escucho un anuncio en la radio en el que una mujer le grita a su amiga mientras conversan. Ella está tratando de hacerse oír por encima de los ruidos de la tormenta eléctrica en su propia cabeza. Desde que una tormenta destruyó parte de su hogar, todo lo que la mujer escucha es la tormenta porque su compañía de seguros no atiende a sus reclamos.

Yo he escuchado tormentas en mi cabeza y tal vez tú también. Sucede cuando surge una tragedia que nos afecta a nosotros, a alguien cercano a nosotros o a alguien de quien escuchamos en las noticias. Nuestras mentes se convierten en una tempestad de preguntas del tipo «¿qué pasaría si...?». Nos centramos en todos los malos resultados posibles. Nuestro temor, nuestra preocupación y nuestra confianza en Dios se balancea mientras esperamos, oramos, lloramos por la pérdida y nos preguntamos qué hará el Señor.

Es natural que estemos temerosos en una tormenta (ya sea literal o figurativamente). Los discípulos tenían a Jesús justo allí en la barca con ellos, y sin embargo tuvieron miedo (Mateo 8:23-27). Él calmó la tormenta como una lección para mostrarles quién era: un Dios poderoso que también cuida de ellos.

Desearíamos que Jesús siempre calmara las tormentas de nuestra vida así como calmó la tormenta para los discípulos ese día. Pero podemos encontrar momentos de paz cuando estamos anclados a la verdad de que Él está en la barca con nosotros y que le importamos. —AMC

PARA DARNOS CUENTA DEL VALOR DEL ANCLA,
TENEMOS QUE SENTIR LA FUERZA DE LA TORMENTA.

¿DEMASIADO VIEJO?

*He aquí mi pacto es contigo,
y serás padre de muchedumbre de gentes.*
—GÉNESIS 17:4

Cuando Dios le prometió a Abraham y a su esposa Sara que tendrían un hijo, Abraham se rió con incredulidad y respondió: «¿A hombre de cien años ha de nacer hijo? ¿Y Sara, ya de noventa años, ha de concebir?» (Génesis 17:17).

Más tarde, Sara se rio por la misma razón: «¿Después que he envejecido tendré deleite, siendo también mi señor ya viejo?» (18:12).

Nosotros también envejecemos y nos preguntamos si el Señor puede cumplir las promesas que nos hizo. Ya no tenemos prominencia ni status. Nuestras mentes ya no son tan ágiles como una vez lo fueron. Nos vemos obstaculizados por problemas físicos que limitan nuestra movilidad y nos mantienen cerca de casa. Cada día parecemos perder más de las cosas que nos hemos pasado adquiriendo toda la vida. Robert Frost resalta algo que algunas veces nos preguntamos: «La pregunta […] es qué podemos sacar de algo que disminuye».

No mucho, si se nos deja por nuestra cuenta. Pero Dios puede hacer más con nosotros de lo que podemos imaginar. Él nos pregunta, así como le preguntó a Sara: «¿Hay para Dios alguna cosa difícil?» (18:14). ¡Por supuesto que no!

Nunca estamos demasiado viejos para ser útiles si nos ponemos a disposición de Dios para Sus propósitos. —DHR

A MEDIDA QUE DIOS AÑADE AÑOS A TU VIDA,
PÍDELE QUE AÑADA VIDA A TUS AÑOS.

DE ACUERDO CON DIOS

Este pueblo de labios me honra;
mas su corazón está lejos de mí.
—MATEO 15:8

El oyente que había llamado al programa de radio mencionó la palabra religión, así que el presentador del programa de entrevistas comenzó a despotricar contra los hipócritas. «No puedo soportar a los hipócritas religiosos —dijo—. Hablan acerca de religión, pero no son mejores que yo. Esa es la razón por la que no me gusta todo este asunto de la religión».

Este hombre no se había dado cuenta, pero estaba de acuerdo con Dios. Dios ha manifestado claramente que tampoco puede soportar la hipocresía. Pero es una ironía que algunas personas usen algo a lo que Dios se opone como una excusa para no buscarlo a Él.

Jesús dijo esto acerca de la hipocresía: «Este pueblo de labios me honra; mas su corazón está lejos de mí. Pues en vano me honran, enseñando como doctrinas, mandamientos de hombres» (Mateo 15:8-9).

Notemos lo que Jesús les dijo a los que tal vez eran los más grandes hipócritas de Su tiempo, los fariseos. En Mateo 23, los llamó hipócritas, ¡no una, ni dos, sino siete veces! Eran religiosos que hacían un gran espectáculo, pero Dios conocía sus corazones. El Señor sabía que estaban lejos de Él.

Los no cristianos que señalan la hipocresía en nosotros cuando la ven tienen toda la razón al hacerlo. Están de acuerdo con Dios, quien también la desprecia. Nuestra tarea es asegurarnos de que nuestras vidas honran a Aquel que merece nuestra total dedicación. —JDB

EL DIABLO ESTÁ SATISFECHO CON DEJARNOS PROFESAR EL
CRISTIANISMO SIEMPRE QUE NO LO PRACTIQUEMOS.

~~~~~~~~~~

LA FIDELIDAD DEL PADRE

Por la misericordia de Jehová no hemos sido consumidos,
porque nunca decayeron sus misericordias [...]
grande es tu fidelidad.
—Lamentaciones 3:22-23

Hudson Taylor, el humilde siervo de Dios que trabajó en China, demostró una extraordinaria confianza en la fidelidad de Dios. En su diario escribió:

«Nuestro Padre celestial tiene mucha experiencia. Sabe muy bien que Sus hijos despiertan con buen apetito cada mañana [...] mantuvo a tres millones de israelitas en el desierto por cuarenta años. No esperamos que envíe tres millones de misioneros a la China; pero, si lo hiciera, tendría recursos suficientes para mantenerlos a todos; [...] dependamos del hecho de que la obra de Dios hecha a la manera de Dios jamás carecerá de la provisión de Dios».

Puede que estemos débiles y cansados, pero nuestro Padre celestial es todopoderoso. Puede que nuestros sentimientos fluctúen, pero Él es inmutable. Incluso la creación misma es una prueba de Su firmeza. Esa es la razón por la que podemos cantar estas palabras de un himno de Thomas Chisholm: «La noche oscura, el sol y la luna, las estaciones del año también, unen su canto cual fieles criaturas, porque eres bueno, por siempre eres fiel».

¡Cómo nos anima a vivir para Él! Nuestra fuerza para el presente y nuestra esperanza para el futuro no se basan en la estabilidad de nuestra propia perseverancia, sino en la fidelidad de Dios. No importa cuál sea nuestra necesidad, podemos contar con la fidelidad del Padre. —PVG

EL QUE SE ABANDONA A DIOS
JAMÁS SERÁ ABANDONADO POR DIOS.

CONTRA LA PARED

¿Quién nos separará del amor de Cristo?
—ROMANOS 8:35

El 25 de abril de 1915, soldados del Cuerpo del Ejército de Australia y Nueva Zelanda desembarcaron en la península de Gallipoli esperando una rápida victoria. Pero la feroz resistencia de parte de la defensa turca dio como resultado un punto muerto de ocho meses durante el cual miles de soldados en ambos bandos terminaron heridos o muertos.

Muchos de los soldados de las tropas australianas y neozelandesas que fueron evacuados a Egipto visitaron el campamento de la Asociación Cristiana de Jóvenes (YMCA, por sus siglas en inglés) en las afueras de El Cairo, donde el capellán Oswald Chambers ofreció hospitalidad y esperanza a estos hombres tan quebrantados y desilusionados por la Guerra. Con gran perspicacia y compasión, Chambers les dijo: «Ningún hombre es el mismo después de una agonía; o se vuelve mejor o se vuelve peor y la agonía de la experiencia de un hombre casi siempre es lo primero que abre su mente para entender la necesidad de la redención obrada por Jesucristo. Al final de la pared del mundo está Dios de pie con los brazos extendidos y todo hombre que es conducido hacia allí es llevado a los brazos de Dios. La cruz de Jesús es la evidencia suprema del amor de Dios».

Pablo preguntó: «¿Quién nos separará del amor de Cristo?» (Romanos 8:35). Su confiada respuesta fue que nada puede separarnos del amor de Dios en Cristo (vv.38-39).

Cuando estamos contra la pared, Dios está allí con los brazos abiertos.
—DCM

EL AMOR DE DIOS SIGUE DE PIE CUANDO
TODO LO DEMÁS HA CAÍDO.

SERVICIO DE LABIOS

Este pueblo de labios me honra,
mas su corazón está lejos de mí.
—MARCOS 7:6

«Sonríe», me dijo Jay mientras conducíamos hacia la iglesia. «Pareces tan infeliz». No lo estaba; simplemente estaba pensando y no puedo hacer dos cosas a la vez. Pero, para dejarlo contento, sonreí. «No así —me dijo—. Quiero una sonrisa de verdad».

Su comentario me hizo pensar con aún mayor atención. ¿Es razonable esperar una sonrisa de verdad de alguien a quien se le está dando una orden? Una sonrisa de verdad viene de adentro; es una expresión del corazón, no del rostro.

Nos conformamos con las sonrisas falsas en las fotografías. Estamos felices cuando todos cooperan en el estudio del fotógrafo y obtenemos al menos una foto con todos sonriendo. Después de todo, estamos creando un icono de felicidad, así que no tiene que ser auténtico.

Pero la falsedad delante de Dios es inaceptable. Ya sea que estemos felices o tristes o furiosos, la honestidad es esencial. Dios no quiere expresiones falsas de adoración de la misma forma que tampoco quiere declaraciones falsas acerca de personas o circunstancias (Marcos 7:6).

Cambiar nuestra expresión facial es más fácil que cambiar nuestra actitud, pero la verdadera adoración requiere que todo nuestro corazón, nuestra alma, nuestra mente y nuestras fuerzas estén de acuerdo en que Dios es digno de alabanza. Aun cuando las circunstancias que nos rodean sean tristes, podemos estar agradecidos por la misericordia y la compasión de Dios, las cuales son dignas de algo más que el «servicio de labios» de una sonrisa falsa. —JAL

UNA CANCIÓN EN EL CORAZÓN
LE PONE UNA SONRISA AL ROSTRO.

PRIMERO LO PRIMERO

Mas buscad primeramente el reino de Dios y su justicia,
y todas estas cosas os serán añadidas.

—MATEO 6:33

El líder de un seminario quería explicar algo importante, así que tomó una jarra de boca ancha y la llenó de piedras. «¿Está la jarra llena?», preguntó. «Sí», fue la respuesta. «¿De veras?», volvió a preguntar. Luego echó guijarros más pequeños en la jarra para llenar los espacios entre las piedras. «¿Está llena ahora?» «Sí», dijo alguien más. «¿De veras?» Entonces llenó los espacios restantes entre las piedras y los guijarros con arena. «¿Está llena ahora?», preguntó. «Probablemente no», dijo otra voz, para diversión de los asistentes. Luego tomó un jarro de agua y lo vertió en la jarra.

«¿Cuál es la lección que aprendemos de esto?», preguntó. Un ansioso participante levantó la voz: «No importa cuán llena esté la jarra, siempre hay espacio para más». «No exactamente», dijo el líder. «La lección es: para hacer caber todo en la jarra, hay que poner las cosas grandes primero».

Jesús proclamó un principio similar en el Sermón del Monte. Él sabía que desperdiciamos tiempo preocupándonos por las pequeñeces que parecen muy urgentes y no reparamos en las cosas grandes de valor eterno. «Vuestro Padre celestial sabe que tenéis necesidad de todas estas cosas», Jesús les recordó a Sus oyentes. «Mas buscad primeramente el reino de Dios y su justicia, y todas estas cosas os serán añadidas» (Mateo 6:32-33).

¿Qué estás poniendo primero en tu vida? —DJD

AQUELLOS QUE ACUMULAN TESOROS EN EL CIELO
SON LAS PERSONAS MÁS RICAS EN LA TIERRA.

28 de abril

LAS ARENAS SLAPTON

*Sed sobrios, y velad; porque vuestro adversario el diablo,
como león rugiente, anda alrededor buscando a quien devorar.*
—1 Pedro 5:8

Las Arenas Slapton se encuentran en las costas del sur de Inglaterra. Esta bella playa acarrea un trágico recuerdo de su pasado.

El 28 de abril de 1944, durante la Segunda Guerra Mundial, los soldados aliados se dedicaron a la Operación Tigre, un ejercicio de entrenamiento para desembarques anfibios de playa, como preparación para la invasión de Normandía, conocida como el Día D. De repente, aparecieron cañoneras enemigas y mataron a más de 700 soldados norteamericanos en un ataque sorpresa. Hoy, un monumento se levanta en las Arenas Slapton para conmemorar el sacrificio de esos jóvenes que murieron mientras entrenaban para la batalla, pero que jamás pudieron entrar en el conflicto.

Esta tragedia es la metáfora de una advertencia al creyente en Cristo. Nosotros también estamos involucrados en el combate con un enemigo que es poderoso y engañoso. Esa es la razón por la que el apóstol Pedro advirtió: «Sed sobrios y velad; porque vuestro adversario el diablo, como león rugiente, anda alrededor buscando a quien devorar» (1 Pedro 5:8).

Al igual que los soldados de las Arenas Slapton, nos enfrentamos a un enemigo que desea nuestra perdición. Debemos estar alertas en el servicio a nuestro Rey. El llamado a ser efectivos en batalla (2 Timoteo 2:3-4) nos desafía a estar listos para los ataques sorpresa de nuestro enemigo espiritual, para que podamos resistir y servir un día más. —WEC

**LOS ARDIDES DE SATANÁS NO PUEDEN
COMPETIR CON EL PODER DEL SALVADOR.**

125

ALEJÁNDOSE

*¿Recibiremos de Dios el bien,
y el mal no lo recibiremos?*

—Job 2:10

Imagínate relajado sobre un bote de goma a poca distancia de la playa, con los ojos cerrados, recibiendo el sol y escuchando el suave retumbar de las olas contra la orilla. No tienes una sola preocupación en el mundo… ¡hasta que abres los ojos! De repente, la orilla está alarmantemente lejos.

Así es como tendemos a alejarnos espiritualmente. Es algo que sucede de manera sutil, pero es espeluznante cuando de repente nos damos cuenta cuánto nos hemos alejado de Dios. El punto de partida comienza cuando Satanás nos roba el afecto por nuestro amoroso Creador, coloca un giro engañoso en nuestras experiencias y hace que sospechemos de Dios en vez de confiar en Él.

Considera a Job y su esposa. Ambos tenían muchísimas razones para estar furiosos con Dios. Sus hijos habían muerto, su fortuna se había perdido y la salud de Job estaba destrozada. Su esposa le dijo: «Maldice a Dios, y muérete». Pero Job respondió: «¿Recibiremos de Dios el bien, y el mal no lo recibiremos?» (Job 2:9-10).

Hay muchas actitudes que nos pueden poner a la deriva: creer que necesitamos algo más que a Dios para ser felices; colocar relaciones significativas por encima de nuestra lealtad a Dios; pensar que Dios debe estar a la altura de nuestras expectativas; resistir Sus reprobaciones; hacernos los sordos cuando Su Palabra nos incomoda.

Si estás comenzando a alejarte, acuérdate de mantenerte cerca de Aquel que es la única fuente de satisfacción. —JMS

PARA EVITAR ALEJARTE DE DIOS,
MANTENTE ANCLADO A LA ROCA.

NUNCA TE DEJARÉ

*Yo estoy con vosotros todos los días,
hasta el fin del mundo.*
—Mateo 28:20

Uno de mis primeros recuerdos de haber escuchado buena música fue cuando un cuarteto masculino ensayó en nuestra casa. Yo tenía unos diez años y le prestaba especial atención a mi papá, quien cantaba como primer tenor. Una de las canciones favoritas del cuarteto se titulaba, «Yo estoy con vosotros». Incluso a esa tierna edad, no sólo aprecié la música, sino que «capté el mensaje».

Esas palabras de Jesús a Sus discípulos justo antes de Su ascensión —«Yo estoy con vosotros todos los días»— se hicieron preciosas para mí cuando el cuarteto cantó, «Bajo el sol, en la sombra, yo estoy con vosotros dondequiera que vayan».

Una de las primeras referencias a la constante presencia de Dios la hace Moisés en Deuteronomio 31:6-8, cuando le dio instrucciones a su sucesor en cuanto a guiar al pueblo de Dios a la «tierra de la promesa». Y el propio Josué escuchó la misma palabra del Señor: «Como estuve con Moisés, estaré contigo; no te dejaré, ni te desampararé» (Josué 1:5).

Esa promesa se repite en el Nuevo Testamento, donde el autor de Hebreos garantiza lo siguiente: «Él dijo: No te desampararé, ni te dejaré» (13:5).

Dondequiera que sea que te encuentres hoy, no estás solo. Si has colocado tu confianza en Jesús para tu salvación eterna, puedes tener la certeza de que Él nunca te dejará. —CH

PRIMERO ASEGÚRATE DE QUE ESTÁS CON ÉL; ENTONCES,
PUEDES ESTAR SEGURO DE QUE ÉL ESTARÁ CONTIGO.

EL EXAMEN CON TRAMPA

*Ordena mis pasos con tu palabra,
y ninguna iniquidad se enseñoree de mí.*
—Salmo 119:133

Dan Ariely, profesor de economía en el Instituto Tecnológico de Massachusetts, realizó algunas pruebas sobre el comportamiento humano. En un experimento, los participantes dieron un examen en el que recibirían dinero por cada respuesta correcta. Sin embargo, ellos no sabían que Airely no estaba probando su conocimiento, sino si harían trampa. Organizó el examen de tal modo que los grupos creyeran que sería fácil hacer trampa.

Antes de dar el examen, a un grupo de los participantes se les pidió que anotaran los Diez Mandamientos, hasta donde pudieran recordarlos. Para asombro de Ariely, ¡nadie de este grupo hizo trampa! Pero en todos los demás grupos, sí hubo quienes hicieron trampa. Recordar un patrón de referencia moral marcó la diferencia.

Siglos atrás, el salmista entendió la necesidad de un patrón de referencia moral y pidió ayuda divina para seguirlo. Oró al Señor: «Ordena mis pasos con tu palabra, y ninguna iniquidad se enseñoree de mí […] y enséñame tus estatutos» (Salmo 119:133-135).

El experimento del «examen con trampa» de Ariely ilustra nuestra necesidad de guía moral. El Señor nos ha dado Su Palabra como una lámpara a nuestros pies y una lumbrera a nuestro camino (v.105) para dirigirnos en nuestras elecciones morales. —HDF

AL IGUAL QUE UNA BRÚJULA, LA BIBLIA SIEMPRE
NOS SEÑALA LA DIRECCIÓN CORRECTA.

LA OBRA
DE NUESTRAS MANOS

En memoria eterna será el justo.

—SALMO 112:6

Una razón por la que se nos deja aquí en la tierra y no se nos lleva al cielo de inmediato después de haber confiado en Cristo para la salvación es que Dios tiene trabajo para nosotros. «El hombre es inmortal —decía San Agustín—, hasta que haya hecho su trabajo».

El tiempo de nuestra muerte no lo determina nada ni nadie aquí en la tierra. Esa decisión la toman los concilios en el cielo. Cuando hayamos hecho todo lo que Dios tiene en mente para nosotros, entonces y sólo entonces Él nos llevará al hogar celestial, ni un segundo antes. Y, como escribió Pablo: «David, habiendo servido a su propia generación según la voluntad de Dios, durmió» (Hechos 13:36).

Mientras tanto, hasta que Dios nos lleve con Él, hay mucho por hacer. «Me es necesario hacer las obras del que me envió, entre tanto que el día dura —dijo Jesús—. La noche viene, cuando nadie puede trabajar» (Juan 9:4). La noche vendrá cuando cerremos nuestros ojos en este mundo de una vez por todas o cuando nuestro Señor regrese para llevarnos para estar con Él. Cada día nos acercamos un poquito más a ese momento.

Mientras tengamos la luz del día, debemos trabajar, no para conquistar, adquirir, acumular y jubilarnos, sino para hacer visible al Cristo invisible alcanzando a las personas con Su amor. Entonces podemos estar confiados en que nuestro «trabajo en el Señor no es vano» (1 Corintios 15:58). —DHR

A LOS OJOS DE DIOS, LA VERDADERA GRANDEZA
ESTÁ EN SERVIR A LOS DEMÁS.

LA ALTURA DE ELIANA

Haced esto en memoria de mí.

—Lucas 22:19

Mi esposa cuida de nuestra pequeña nieta Eliana durante el año escolar mientras su madre da clases. Hacemos muchas cosas para que ella se sienta como en casa. Por ejemplo, ponemos fotos de ella y sus padres en nuestra refrigeradora a «la altura de Eliana». De ese modo, ella puede verlos o llevarlos con ella por toda la casa durante el día. Queremos que nuestra nieta piense en su mamá y su papá a menudo durante el día.

¿Por qué hacemos esto? ¿Acaso sería posible que ella los olvide? Por supuesto que no, pero es un consuelo para ella tener un recuerdo continuo de ellos.

Ahora piensa en esto. Antes de Su crucifixión, Jesús creó un recuerdo de sí mismo. Dijo a Sus discípulos —y a nosotros por extensión—: «Haced esto [comer el pan y tomar de la copa] en memoria de mí» (Lucas 22:19). ¿Será porque podríamos olvidarnos de Jesús? ¡Por supuesto que no! ¿Cómo podríamos olvidar a Aquel que murió por nuestros pecados? Sin embargo, Él comenzó esta forma de recordatorio —la Santa Cena— para que nos consolemos al recordar Su gran sacrificio, Su presencia, Su poder y Sus promesas.

Así como las fotos de Eliana le recuerdan el amor de sus padres, la participación de los símbolos nos ofrece un valioso recordatorio de Aquel que volverá para llevarnos al hogar celestial.

Participa. Y recuerda. —JDB

AQUELLOS QUE TOMAN SU PECADO EN SERIO
RECUERDAN LA CRUZ DE CRISTO CON GRATITUD.

CONECTORES

Porque partiendo de vosotros ha sido divulgada l
a palabra del Señor, no sólo en Macedonia y Acaya,
sino [...] también en todo lugar.

—1 Tesalonicenses 1:8

Durante años, los profesionales de marketing han sabido que la recomendación de algún producto por parte de un amigo se encuentra entre los medios de publicidad más efectivos. Esa es la razón por la que muchas grandes compañías reclutan a consumidores que reciben muestras gratis de sus productos y, al mismo tiempo, los alientan para que se los recomienden a sus familiares y amigos. Una de las principales corporaciones de los Estados Unidos periódicamente envía cupones y productos a 725.000 personas seleccionadas a las que llama «conectores», quienes pasan la voz a los demás.

El evangelio de Jesucristo es más que un producto. Es el gran plan de Dios para llevar a las personas a una relación viva y vital con Él. Pero la manera más efectiva de transmitir el evangelio es dar el ejemplo y correr la voz. Pablo elogió a los cristianos en Tesalónica por su ejemplar manera de vivir y su testimonio efectivo: «Porque partiendo de vosotros ha sido divulgada la palabra del Señor [...] vuestra fe en Dios se ha extendido, de modo que nosotros no tenemos necesidad de hablar nada» (1 Tesalonicenses 1:8). Debido a que sus vidas habían cambiado radicalmente (v.9), les era imposible mantener silencio en cuanto a su fe.

Un profesor universitario que capacita a profesionales de la publicidad dice: «Forma parte de la naturaleza humana hablar acerca de lo que nos emociona». La gracia de Dios es todo el incentivo que necesitamos para recomendar a nuestro Salvador a algún amigo. —DCM

Si quieres que los demás sepan lo que Cristo
hará por ellos, diles lo que Él ha hecho por ti.

UN SILBO APACIBLE Y DELICADO

Estad quietos, y conoced que yo soy Dios;
seré exaltado entre las naciones; enaltecido seré en la tierra.

—SALMO 46:10

Cuando Dios le habló a Elías en el monte Horeb, lo podría haber hecho con el viento, el terremoto, o el fuego. Pero no lo hizo así. Le habló con «un silbo apacible y delicado» (1 Reyes 19:12). Dios le preguntó: «¿Qué haces aquí, Elías?» (v.13), cuando este se escondía de Jezabel, quien había amenazado con matarle.

La respuesta de Elías reveló lo que Dios ya sabía: la profundidad de su temor y desaliento. En efecto, le dijo: «Señor, he sentido un vivo celo cuando los demás te han abandonado. ¿Qué recibiré por ser el único que te defiende?» (ver el v.14).

¿Era en realidad Elías el único que servía a Dios? No. Dios tenía a «siete mil, cuyas rodillas no se doblaron ante Baal» (v.18).

Puede que en las profundidades de nuestro temor o desesperación también pensemos que somos los únicos que servimos a Dios. Puede que eso suceda justo después de haber llegado a la cumbre de algún éxito, como le sucedió a Elías. El Salmo 46:10 nos recuerda «estad quietos y conoced» que Él es Dios. Cuanto antes nos centremos en Él y Su poder, tanto más pronto veremos que somos librados de nuestro temor y autocompasión.

Tanto los címbalos que retiñen —que representan nuestros fracasos—, como los metales que resuenan —que representan nuestros éxitos— pueden ahogar el silbo apacible y delicado de Dios. Es momento de que acallemos nuestros corazones para escuchar al Señor mientras meditamos en Su Palabra. —AL

PARA SINTONIZARNOS CON LA VOZ DE DIOS,
DEBEMOS DEJAR DE ESTAR SINTONIZADOS
CON EL RUIDO DE ESTE MUNDO.

JUSTO EN EL MOMENTO PRECISO

Pero cuando vino el cumplimiento del tiempo,
Dios envió a su Hijo.

—Gálatas 4:4

¿Por qué ser puntual representa un desafío tan grande para algunos de nosotros? Incluso cuando comenzamos temprano, algo inevitable se interpone en nuestro camino y nos hace llegar tarde.

Pero he aquí la buena noticia: ¡Dios siempre es puntual! Al hablar acerca de la llegada de Jesús, Pablo dijo. «Pero cuando vino el cumplimiento del tiempo, Dios envió a su Hijo» (Gálatas 4:4). El Salvador largamente esperado y prometido llegó justo en el momento preciso.

La llegada de Jesús durante la *Pax Romana* fue el momento perfecto. El mundo entonces conocido estaba unido por un solo idioma comercial. Una red de rutas comerciales globales brindaba acceso abierto a todo el mundo. Todo esto garantizó que el evangelio pudiera avanzar rápidamente en una sola lengua. Sin visados. Sin fronteras impenetrables. Tan sólo el acceso sin obstáculos para ayudar a difundir la noticia del Salvador cuya crucifixión cumplió con la profecía del Cordero que sería inmolado por nuestros pecados (Isaías 53). ¡Todo en el tiempo perfecto de Dios!

Todo esto debe recordarnos que el Señor también sabe qué momento es el mejor para nosotros. Si estás esperando la respuesta a alguna oración o el cumplimiento de alguna de Sus promesas, no te rindas. Si piensas que Él te ha olvidado, reconsidéralo. Cuando el cumplimiento del tiempo sea el indicado para ti, Él aparecerá… ¡y quedarás asombrado ante lo brillante de Su plan! —JMS

EL TIEMPO DE DIOS SIEMPRE ES PERFECTO.

LA DIFERENCIA QUE MARCA LA ORACIÓN

Subió a la presencia de Dios el humo del incienso con las oraciones de los santos.

—APOCALIPSIS 8:4

¿Impacta realmente la oración en nuestro mundo? ¿O sólo se trata de una conversación privada con Dios?

Un matrimonio de Nueva Jersey supo que un hombre había salido de la cárcel y vivía en su vecindario, y comenzaron a orar por él. Luego lo visitaron y lo invitaron a un desayuno semanal para ex criminales como él. Ahora, 22 años después, los hombres más despreciados de la zona tienen un lugar donde los reciben y respetan.

¿Qué sucedería si cumpliéramos literalmente el mandamiento de Jesús de amar a nuestros enemigos y orar por quienes nos persiguen? ¿Y si se nos llegara a conocer por acercar el cielo a personas marginadas y desagradables?

En Apocalipsis, el apóstol Juan prevé una conexión directa entre el mundo visible y el invisible. En un momento culminante de la historia, el cielo queda en silencio. Siete ángeles se ponen de pie con sus trompetas y esperan. Impera el silencio, como si todo estuviera escuchando de puntillas. Luego, un ángel recoge las oraciones del pueblo de Dios en la tierra —oraciones llenas de alabanza, lamento, abandono, desesperación, ruego, etc.—, las mezcla con incienso y las presenta delante del trono de Dios (8:1-4). El silencio finalmente se rompe cuando estas son arrojadas a la tierra y desatan una tormenta de «truenos, y voces, y relámpagos, y un terremoto» (v.5).

El mensaje es claro. Las oraciones son esenciales en la victoria final sobre el mal, el sufrimiento y la muerte. —PY

LA OBRA DE DIOS LA REALIZAN LOS QUE ORAN.

EN TODA MALA EXPERIENCIA

He aquí ahora conozco
que no hay Dios en toda la tierra, sino en Israel.
—2 Reyes 5:15

No me vino de inmediato ningún pensamiento positivo cuando choqué mi automóvil casi nuevo con la parte trasera de un camión. Antes de nada, me puse a pensar en el costo, la inconveniencia y el daño a mi ego. Pero sí pude encontrar algo de esperanza en este pensamiento, el cual a menudo comparto con otros autores: «En toda mala experiencia siempre hay una buena ilustración».

Encontrar lo bueno puede ser un desafío, pero las Escrituras confirman que Dios usa las malas circunstancias para buenos propósitos.

En 2 Reyes 5 encontramos a dos personas a las que les estaban pasando cosas malas. Primero, vemos a una muchacha de Israel que ha sido llevada cautiva por el ejército sirio. Segundo, vemos a Naamán, el comandante del ejército, quien tenía lepra. Aun cuando la muchacha tenía buenas razones para desearles mal a sus captores, en vez de ello les ofreció ayuda. El profeta de Israel, Eliseo, dijo ella, podía sanar a Naamán. Ansioso por curarse, Naamán fue a Israel. Sin embargo, estaba renuente a seguir las humillantes direcciones de Eliseo. Cuando finalmente lo hizo, fue sanado, lo cual lo llevó a proclamar que el Dios de Israel era el único Dios (v.15).

Dios usó dos cosas malas, un secuestro y una enfermedad mortal, para transformar al enemigo de Israel en un amigo. Aun cuando no sabemos por qué ha pasado algo malo, sabemos que Dios tiene el poder de usarlo para bien. —JAL

DIOS ES EL MAESTRO QUE CONVIERTE
LAS CARGAS EN BENDICIONES.

LOS IMANES Y LAS MAMÁS

Honra a tu padre y a tu madre,
como Jehová tu Dios te ha mandado.

—Deuteronomio 5:16

Una maestra les explicó a sus alumnos de segundo grado una lección acerca del imán y lo que este hace. Al día siguiente, en una prueba escrita, ella incluyó esta pregunta: «Tengo cuatro letras. La *m* se encuentra allí. Recojo las cosas. ¿Qué soy?». Cuando los alumnos entregaron sus pruebas, la maestra quedó atónita al encontrar que casi el 50% de los alumnos había contestado a la pregunta con la palabra *mamá*.

Sí, las madres recogen las cosas. Pero son mucho más que «imanes» que recogen ropa y juguetes por toda la casa. A pesar de lo dispuestas que están las madres a realizar esa tarea, tienen un llamado más elevado que ése.

Una buena madre ama a su familia y trabaja para crear una atmósfera donde cada miembro pueda encontrar aceptación, seguridad y comprensión. Ella está allí cuando los niños necesitan que se los escuche, se les den palabras de consuelo, un cálido abrazo o una amorosa caricia sobre la frente con fiebre. Y, para la madre cristiana, su mayor gozo es enseñar a sus hijos a confiar en Jesús como Salvador y a amarlo.

Ese tipo de madre merece ser honrada, no sólo un día especial del año, sino todos los días. Y dicho reconocimiento debe incluir más que palabras: debiera mostrarse por medio del respeto, la consideración y los actos de amor. —RWD

LAS MADRES PIADOSAS NO SÓLO TE CRÍAN;
TE LLEVAN A DIOS.

FE COMO LA DE UN NIÑO

Lo que es imposible para los hombres,
es posible para Dios.

—Lucas 18:27

La pequeña Tania, de seis años de edad, y su papá eran los únicos que seguían despiertos en el automóvil mientras iban de vuelta a casa después de un viaje de campamento familiar. Mientras miraba la luna llena a través de la ventana del vehículo, la niña preguntó: «Papá, ¿crees que yo podría tocar la luna si me levanto?».

«No, no lo creo», sonrió él.

«¿Puedes tú alcanzarla?»

«No, no creo que tampoco pueda hacerlo».

Tania estuvo callada por un momento, luego dijo confiadamente. «Papi, ¿y si me cargas sobre tus hombros?».

¡Fe? Sí, la fe como la de un niño que cree que los papás pueden hacer cualquier cosa. Pero la verdadera fe tiene la promesa escrita de Dios como su fundamento. En Hebreos 11:1 leemos. «Es, pues, la fe la certeza de lo que se espera, la convicción de lo que no se ve». Jesús habló mucho sobre la fe, y a lo largo de todos los evangelios leemos acerca de Su respuesta a aquellos que mostraron una gran fe.

Cuando unos hombres trajeron a su amigo paralítico a Jesús, Él vio «la fe de ellos», le perdonó al hombre sus pecados y lo sanó (Mateo 9:2-6). Cuando el centurión le pidió a Jesús, «di la palabra, y mi criado sanará» (8:8), Jesús «se maravilló» y dijo, «de cierto os digo, que ni aun en Israel he hallado tanta fe» (8:10).

Cuando tenemos fe en Dios, nos damos cuenta de que todo es posible (Lucas 18:27). —CHK

FE COMO LA DE UN NIÑO
ABRE LA PUERTA AL REINO DE LOS CIELOS.

EL MUNDO ESTÁ OBSERVANDO

En esto conocerán todos que sois mis discípulos,
si tuviereis amor los unos con los otros.

—Juan 13:35

Unos amigos míos estaban sirviendo en un ministerio dirigido principalmente a cristianos cuando se les presentó la oportunidad de cambiar de empleo y tocar las vidas de miles de no creyentes. Decidieron hacer lo que creían que era un cambio emocionante.

Muchas personas, incluso algunas que no los conocían personalmente, quedaron espantadas y los acusaron de buscar fama y fortuna en el mundo. Pero, con la fe de que Jesús había venido «a buscar y a salvar lo que se había perdido» (Lucas 19:10), decidieron ir en pos de lo que consideraban una oportunidad aún mayor de servir a los «perdidos» en su comunidad.

Más tarde dijeron: «Algunos cristianos fueron muy crueles con nosotros y nos escribieron correos electrónicos llenos de odio. Nuestros nuevos amigos incrédulos eran más amables con nosotros que nuestros compañeros cristianos. No entendíamos eso y nos sentíamos profundamente heridos». Me contaron que su deseo era seguir la directiva de Dios de ser «sal» y «luz» en el mundo (Mateo 5:13-14).

Cuando alguien que conocemos está tomando una decisión o haciendo algún cambio, puede ser de ayuda que le preguntemos cuáles son sus motivos para ello. Pero no podemos conocer totalmente el corazón de otra persona. No queremos «morder y comer» a nuestros compañeros cristianos (Gálatas 5:15), sino más bien amarlos de una manera que los demás sepan que somos seguidores de Jesús (Juan 13:35). El mundo está observando. —AMC

SÓLO DIOS VE EL CORAZÓN.

12 de mayo

MEJORANDO

Porque de ambas cosas estoy puesto en estrecho,
teniendo deseo de partir y estar con Cristo,
lo cual es muchísimo mejor.

—FILIPENSES 1:23

Una canción popular de los años 60 llevaba el título de «Mejorando». En ella, el cantante considera su joven vida y con felicidad declara que ve las cosas «mejorando todo el tiempo». Es una canción llena de optimismo, pero desafortunadamente, sin base real alguna para dicha esperanza.

En contraste con esto, la Biblia nos advierte que vivimos en un mundo que de muchas maneras está en realidad empeorando (2 Timoteo 3:13). A diario nos enfrentamos a una evidencia cada vez mayor que apoya dicha posibilidad. Entonces, ¿cómo respondemos a las realidades de la vida en un mundo tan terriblemente estropeado? ¿Con un optimismo vacío? ¿Con un desaliento sin esperanza? El apóstol Pablo nos muestra cómo hacerlo.

Mientras estaba encarcelado en Roma, Pablo escribió a los cristianos de la iglesia en Filipos para ofrecerles una auténtica esperanza en un mundo quebrantado. Alentó a sus lectores diciéndoles que, aunque la vida en este mundo a menudo es dura y dolorosa, las cosas mejorarán para los cristianos. Escribió: «Porque de ambas cosas estoy puesto en estrecho, teniendo deseo de partir y estar con Cristo, lo cual es muchísimo mejor» (Filipenses 1:23). Es un recordatorio para nosotros de que podemos enfrentar las dificultades actuales de vivir para Cristo, porque un día estaremos con Él en un hogar eterno de esplendor y plenitud.

La vida puede ser dura, pero un día, cuando veamos a Cristo, ¡realmente mejorará! —WEC

ESTAR CON JESÚS PARA SIEMPRE
ES LA SUMA DE TODA LA FELICIDAD.

PESAR PIADOSO

Ahora me gozo, no porque hayáis sido contristados,
sino porque fuisteis contristados para arrepentimiento;
porque habéis sido contristados según Dios.

—2 Corintios 7:9

Los ladrones se llevaron casi 5000 dólares en equipos de sonido y oficina de una iglesia en los Estados Unidos, sólo para volver a la noche siguiente y devolver los objetos que habían robado. Aparentemente, el sentimiento de culpa por robar a una iglesia pesó tanto en sus conciencias que sintieron la necesidad de corregir su comportamiento criminal al haber quebrantado el mandamiento: «No hurtarás» (Éxodo 20:15). Sus acciones me hicieron pensar en las diferencias entre el pesar mundano y el pesar piadoso.

Pablo alabó a los corintios por entender esta diferencia. La primera carta que les escribió fue mordaz, ya que trató asuntos de pecado. Sus palabras causaron pesar entre ellos y Pablo se regocijó por esto. ¿Por qué? Su pesar no se detuvo tan sólo en sentirse tristes porque fueron descubiertos o por sufrir las desagradables consecuencias de sus pecados. Su pesar era un pesar piadoso, un auténtico remordimiento por sus pecados. Esto los llevó al arrepentimiento, un cambio en su pensamiento que les condujo a renunciar a su pecado y volverse a Dios. Su arrepentimiento finalmente los llevó a la liberación de los hábitos pecaminosos que tenían.

El arrepentimiento no es algo que podamos realizar a menos que el Espíritu Santo nos induzca a hacerlo; es un regalo de Dios. Ora por arrepentimiento hoy (2 Timoteo 2:24-26). —MLW

EL ARREPENTIMIENTO SIGNIFICA ODIAR EL PECADO
LO SUFICIENTE COMO PARA ALEJARSE DE ÉL.

LLEGANDO A LA META

[Jesús] les dijo: Venid en pos de mí,
y os haré pescadores de hombres.

—MATEO 4:19

Cada año, los alumnos del último año de secundaria solicitan el ingreso a sus universidades favoritas y luego no le quitan los ojos de encima a su buzón de correo esperando la carta que anuncie su aceptación.

La situación era diferente para los adolescentes en los tiempos del Nuevo Testamento. Los muchachos judíos a menudo iban a las escuelas rabínicas hasta la edad de 13 años. Luego, sólo los mejores y más brillantes eran elegidos para «seguir» al rabino local. Este grupo pequeño y selecto de discípulos seguían al rabino por dondequiera que iba y comían lo que él comía, dándole forma a sus vidas según el modelo de su maestro. Aquellos que no llegaban a esa meta escogían un oficio como la carpintería, el pastoreo de ovejas o la pesca.

Tipos como Simón, Andrés, Jacobo y Juan no habían llegado a la meta. Así que, en vez de seguir al rabino local, estaban bajo los muelles, con el agua hasta las rodillas en el negocio familiar. Es interesante el hecho de que Jesús buscase a los hombres que el rabino local había rechazado. En vez de apuntar a los mejores y a los más brillantes, Jesús ofreció Su invitación de «venid en pos de mí» a pescadores ordinarios y mediocres. ¡Qué honor! Se convirtieron en seguidores del Rabino Supremo.

Jesús nos ofrece el mismo honor a ti y a mí; no porque seamos los mejores o los más brillantes, sino porque Él necesita personas ordinarias como nosotros para ser modelos de Su vida, y con amor rescatar a las personas en Su nombre. Así que, ¡síguele y permítele que haga algo de tu vida! —JMS

INCLUSO LA GENTE ORDINARIA Y LOS MARGINADOS
PUEDEN LLEGAR A LA META SIGUIENDO A JESÚS.

EL SECRETO ES

*Mas hablamos sabiduría de Dios en misterio,
la sabiduría oculta, la cual Dios predestinó antes de los siglos.*

—1 Corintios 2:7

Si crees lo que dice Rhonda Byrne, autora del éxito de librería *El secreto*, estarás de acuerdo en que «¡el atajo para llegar a todo lo que quieras en tu vida es *ser* y *sentirte* feliz ahora!». Según la Sra. Byrne, esto tiene que ver con algo llamado la ley de la atracción. Ella dice que, si sólo pensamos en las cosas que nos hacen felices, las cosas felices se sentirán atraídas hacia nosotros.

Suena bastante fácil.

Sin embargo, la Biblia dice que «el secreto» para la vida es algo muy distinto. Tiene que ver con «la ley del Espíritu de vida» que nos libera de «la ley del pecado y de la muerte» (Romanos 8:2), no con la «ley de la atracción».

Según el apóstol Pablo, lo más importante que se debe conocer es «a Jesucristo y a éste crucificado» (1 Corintios 2:2). Para aquellos a quienes les preocupa la felicidad ahora, esto es ciertamente una locura (v.14). No reconocen el poder de Dios, sino que les parece debilidad.

El Señor nos creó con un deseo de conocer lo secreto. En Su sabiduría, mantuvo ciertas cosas escondidas en misterio por algún tiempo (v.7). Pero ahora, por medio de Su Santo Espíritu, las ha dado a conocer; y el secreto que nos revela no tiene nada que ver con tener pensamientos felices para obtener cosas felices; tiene que ver con tener la mente de Jesucristo (v.16). —JAL

PARA CONOCER LA FELICIDAD PERDURABLE,
DEBEMOS LLEGAR A CONOCER A JESÚS.

16 de mayo

EL REGALO PARA DARSE EL GUSTO

*Soberbia, saciedad de pan, y abundancia de ociosidad
tuvieron ella y sus hijas;
y no fortaleció la mano del afligido y del menesteroso.*

—Ezequiel 16:49

Una tienda de apartamentos para la clase alta de Londres lanzó una nueva tarjeta de regalos con el lema, «El regalo para darse el gusto». Por toda la tienda, los avisos, los lemas e incluso las etiquetas llamaban la atención hacia las tarjetas. Según un empleado, las ventas de las tarjetas de regalo durante las primeras semanas de la promoción habían sido muy fuertes, excediendo con mucho las expectativas de la compañía. Puede que la generosidad inste a alguien a dar un regalo lujoso a alguien especial, pero muy a menudo encontramos que es más fácil comprar lo que queremos para nosotros.

El profeta Ezequiel arroja luz sobre una antigua ciudad cuyos habitantes sufrieron el juicio de Dios debido, en parte, a que adoptaron un estilo de vida que se permitía excesos. «He aquí que esta fue la maldad de Sodoma tu hermana: soberbia, saciedad de pan, y abundancia de ociosidad tuvieron ella y sus hijas; y no fortaleció la mano del afligido y del menesteroso. Y se llenaron de soberbia, e hicieron abominación delante de mí, y cuando lo vi las quité» (Ezequiel 16:49-50).

Históricamente, el Señor ha lidiado duramente con Su pueblo, el cual se volvió arrogante, sobrealimentado y despreocupado (v.49). El antídoto para el veneno de darse gustos es el deseo de complacer a Dios y servir a los demás, no a nosotros mismos (Filipenses 2:4).

Darnos el gusto es un regalo que no necesitamos. —DCM

CUANTO MÁS SIRVAMOS A CRISTO,
TANTO MENOS SERVIREMOS AL YO.

MÚSICA PARA DESPERTAR

*La palabra de Cristo more en abundancia en vosotros,
enseñándoos y exhortándoos unos a otros en toda sabiduría…*
—COLOSENSES 3:16

En un suburbio de Nairobi, Kenia, un grupo de refugiados internacionales ha estado cantando canciones con la esperanza de que estas despertaran a su patria. Según la BBC, el grupo de los *Waayah Cusub* ha estado disfrutando de amplio espacio en las estaciones de radio y los canales de televisión haciendo uso de letras osadas para tratar problemas sociales. Uno de los músicos dice: «No estamos contentos con lo que está pasando en nuestra patria; de hecho, hemos grabado una canción de reflexión que esperamos que haga que nuestros líderes vuelvan a su sano juicio».

Mucho antes que los *Waayah Cusub* comenzaran a usar canciones para hacer un llamado y ponerle fin al sufrimiento social y a la violencia, Dios le enseñó a Moisés a usar la música de una manera osada y provocativa. Sabiendo que Su pueblo se distraería con sus propias inclinaciones pecaminosas una vez que comenzaran a disfrutar de la prosperidad de la tierra prometida (Deuteronomio 31:21), Dios le dijo a Moisés que les enseñara a los israelitas la canción del capítulo 32. Es una dura canción de advertencia, diseñada para captar la atención de aquellos que se olvidan de Dios y llenan sus vidas de tribulación.

¿Podría nuestro Dios sabio y amoroso estar repitiendo esa estrategia con nosotros? ¿Hay algún salmo, himno, o cántico espiritual que nos esté llamando de vuelta a Su fidelidad y gracia sorprendente? ¿Qué canción podría Él estar usando para derribar nuestra oposición y renovar nuestros corazones hoy? —MRD

«DONDE FALLAN LAS PALABRAS, HABLA LA MÚSICA».
—HANS CHRISTIAN ANDERSEN

LA ALTERNATIVA CELESTIAL

Pero confiamos, y más quisiéramos estar ausentes del cuerpo,
y presentes al Señor.

—2 CORINTIOS 5:8

Recientemente le deseé un «feliz cumpleaños» a un joven amigo y le pregunté cómo se sentía ser un año más viejo. ¿Su respuesta en broma? «Bueno, ¡imagino que es mejor que la alternativa!».

Nos reímos juntos, pero después me detuve a pensar: ¿Realmente lo es? No me malinterpretes, por favor. Soy feliz de vivir todo el tiempo que el Señor me permita y ver a mis hijos y nietos crecer y experimentar la vida. No me emociona lo inevitable de la muerte. Pero, como creyente, la alternativa de envejecer es el cielo, ¡y eso no está mal!

En 2 Corintios 5, Pablo habla acerca de la realidad de vivir con los dolores y sufrimientos de nuestros cuerpos físicos, nuestros «tabernáculos» de la carne. Pero no debemos vivir desesperados por causa del envejecimiento. De hecho, el apóstol nos llama a justamente lo opuesto. Él escribió: «Pero confiamos, y más quisiéramos estar ausentes del cuerpo, y presentes al Señor» (v.8). ¡Confiamos! ¡Estamos ausentes! ¿Por qué? Porque nuestra alternativa a la vida terrenal es que estaremos presentes con el Señor, ¡para siempre! La perspectiva celestial de lo que nos espera puede darnos confianza para vivir ahora.

Si conoces a Cristo, Su promesa puede hacerte exclamar junto con el autor del himno: «Eres mi fuerza, mi fe, mi reposo». ¡Qué gran alternativa! —WEC

¡LA MUERTE ES GANANCIA PORQUE SIGNIFICA EL CIELO,
LA SANTIDAD Y ÉL!

BATALLA EN EL CIELO

Después hubo una gran batalla en el cielo [...]
y Satanás [...] fue arrojado a la tierra.
—APOCALIPSIS 12:7-9

Philip Pullman es un talentoso escritor de libros de historias fantásticas. Su trilogía de *La materia oscura* incluye *La brújula dorada, la daga y el catalejo lacado*, y es muy popular entre los lectores jóvenes. Pero debajo de la superficie de estos personajes cordiales y los argumentos secundarios persuasivos hay un propósito siniestro. La historia culmina con una gran batalla contra Dios.

En estos libros, Pullman ve la caída de Satanás como una causa justa para la independencia personal del control «tiránico» de Dios. ¡Él insinúa que el intento de Satanás por usurpar el trono de Dios era lo correcto!

En el libro de Apocalipsis, leemos acerca del fin de los tiempos: «Después hubo una gran batalla en el cielo [...] y Satanás [...] fue arrojado a la tierra» (Apocalipsis 12:7-9). Esa batalla futura va precedida de un conflicto terrenal en nuestras mentes.

Debemos reconocer a Satanás por lo que es: un mentiroso (Juan 8:44). Su estrategia es tomar las palabras de Dios, sacarlas de contexto y torcerlas hacia la falsedad (Génesis 3:1-7). Nuestra mejor defensa contra él es aferrarnos firmemente a la verdad de la Palabra de Dios (Efesios 6:10-18).

Nuestro Padre celestial «no qu[iere] que ninguno perezca» (2 Pedro 3:9); pero tampoco nos va a obligar a obedecerlo. Él nos deja esa elección a nosotros.
—HDF

CUANDO SATANÁS ATAQUE,
CONTRAATACA CON LA PALABRA DE DIOS.

RESTAURANDO LA VISTA ESPIRITUAL

La exposición de tus palabras alumbra;
hace entender a los simples.

—Salmo 119:30

Sanduk Ruit es un doctor nepalés que ha usado su escalpelo y su microscopio, y ha simplificado la técnica de la cirugía de cataratas para darle vista a casi 70.000 personas a lo largo de los últimos 23 años. Los pacientes más pobres que visitan su centro de salud ocular sin fines de lucro en Katmandú pagan con tan sólo su gratitud.

Durante Su tiempo en la tierra, nuestro Señor Jesucristo sanó a muchos con ceguera física. Pero le preocupaban todavía más los que padecían de ceguera espiritual. Muchas de las autoridades religiosas que investigaron la curación del hombre ciego se negaron a creer que Jesús no era pecador (Juan 9:13-34). Esto hizo que Jesús dijera: «Para juicio he venido yo a este mundo; para que los que no ven, vean, y los que ven, sean cegados» (v.39).

El apóstol Pablo escribió acerca de esta ceguera espiritual cuando dijo: «Pero si nuestro evangelio está aún encubierto, entre los que se pierden está encubierto; en los cuales el dios de este siglo cegó el entendimiento de los incrédulos, para que no les resplandezca la luz del evangelio de la gloria de Cristo, el cual es la imagen de Dios» (2 Corintios 4:3-4).

El salmista dijo: «La exposición de tus palabras alumbra» (Salmo 119:130). La Palabra de Dios es lo que abrirá tus ojos y curará la ceguera espiritual. —CPH

UN MUNDO EN TINIEBLAS
NECESITA LA LUZ DE JESÚS.

¿ES ÉL SUFICIENTE?

No tengo plata ni oro,
pero lo que tengo te doy.

—Hechos 3:6

¿Es Jesús suficiente? Esa es una pregunta que muchos cristianos necesitan hacerse. Tienen abundancia de posesiones materiales; pero ¿dependen estos creyentes de Jesús? ¿O de sus cosas?

Si bien las Escrituras no condenan tener riquezas en tanto se tengan las prioridades en orden y se traten las necesidades de los demás, los que gozamos de relativa riqueza debemos recordar que Jesús —y no las riquezas— es quien nos sustenta.

El apóstol Pedro nos ayuda con esto al relatar la historia del cojo que pedía limosna en la puerta del templo en Jerusalén. Este hombre le pidió dinero a Pedro, pero el apostol le respondió: «No tengo plata ni oro, pero lo que tengo te doy; en el nombre de Jesucristo de Nazaret, levántate y anda» (Hechos 3:6).

El hombre que yacía a la puerta ese día pensó que el dinero era la respuesta a sus problemas, pero Pedro le mostró que la respuesta era Jesús. Y sigue siéndolo.

Leí acerca de un grupo de cristianos chinos que tienen mucho que enseñarnos mientras buscan difundir el evangelio en su patria y más allá de sus fronteras. Estos creyentes dicen: «No podemos darnos el lujo de financiar grandes programas o elaboradas presentaciones del Evangelio. Jesús es todo lo que tenemos para darles a las personas».

Jesús es suficiente para nuestros hermanos y hermanas en China. Él es suficiente para los pobres. ¿Es Él suficiente para ti? —JDB

Nuestras mayores riquezas
son las que tenemos en Cristo.

YO TENGO LA RAZÓN; TÚ, NO

No juzguéis, y no seréis juzgados;
no condenéis, y no seréis condenados.

—LUCAS 6:37

Mi amiga Ría admira el asombroso despliegue de 1,80 metros de las alas de la gran garza azul y se maravilla ante su majestuosa apariencia. Ella les da la bienvenida a estas aves al verlas planear para aterrizar en una pequeña isla en medio de la laguna cerca de su hogar.

Ahora bien, yo puedo apreciar que la garza sea una criatura maravillosa y única. ¡Pero jamás quiero verla en el jardín posterior de mi casa! Eso se debe a que yo sé que no se quedará allí tan sólo para admirar el jardín. No, ¡esta versión emplumada de una *persona non grata* (alguien que no es bienvenido), que no es precisamente delicada, estará hurgando en nuestra laguna para pescar su cena!

Entonces, ¿tengo yo la razón? ¿O la tiene Ría? ¿Por qué no podemos estar de acuerdo? Las diferentes personalidades, historias o conocimientos pueden matizar las opiniones de las personas. No significa que una persona está en lo correcto y la otra está equivocada, pero algunas veces podemos ser poco amables, rígidos y sentenciosos si no hay un acuerdo. No estoy hablando acerca del pecado, sino tan sólo de una diferencia de opinión o perspectiva. Necesitamos tener cuidado al juzgar los pensamientos, motivos y acciones de los demás porque nosotros también deseamos que se nos dé el beneficio de la duda (Lucas 6:37).

¿Podemos aprender de alguien que ve las cosas desde una perspectiva distinta? ¿Necesitamos practicar un poquito de paciencia y amor? Estoy enormemente agradecida de que Dios sea abundantemente paciente y amoroso conmigo. —CHK

UN POQUITO DE AMOR
PUEDE MARCAR UNA GRAN DIFERENCIA.

HACER CAMINO

Preparad camino a Jehová;
enderezad calzada en la soledad a nuestro Dios.
—Isaías 40:3

A Dwight D. Eisenhower se lo conoció por su valeroso liderazgo durante la Segunda Guerra Mundial. Su habilidad demostrada en la batalla equipó a las tropas para recuperar Europa. Al poco tiempo de regresar a los Estados Unidos como un héroe, fue elegido presidente.

Mientras estuvo en Europa, Eisenhower había experimentado el peligro y la dificultad de conducir por carreteras serpenteantes. Así que, para la seguridad nacional de los Estados Unidos, comisionó una red de carreteras que se convirtieron en el sistema de carreteras interestatales de la nación. Se excavaron túneles a través de las montañas y se atravesaron valles con gigantescos puentes.

En tiempos antiguos, los reyes conquistadores obtenían el acceso a los territorios recientemente ganados por medio de las carreteras que se construían para sus tropas. Isaías tenía esto en mente cuando declaró: «Enderezad calzada en la soledad a nuestro Dios» (Isaías 40:3). Y Juan el Bautista llamó a las personas al arrepentimiento y las instó a que «prepararan el camino» hacia sus corazones para la llegada del Rey Jesús.

¿Qué preparativos tienen que hacerse para permitir el acceso sin obstáculos de Jesús a tu corazón? ¿Existen lugares difíciles de amargura que necesitan la pala topadora del perdón? ¿Existen valles de queja que tienen que ser llenados de satisfacción? No podemos darnos el lujo de descuidar esta ingeniería espiritual. ¡Preparemos camino al Rey! —JMS

EL ARREPENTIMIENTO DESPEJA EL CAMINO
PARA NUESTRA RELACIÓN CON EL REY.

EL TESTIMONIO DE AMIGOS

Porque la vida fue manifestada, y la hemos visto,
y testificamos, y os anunciamos la vida eterna,
la cual estaba con el Padre, y se nos manifestó.
—1 JUAN 1:2

El autor ganador del premio Pulitzer, David Halberstam, murió en un accidente de tránsito cinco meses antes de la publicación de su libro que hizo época acerca de la guerra de los Estados Unidos en Corea. En los días que siguieron a la muerte de Halberstam, compañeros escritores y colegas se ofrecieron como voluntarios para realizar un recorrido nacional para promocionar el libro en nombre del autor. En cada presentación, ellos le rendían tributo leyendo porciones de su nuevo libro y compartiendo recuerdos personales de su amigo.

Cuando se trata de transmitir la esencia y la importancia de una persona, no hay mejor sustituto para hacerlo que un amigo. Después de la resurrección y ascensión de Jesucristo, Sus seguidores comenzaron a contarles a los demás acerca de la singular Persona que habían conocido. «Porque la vida fue manifestada, y la hemos visto, y testificamos, y os anunciamos la vida eterna, la cual estaba con el Padre, y se nos manifestó» (1 Juan 1:2). Su propósito era que los demás pudieran llegar a conocer a Dios el Padre y a Cristo, Su Hijo (v.3).

Puede que a veces sintamos que testificar a los demás acerca de nuestra fe en Cristo es una tarea atemorizante o un deber agobiante. Pero hablar acerca de un Amigo cuya presencia e influencia ha transformado nuestras vidas nos ayuda a ver esto bajo una nueva luz.

El evangelio de Cristo siempre ha sido presentado de la manera más poderosa por el testimonio de Sus amigos. —DCM

CUANTO MÁS AMES A JESÚS,
TANTO MÁS HABLARÁS ACERCA DE ÉL.

LAS DAMAS DE ARLINGTON

También se contará lo que ésta [mujer] ha hecho,
para memoria de ella.

—MATEO 26:13

En 1948, el Jefe de Estado Mayor de la Fuerza Aérea de los Estados Unidos notó que nadie había asistido al funeral de un soldado de la fuerza aérea en el Cementerio Nacional de Arlington y eso lo perturbó profundamente. Habló con su esposa acerca de su interés de que cada soldado recibiera honores en su entierro y ella comenzó un grupo llamado las Damas de Arlington.

Alguien del grupo le rinde honores a cada soldado fallecido asistiendo a su funeral. Las damas también escriben notas personales de pésame y expresan palabras de gratitud a los familiares cuando están presentes. Si es posible, una representante se mantiene en contacto con la familia durante meses después de la ceremonia.

Margaret Mensch, una de las Damas de Arlington, dice: «Lo importante es estar a disposición de las familias [...]. Es un honor [...] rendirles tributo a los héroes de cada día que forman parte de las fuerzas armadas».

Jesús mostró la importancia de rendir tributo. Después de que una mujer vertiera un costoso perfume sobre Su cabeza, Él dijo que ella sería honrada en los años por venir (Mateo 26:13). Los discípulos estaban indignados y pensaron que este acto había sido un desperdicio, pero Jesús lo llamó «una buena obra» (v.10) por la que ella sería recordada.

Conocemos a héroes que han dado sus vidas en servicio a Dios y su país. Honrémoslos hoy. —AMC

HONRAMOS A DIOS
CUANDO NOS HONRAMOS UNOS A OTROS.

LLAMANDO A LO MALO BUENO

¡Ay de los que a lo malo dicen bueno,
y a lo bueno malo!

—Isaías 5:20

*E*l *Mago de Oz* se ha mantenido popular por años. Personas de todas las edades han aprendido lecciones morales de Dorothy, el Espantapájaros, el Hombre de Lata, y el León Cobarde mientras viajaban por el camino de ladrillos amarillos. Por supuesto, en el argumento, el gran enemigo a vencer es la Bruja Malvada del oeste. El mal se ilustra claramente y el bien lo vence.

Sin embargo, un nuevo musical de Broadway ha trastocado el sentido moral de la historia original, poniéndolo de cabeza. En esta nueva versión de la historia, a la bruja malvada se la presenta como un personaje cordial. Como nació con la piel verde, ella se siente una intrusa. Los personajes principales, los argumentos, los papeles y otros detalles se alteran para que la bruja malvada sea realmente tan sólo una persona malentendida. El público podría irse con la idea de que lo malo es bueno y lo bueno es malo.

Durante el ministerio del profeta Isaías, los valores morales se invirtieron en Israel. Algunos, de hecho, elevaron los actos malvados de asesinato, idolatría y adulterio a la categoría de buenos. En respuesta a ello, Isaías les hizo una severa advertencia: «¡Ay de los que a lo malo dicen bueno, y a lo bueno malo!» (Isaías 5:20). En nuestro mundo relativista, la cultura popular constantemente desafía los valores bíblicos. Pero estudiar, memorizar la Palabra de Dios y meditar en ella puede garantizar nuestro discernimiento entre lo bueno y lo malo. —HDF

SI CONOCEMOS LA VERDAD,
PODEMOS DISCERNIR LO QUE ES FALSO.

NADIE MÁS CIEGO

*De cierto os digo que en cuanto lo hicisteis
a uno de estos mis hermanos más pequeños,
a mí lo hicisteis.*

—MATEO 25:40

Al cantante Ray Stevens a menudo se le da el crédito de haber escrito la frase «No hay nadie más ciego que el que no quiere ver», una línea de la canción *Everything Is Beautiful (Todo es hermoso)*. Pero el predicador Matthew Henry usó la frase hace 250 años cuando hizo sus comentarios sobre la letra de una canción de otro compositor llamado Asaf.

La letra en la canción de Asaf no tenía una nota tan optimista como la de Stevens. Su cántico era una reprimenda a los israelitas por no lograr cumplir con el propósito que Dios les había dado. Dios los había escogido para mostrarle al mundo cómo vivir de manera correcta y juzgar con justicia, pero estaban fracasando miserablemente. En vez de defender al débil y huérfano, estaban defendiendo al injusto y mostrando parcialidad hacia el malvado (Salmo 82:2-3).

En su comentario sobre el Salmo 82, Henry escribió: «Un regalo en secreto ciega la vista. Ellos no saben porque no entienden. Nadie más ciego que el que no quiere ver. Han confundido sus propias conciencias, así que andan en tinieblas».

Jesús confirmó el interés de Dios en el débil y desvalido. Explicó que lo que sea que se haga por Sus «hermanos más pequeños» se le hace a Él (ver Mateo 25:34-40). Y reprendió a Sus discípulos por alejar a los niños de Él (Lucas 18:16).

Los que tienen ojos para ver lo que Dios ve encuentran maneras de ayudar al desvalido. —JAL

UNA PRUEBA DE VERDADERO AMOR CRISTIANO:
¿AYUDAS A LOS QUE NO PUEDEN CORRESPONDER A TU AYUDA?

TESTIGOS

Pero recibiréis poder,
cuando haya venido sobre vosotros el Espíritu Santo,
y me seréis testigos [...] hasta lo último de la tierra.
—Hechos 1:8

Cuando se juzga un caso en algún tribunal penal, los testigos brindan información vital en cuanto a un posible crimen. Ser un testigo significa decirle al tribunal la verdad acerca de lo que se sabe.

Así como el sistema de justicia penal depende fuertemente de los testigos, Jesús usa a testigos osados, fieles y en los que se puede confiar para que difundan Su Palabra y construyan Su iglesia.

Antes de que Jesús ascendiera al cielo con Su Padre, les dio a Sus discípulos un mandamiento final: lanzar una campaña de testimonio mundial. El Espíritu Santo vendría a ellos y les daría poder sobrenatural para ser Sus testigos en todo el mundo (Hechos 1:8).

Jesús llamó a estos primeros apóstoles para que fueran al mundo donde las personas no sabían de Él y relatasen la historia veraz de lo que habían visto, escuchado y experimentado (Hechos 4:19-20). Ya que habían presenciado Su vida perfecta, Sus enseñanzas, Su sufrimiento, Su muerte, Su sepultura y Su resurrección (Lucas 24:48; Hechos 1–5), debían salir y dar un testimonio sincero acerca de Él.

Al llevar el evangelio a los confines del mundo, somos llamados a dar testimonio de la verdad acerca de Jesucristo y de cómo Él ha cambiado nuestras vidas. «¿Y cómo creerán en aquel de quien no han oído?» (Romanos 10:14). ¿Qué estás haciendo para decirles a los demás? —MLW

DIOS NOS HA DEJADO EN EL MUNDO
PARA QUE DEMOS TESTIMONIO.

ARMADOS PARA LA LUCHA

*Vestíos de toda la armadura de Dios,
para que podáis estar firmes
contra las asechanzas del diablo.*
—EFESIOS 6:11

Hacia el final de su vida de combate, el apóstol Pablo, un guerrero espiritual, dio testimonio: «He peleado la buena batalla, he acabado la carrera, he guardado la fe» (2 Timoteo 4:7).

Años antes, ese valiente soldado de Jesucristo les había suplicado a sus compañeros cristianos que se pusieran la armadura de Dios, la cual les daría la capacidad de mantenerse firmes en su conflicto con los poderes de las tinieblas. Él conocía la vital importancia de ponerse esa armadura cada día. En su servicio a Cristo, Pablo había sido azotado, golpeado, apedreado y encarcelado, y a menudo estaba hambriento, sediento, con frío y cansado (2 Corintios 11:22-28).

Usando el cinturón de la verdad, la coraza de justicia, el calzado de la paz, el escudo de la fe, el yelmo de la salvación y la espada del Espíritu (la Palabra de Dios), Pablo fue capacitado para «apagar todos los dardos de fuego del maligno» (Efesios 6:14-17). Con la armadura de Dios, nosotros también estamos totalmente cubiertos y preparados para la batalla.

El príncipe de las tinieblas con sus huestes de ayudantes demoníacos conforman un enemigo increíblemente astuto. Esa es la razón por la que necesitamos estar en guardia en contra de sus estratagemas engañosas y ponernos toda la armadura de Dios cada día. Cuando lo hacemos, al igual que Pablo cuando estaba acercándose al final de sus días, podemos tener la confianza de que hemos «guardado la fe». —VCG

LA ARMADURA DE DIOS ESTÁ CONFECCIONADA A TU
MEDIDA, PERO DEBES PONÉRTELA.

¡AAHH!

¿Quién como tú, oh Jehová, entre los dioses?
¿Quién como tú, magnífico en santidad,
terrible en maravillosas hazañas, hacedor de prodigios?
—Éxodo 15:11

Un borrascoso día de junio, la familia estaba de vacaciones en las Montañas Rocosas de Canadá y fuimos a un sitio turístico que había sido anunciado como un «lugar obligado de visita». No me apetecía mucho ir debido al frío viento, hasta que vi a un grupo de personas que regresaban del punto panorámico. «¿Vale la pena?», pregunté. «¡Totalmente!», fue su respuesta. Eso nos dio el incentivo para continuar. Cuando finalmente llegamos al lugar, su belleza nos dejó virtualmente sin habla. «¡Aahh!» fue todo lo que pudimos decir.

Pablo llegó a este punto cuando escribió acerca de la obra de Dios para salvar a judíos y griegos en el libro de Romanos. Tres cosas acerca de Dios hicieron que él dijera «¡Aahh!».

Primero, Dios es todo sabiduría (11:33). Su plan perfecto de salvación muestra que tiene soluciones muchísimo mejores para los problemas de la vida de los que nosotros seamos capaces de idear.

Segundo, Dios es todo conocimiento. Su conocimiento es infinito. No necesita de consejero alguno (v.34) ¡y nada le sorprende!

Tercero, Dios es todo suficiencia (v.35). Ninguna persona puede darle a Dios lo que Él no le haya dado a esta primero. Tampoco puede jamás corresponder a Su bondad.

Podemos decir junto con Moisés: «¿Quién como tú, magnífico en santidad, terrible en maravillosas hazañas, hacedor de prodigios?» (Éxodo 15:11). ¡Qué maravilloso es el Dios a quien servimos! —CPH

VEMOS LA MAJESTAD DE DIOS
EN SU CARÁCTER Y EN SU CREACIÓN.

A LA VENTA: UN ALMA

¿O qué recompensa dará el hombre por su alma?
—Mateo 16:26

Uno pensaría que vender su alma, tal y como Fausto le ofreció la suya al diablo en la obra *Fausto*, de Goethe, es sólo un fragmento de ficción literaria. Sin embargo, con todo lo medieval que parezca, se han dado varios casos de ventas de almas.

La revista *Wired* informó que un profesor universitario de 29 años logró vender su alma inmortal por 1.325 dólares. Dijo: «En los Estados Unidos, uno puede vender su alma, tanto metafórica como literalmente, y recibir una recompensa por ello». La pregunta ahora es cómo pretende el comprador recoger su adquisición.

No podemos vender nuestra alma literalmente, pero podemos perderla por ganar otra cosa. Tenemos que meditar en la pregunta de Jesús: «¿O qué recompensa dará el hombre por su alma?» (Mateo 16:26). Nuestras respuestas hoy sólo diferirían de las que se hubieran dado en los días de Jesús en cuanto a aspectos específicos: el mundo, la carne y el diablo. Los deseos que nos cautivan y el hambre desenfrenado de placer, éxito, venganza o cosas materiales ciertamente han asumido muchísima mayor importancia para muchas personas que cualquier consideración de la eternidad.

Nada en la tierra se compara a los regalos de Dios del amor y el perdón. Si los placeres de este mundo te impiden confiar en Jesucristo, por favor, reconsidéralo. No valen el costo de tu alma eterna. —DCE

JESÚS ES LA ÚNICA FUENTE QUE
PUEDE SATISFACER EL ALMA SEDIENTA.

SANTOS TONTOS

Si puedes creer, al que cree todo le es posible.

—Marcos 9:23

Cuando Dios habló con Abram, este obedeció de inmediato y partió hacia una tierra desconocida basándose tan sólo en una promesa. Aunque no tenía hijos, confió en que Dios haría de él «una nación grande» (Génesis 12:2).

Dios a menudo realiza Su obra por medio de «santos tontos»; soñadores que emprenden la marcha con una fe absurda. Y aun así, yo suelo tomar mis decisiones basado en cálculos y dudas.

Una vez, mi iglesia en Chicago programó toda una noche de oración durante una gran crisis. Antes de informar en el calendario, discutimos bastante la utilidad de este evento. Los miembros más pobres de la congregación, un grupo de ancianos, fueron los que respondieron afirmativamente con mayor entusiasmo. Pensé que tal vez muchas de sus oraciones no habrían sido contestadas durante años y, sin embargo, confiaban en el poder de la oración como si fueran niños. «¿Cuánto tiempo quieren quedarse? ¿Un par de horas?», preguntamos, pensando en que ellos usaban transporte público. «Bueno, nos vamos a quedar toda la noche», respondieron.

Una mujer de más de 90 años lo explicó así: «Podemos orar. Tenemos el tiempo y tenemos la fe. Además, algunos de nosotros no dormimos mucho. Podemos orar toda la noche si es necesario». Y lo hicieron.

Mientras tanto, un grupo de profesionales ricos, jóvenes, ambiciosos y bien educados en una iglesia del centro aprendió una importante lección: La fe a menudo aparece donde menos se la espera y falla donde debiera crecer con fuerza.
—PY

LA ORACIÓN ES LA VOZ DE LA FE.

DEVOLVER EL FAVOR

Porque ejemplo os he dado,
para que como yo os he hecho, vosotros también hagáis.

—Juan 13:15

Cadena de favores es una película que trata de un niño de doce años que quiere marcar una diferencia en el mundo. Motivado por un maestro de su colegio, Trevor invita a un hombre sin hogar a dormir en su garaje. Ignorante de este arreglo, la madre de Trevor se despierta una noche para encontrar al hombre que estaba arreglándole la camioneta. A punta de pistola, ella le exige que se explique. Él le muestra que ha logrado arreglar la camioneta y le cuenta acerca de la amabilidad de Trevor. Le dice: «Simplemente estoy devolviendo el favor».

Creo que esto es lo que Jesús tenía en mente en una de las últimas conversaciones con Sus discípulos. Quería mostrarles hasta dónde llegaba Su amor. Así que, antes de su última cena juntos, se quitó el manto, se ciñó una toalla alrededor de la cintura y comenzó a lavarles los pies a Sus discípulos. Esto fue algo escandaloso porque sólo los esclavos lavaban los pies. Era un acto de servidumbre y un símbolo que señalaba el sacrificio, la pasión y la humillación de Jesús en la cruz. Lo que Él les pidió a Sus discípulos fue: «Pues si yo, el Señor y el Maestro, he lavado vuestros pies, vosotros también debéis lavaros los pies los unos a los otros» (Juan 13:14). Debían «devolver el favor».

Imagina lo diferente que se vería nuestro mundo si les diéramos a los demás el tipo de amor que Dios nos ha dado por medio de Jesús. —MLW

PARA CONOCER EL AMOR, ABRE TU CORAZÓN A JESÚS.
PARA MOSTRARLO, ABRE TU CORAZÓN A LOS DEMÁS.

EL SEÑOR DE NUESTROS AÑOS

Antes que naciesen los montes
y formases la tierra y el mundo,
desde el siglo y hasta el siglo, tú eres Dios.
—Salmo 90:2

Cuando la versión reducida del *Diccionario Oxford* de inglés anunció en el 2006 que la palabra tiempo era el sustantivo usado con mayor frecuencia en el idioma inglés, no pareció sorprender a nadie. Vivimos en un mundo donde las personas están obsesionadas con usar sus días, ahorrar minutos y tratar de encontrarle más horas a cada jornada. Aunque cada uno de nosotros tiene todo el tiempo que existe, muy pocos pensamos que tenemos suficiente.

Tal vez esa sea la razón por la que el Salmo 90 es un pasaje tan precioso. Aleja el enfoque de nuestras vidas limitadas por el tiempo y lo traslada hacia nuestro Dios eterno. «Antes que naciesen los montes y formases la tierra y el mundo, desde el siglo y hasta el siglo, tú eres Dios» (v.2).

Una estrofa en el famoso himno de Matthew Bridges «A Cristo coronad» dice: «Y bendecid al Inmortal por toda eternidad». El soberano, el monarca ungido con majestad; alguien que no busca ser designado ni ganar unas elecciones.

Dios creó el tiempo. Lo gobierna y va más allá de él. Cuando nos sentimos frustrados por el calendario o atrapados por el reloj, una lectura en silencio del Salmo 90 nos recordará que nuestros días y nuestros años están en manos de nuestro Dios eterno.

Al inclinarnos humildemente ante Él, vemos el tiempo desde una nueva perspectiva. —DCM

DEBEMOS TENER UNA PRECISA PERSPECTIVA
DE LA ETERNIDAD PARA CONOCER
EL VERDADERO VALOR DEL TIEMPO.

EL CÍRCULO DEL MIEDO

Si alguno hubiere pecado,
abogado tenemos para con el Padre, a Jesucristo el justo.
—1 JUAN 2:1

Cuando el mítico grupo de rock *The Eagles* (Las Águilas) preparaba una nueva canción para algún concierto, todos los miembros se sentaban en un círculo con sus guitarras acústicas y sin amplificadores para ensayar sus intrincadas voces. Llamaban a esta rutina «el círculo del miedo» porque no hay dónde esconderse ni dónde ocultar cualquier error que se pueda hacer en la armonía. Esa sensación de absoluta exposición de sus errores es lo que hace que este ejercicio les cause tanto temor.

Lejos de Cristo, sufriríamos un tipo de exposición muchísimo peor delante del Dios de toda justicia. Si no tuviéramos abogado ni escapatoria, tampoco tendríamos esperanza alguna. Pero en Cristo, el creyente tiene a un Defensor a su favor delante del Padre. 1 Juan 2:1 dice: «Hijitos míos, estas cosas os escribo para que no pequéis; y si alguno hubiere pecado, abogado tenemos para con el Padre, a Jesucristo el justo». Él asume nuestra defensa cuando son expuestos nuestros fracasos. Nuestro Defensor lleva nuestra relación con Dios más allá de un «círculo del miedo» hacia una comunión de gracia y verdad.

Nuestro desafío es vivir una vida de pureza e integridad que honre a nuestro Padre celestial. Pero, cuando fallamos, no tenemos que temer el abandono o el ridículo de parte de Él. Tenemos un Abogado que nos sostendrá. —WEC

AQUEL QUE MURIÓ COMO NUESTRO *SUSTITUTO*
AHORA VIVE COMO NUESTRO *ABOGADO*.

ADOPTADO

Haced morir, pues, lo terrenal en vosotros: fornicación, impureza, pasiones desordenadas, malos deseos y avaricia.

—COLOSENSES 3:5

En la antigua Roma, los emperadores ocasionalmente hacían uso de la adopción para transmitir la sucesión a herederos competentes. César Augusto fue adoptado por su tío abuelo Julio César. Otros adoptados notables incluyen a los emperadores Tiberio, Trajano y Adriano. Todos ellos demostraron ser gobernantes fuertes porque cada uno vivió como hijo de su padre adoptivo.

Todo cristiano es un hijo adoptado por el Rey de reyes. Tenemos una enorme deuda a Su favor. Pero Dios, quien lo tiene todo, no necesita que la cancelemos.

¿Qué es lo que Dios desea? Él quiere que vivamos de la manera que corresponde a Sus hijos. Las actividades y los valores que no van acorde con nuestra posición como hijos de Dios deben eliminarse (Colosenses 3:5). Las actitudes egoístas y destructivas han de ser reemplazadas por actividades y valores que exhiban nuestra gratitud y nuestro amor a Dios, y debemos reflejar nuestra condición como Sus hijos. Pablo escribió: «Vestíos, pues, como escogidos de Dios, santos y amados, de entrañable misericordia, de benignidad, de humildad, de mansedumbre, de paciencia» (v.12).

¿Pueden las personas que te rodean decir que efectivamente eres un hijo del Rey? Pregúntale al Espíritu Santo qué es lo que necesitas quitar de tu vida y qué es lo que necesitas poner en ella para que puedas reflejar con mayor fidelidad tu condición de hijo adoptado de Dios. —CPH

HONRAMOS EL NOMBRE DE DIOS CUANDO LO LLAMAMOS NUESTRO PADRE Y VIVIMOS COMO SUS HIJOS.

EL DÍA DE ENTRE TODOS LOS DÍAS

Tú, pues, sufre penalidades
como buen soldado de Jesucristo.
—2 TIMOTEO 2:3

En la miniserie para la televisión, *Banda de hermanos*, el transporte aéreo N.º 101 está volando sobre la zona de lanzamiento en paracaídas durante el Día D (el día del desembarco aliado de Normandía), la principal ofensiva para liberar a Europa del control nazi. Cuando el personaje principal, el teniente Richard Winters, se lanza desde el avión, el estallido del ataque antiaéreo y el fuego de las ametralladoras llena el aire.

Posteriormente, Winters reflexionó sobre su primer día en combate: «Esa noche, reservé un tiempo para agradecer a Dios por mantenerme a flote ese día de entre todos los días […]; y que, si de alguna manera me las arreglaba para volver a casa, le prometí a Dios y a mí mismo que encontraría una parcela tranquila en algún lugar y pasaría el resto de mi vida en paz». Winters sabía que debía resistir hasta que llegara ese día.

La Biblia nos dice que los creyentes quedan atrapados en un conflicto iniciado por la rebelión de Satanás contra Dios. Debido a esto, somos desafiados a «sufr[ir] penalidades como buen[os] soldado[s] de Jesucristo» (2 Timoteo 2:3). En los días de Pablo, los legionarios romanos sufrían al servicio del emperador. Como seguidores de Jesús, puede que se nos llame a hacer lo mismo por el Rey de reyes.

En el cielo ya no experimentaremos tales dificultades, sino que disfrutaremos de una paz perdurable con el Salvador. Por ahora, hemos de perseverar por fe.
—HDF

LA VICTORIA ES SEGURA
PARA AQUELLOS QUE RESISTEN.

PALABRAS Y NÚMEROS

Yo y el Padre uno somos.

—JUAN 10:30

Mi esposo es una persona «de números»; yo soy una persona «de palabras». Cuando mi incompetencia con los números me exaspera al máximo, trato de impulsar mi ego recordándole a Jay que las personas de palabras son superiores porque Jesús se llamó a sí mismo el Verbo, no el Número.

En vez de tratar de defenderse, Jay simplemente sonríe y continúa ocupándose de sus asuntos, los cuales consisten en cosas mucho más importantes que mis tontos argumentos.

Como veo que Jay no se defiende, entonces me siento obligada a hacerlo. Aunque es verdad que Jesús era el Verbo, estoy equivocada al decir que Él no se refirió a sí mismo como un número. Uno de los pasajes más conmovedores de las Escrituras es la oración de Cristo justo antes de Su arresto y crucifixión. Con la muerte frente a Él, Jesús oró no sólo por Él mismo, sino también por Sus discípulos y por nosotros. Su petición más urgente a favor nuestro involucró un número: «[Ruego] para que todos sean uno; como tú, oh Padre, en mí, y yo en ti, que también ellos sean uno en nosotros; para que el mundo crea que tú me enviaste» (Juan 17:21).

Como personas que viven por la Palabra, tenemos que recordar que las «palabras correctas» le suenan huecas al mundo a menos que, siendo uno en Cristo, estemos glorificando a Dios con una sola mente y una sola voz. —JAL

DIOS LLAMA A SUS HIJOS A LA UNIDAD.

UNA VIDA RECORDADA

*Para que podamos [...] consolar
a los que están en [...] tribulación, por medio de la consolación
con que [...] somos consolados por Dios.*
— 2 Corintios 1:4

«Papi, ayúdame». Esas fueron las últimas palabras que Dianne y Gary Cronin le escucharon decir a su hija mientras esta luchaba por respirar. Kristin, de 14 años, murió repentinamente, justo dos días después de decir que no se sentía bien. Una infección de estreptococo atacó su cuerpo el jueves. Para el sábado, estaba rogando a su padre que la ayudara.

Antes de que Kristin muriera, yo tenía programado hablar en la iglesia de su familia en Soldotna, Alaska. En el tiempo de Dios, estuve ante la congregación el día después del funeral de la niña.

Kristin era una de esas vivaces adolescentes que amaba a Jesús y vivía para Él, y cuya súbita muerte nos deja con un millón de interrogantes.

Debido a que yo había pasado por algo similar al perder a mi propia hija adolescente hacía unos cuantos años, pude ofrecer algo de consejo a esta iglesia asombrada y acongojada. Primero, dije, debemos reconocer la soberanía de Dios. Salmo 139:16 nos recuerda que la vida de Kristin duró el tiempo exacto que Dios quiso. Segundo, le pedí a la iglesia que jamás olvidara a la familia de la muchacha. Sea que pasen dos meses o cinco años, la familia jamás «superará» la pérdida de Kristin. Jamás dejará de necesitar a cristianos que se preocupen y se acuerden de ella.

En momentos como éste, no olvides que Dios tiene el control y que Él quiere que seamos un consuelo para los demás. —JDB

EN TODO DESIERTO DE DESESPERACIÓN,
DIOS TIENE UN OASIS DE CONSUELO.

RIESGO

Humillaos, pues, bajo la poderosa mano de Dios,
para que él os exalte cuando fuere tiempo.
—1 Pedro 5:6

Cuando nuestros hijos eran pequeños, *Risk* era uno de nuestros juegos de mesa favoritos. El objetivo era la conquista del mundo. Cada jugador movilizaba sus tropas para tomar posesión de países y continentes. Siempre me divertía ver que la persona que inicialmente lideraba el juego rara vez ganaba. La razón es obvia. Cuando los demás jugadores percibían el orgullo cada vez mayor del líder, se unían contra él.

Ya sea consciente o subconscientemente, es fácil que no nos gusten las personas poderosas con apariencia orgullosa. Su propio semblante parece animar a los demás a lanzarles obstáculos en el camino o ser opositores silenciosos.

En la lectura bíblica de hoy, se nos dice que son siete las cosas que Dios odia. De forma reveladora, la primera es el orgullo. Cuando alguien se sobrevalora a sí mismo infravalorando a los demás, inevitablemente lo revela con su apariencia orgullosa. Hinchado de autopresunción, también puede crear maldad y sembrar discordia. No es de extrañar que Dios aborrezca las apariencias orgullosas.

Puede que la gente orgullosa y poderosa piense que tiene que preocuparse de lo que piensen los demás, pero no puede ignorar la oposición de Dios. Pedro nos recuerda que no confiemos en nosotros mismos sino en Aquel que nos exaltará «cuando fuere tiempo» (1 Pedro 5:6). Al someternos a Él, evitamos el riesgo que el orgullo representa para nuestro carácter y nos convertimos en siervos de Dios agradecidos y humildes. —AL

NADIE PUEDE GLORIFICARSE A SÍ MISMO Y
GLORIFICAR A CRISTO AL MISMO TIEMPO.

LA TIERRA DE LA ETERNA PRIMAVERA

*Joven fui, y he envejecido,
y no he visto justo desamparado.*
—Salmo 37:25

El ex presidente del Seminario Bíblico *Columbia Bible College* en Carolina del Sur, J. Robertson McQuilkin, señaló que Dios tiene un propósito sabio al dejar que envejezcamos y nos debilitemos:

«Creo que Dios ha planificado que la fuerza y la belleza de la juventud sean físicas. Pero la fuerza y la belleza de la vejez son espirituales. Gradualmente, perdemos la fuerza y la belleza que son temporales para asegurarnos de que nos concentraremos en aquellas que son para siempre. Y así estaremos ansiosos por dejar la parte de nosotros que es temporal y que se deteriora, y sentiremos verdadera nostalgia de nuestro hogar eterno. Si nos mantuviéramos jóvenes, fuertes y bellos, es probable que jamás quisiéramos irnos».

Cuando somos jóvenes y estamos felizmente ocupados con todas nuestras relaciones y actividades, puede que no anhelemos nuestro hogar celestial. Pero, a medida que pasa el tiempo, puede que nos encontremos sin familiares ni amigos, afligidos por una vista deficiente y dificultades auditivas, incapaces ya de saborear la comida o atribulados por la falta de sueño.

He aquí el consejo que me doy a mí mismo: Sé agradecido de que, tal y como el apóstol Pablo lo escribió en 1 Timoteo 6:17, «Dios […] nos da todas las cosas en abundancia para que las disfrutemos» tanto en el verano como en el otoño de la vida. Y regocíjate también de que, con la llegada del invierno de la vida, podemos prever que pronto estaremos viviendo en la tierra de la eterna primavera. —VCG

LA PROMESA DEL CIELO
ES NUESTRA ESPERANZA ETERNA.

LOCOS RELIGIOSOS

Sea vuestra palabra siempre con gracia, sazonada con sal,
para que sepáis cómo debéis responder a cada uno.

—Colosenses 4:6

Tengo un amigo al que invitaron a una cena y lo sentaron junto a un agresivo incrédulo que se deleitaba en hostigar a los cristianos.

Durante toda la velada, el hombre acosaba a Mateo sin misericordia acerca de los males de la cristiandad a lo largo de la historia. Con cada insulto, mi amigo calmadamente respondía: «Ese es un punto de vista interesante». Y luego le hizo una pregunta que provocó un auténtico interés en el hombre y desvió la conversación llevándola lejos del asunto que dividía a ambos hombres.

Cuando al final de la cena ya estaban a la puerta para despedirse, el hombre disparó un golpe final y en ese momento Mateo le pasó el brazo por los hombros y riendo entre dientes le dijo: «Amigo mío, toda la noche te la has pasado tratando de hablarme de religión. ¿Acaso eres uno de esos locos religiosos?».

La animosidad del hombre se disolvió en un estallido de risa y luego se puso serio, por cuanto efectivamente era un loco religioso. Todos los seres humanos lo son. Somos insaciable e incurablemente religiosos, perseguidos y acosados por el incesante amor de Dios, aunque puede que intentemos mantenerlo lejos de nosotros. La amabilidad y el ingenioso humor de Mateo despertaron el corazón de este hombre para que pudiera ser receptivo al evangelio.

Hemos de ser «prudentes como serpientes» (Mateo 10:16) al lidiar con incrédulos, hablándoles «con gracia, sazonada con sal» (Colosenses 4:6). —DHR

COMO LA «SAL DE LA TIERRA», LOS CREYENTES PUEDEN
PROVOCAR EN LOS DEMÁS SED DEL AGUA DE VIDA.

12 de junio

UN TRATO COMERCIAL JUSTO

Me regocijo en tu palabra
como el que halla muchos despojos.
—Salmo 119:162

Scott y Mary Crickmore invirtieron quince años de sus vidas ayudando a traducir el Nuevo Testamento al dialecto maasina. Era para la tribu fulani en la nación de Mali, en África occidental.

Después del borrador inicial, Mary visitó las aldeas cercanas y se lo leyó a las personas que vivían allí. Ella se sentaba en chozas con un grupo de hombres o mujeres para escucharlos decir lo que habían entendido. Eso le ayudó a asegurarse de que las palabras que estaban usando en la traducción eran precisas y claras.

Algunas personas pensaban que el sacrificio de los Crickmore fue demasiado grande: renunciar a su estilo de vida cómodo, cambiar sus hábitos alimenticios por harina de maíz y arroz, y vivir en circunstancias adversas durante esos quince años. Pero ellos dijeron que fue «un trato comercial justo» porque ahora el pueblo de los fulani tenía la Palabra de Dios en un idioma que podían leer.

El salmista se deleitaba en la Palabra de Dios. Permanecía en una actitud de respeto reverencial y se regocijaba en ella, la amaba y la obedecía (Salmo 119:161-168). Encontró gran paz y esperanza en la Palabra.

El pueblo de los fulani ahora puede descubrir los «muchos despojos» (v.162) de la Palabra de Dios. ¿Estarías de acuerdo con los Crickmore en que cualquier esfuerzo y sacrificio por hacer llegar la Biblia a los demás es «un trato comercial justo»? —AMC

UNA MEDIDA DE NUESTRO AMOR A DIOS
ES QUÉ ESTAMOS DISPUESTOS A HACER
PARA COMPARTIR SU PALABRA CON LOS DEMÁS.

METIÉNDONOS «EN EL CAMINO»

Jesús le dijo: Yo soy el camino, y la verdad, y la vida; nadie viene al Padre sino por mí.

—Juan 14:6

Los antiguos romanos eran famosos por sus carreteras, las cuales cruzaban todo el imperio y eran altamente transitadas. Eso es lo que los oyentes de Jesús imaginaron cuando Él afirmó: «Yo soy el camino», en Juan 14:6.

Si bien este versículo indica que Él es el camino al cielo, realmente hay más que añadir a esta declaración. Atravesando la maleza de la densa selva que es nuestro mundo, Jesús es nuestro guía de sendero, quien abre un nuevo camino para nuestra vida. Si bien muchos siguen el camino del mundo amando a sus amigos y odiando a sus enemigos, Jesús muestra la senda de una nueva forma de caminar: «Amad a vuestros enemigos, bendecid a los que os maldicen» (Mateo 5:44). Es fácil juzgar y criticar a los demás, pero Jesús, el Hacedor de caminos, dice que primero nos saquemos la viga de nuestro propio ojo (7:3-4). Y abre una senda para que vivamos con generosidad en vez de codicia (Lucas 12:13-34).

Cuando Jesús dijo «Yo soy el camino», nos estaba llamando a dejar las viejas costumbres que llevan a la destrucción y seguirle a Él en la nueva manera en que Él quiere que vivamos. De hecho, la frase venir en pos (Marcos 8:34) literalmente significa, «ser encontrado en el camino» con Él. Tú y yo podemos elegir viajar por los mismos caminos que nos son familiares y que al final son destructivos, ¡o podemos seguirle y que nos encuentren en ese caminar con Aquel que es el camino! —JMS

NO TENEMOS QUE VER EL CAMINO SI ESTAMOS
SIGUIENDO A AQUEL QUE ES EL CAMINO.

14 de junio

MEDITA EN ESTAS COSAS

*En la hermosura de la gloria de tu magnificencia,
y en tus hechos maravillosos meditaré.*

—Salmo 145:5

Algunos cristianos se vuelven un poquito escépticos cuando se comienza a hablar acerca de la meditación, y no ven la enorme distinción entre la meditación bíblica y algunos tipos de meditación mística. Según una explicación, en la meditación mística, «la mente racional es llevada a un estado neutral [...] para que la psique pueda tomar el control». El enfoque es hacia adentro y el objetivo es «hacerse uno con Dios».

En contraste, la meditación bíblica se centra en las cosas del Señor y su propósito es renovar nuestras mentes (Romanos 12:2) para que pensemos y actuemos más como Cristo. Su objetivo es reflexionar en lo que Dios ha dicho y hecho (Salmo 77:12; 119:15-16,97) y cómo es Él (48:9-14).

En el Salmo 19:14, David escribió: «Sean gratos los dichos de mi boca y la meditación de mi corazón delante de ti, oh Jehová». Otros salmos reflexionan sobre el amor de Dios (48:9), Sus obras (77:12), Su ley (119:97) y Sus testimonios (119:99).

Llena tu mente de las Escrituras y céntrate en los mandamientos, promesas y bondad del Señor. Y recuerda esto: «Todo lo que es verdadero, todo lo honesto, todo lo justo, todo lo puro, todo lo amable, todo lo que es de buen nombre; si hay virtud alguna, si algo digno de alabanza, en esto pensad» (Filipenses 4:8). —CHK

PARA LLEGAR A SER MÁS COMO CRISTO,
MEDITA EN QUIÉN ES ÉL.

ALIENTO CONTINUO

Padres, no exasperéis a vuestros hijos,
para que no se desalienten.

—COLOSENSES 3:21

El día del padre se celebra en muchos países alrededor del mundo. Aunque los orígenes, las actividades y el día de observancia en sí difieren ampliamente, todos comparten el hilo común de honrar a los padres por su papel como las personas a cargo de la crianza de sus hijos.

Para el día del padre de este año, he decidido hacer algo diferente. En vez de esperar recibir una tarjeta o una llamada telefónica de mis hijos, voy a enviarles palabras de aprecio a ellos y a mi esposa. Después de todo, sin ellos no hubiera llegado a ser un papá.

Pablo instruyó a los padres a ser una parte positiva del desarrollo de sus hijos más que una fuente de ira y desaliento. Escribió. «Y vosotros, padres, no provoquéis a ira a vuestros hijos, sino criadlos en disciplina y amonestación del Señor» (Efesios 6:4). «Padres, no exasperéis a vuestros hijos, para que no se desalienten» (Colosenses 3:21). Estos dos versículos están incrustados en pasajes que tratan acerca de amarse y honrarse unos a otros en las relaciones familiares.

A medida que los hijos crecen, el papel de un padre cambia, pero no termina. La alabanza y el aliento son bienvenidos, ya sea que un hijo tenga cuatro o cuarenta años de edad. La oración siempre es poderosa. Y nunca es demasiado pronto para restaurar una relación rota con algún hijo o hija.

Padres, ahora es un buen momento para decirles a sus hijos cuánto los aman y los aprecian. —DCM

EL MAYOR DE LOS REGALOS QUE UN PADRE
LES PUEDE DAR A SUS HIJOS ES ÉL MISMO.

MIS DOS CENTAVOS

*No te niegues a hacer el bien a quien es debido,
cuando tuvieres poder para hacerlo.*
—Proverbios 3:27

Recientemente en nuestro hogar tuvimos que cambiar el proveedor de Internet. Nuestro antiguo proveedor prometió mandarnos lo necesario para que le devolviéramos su módem. Esperamos. No llegó nada. Llamé por teléfono. No llegaba nada, ¡pero sí recibimos una factura del equipo!

Como quería resolver esto, decidí devolver el equipo de mi propio bolsillo. Envié varios faxes preguntando si lo habían recibido, pero no obtuve respuesta. ¡Luego recibí un cheque de reembolso por dos centavos de dólar por el equipo devuelto! Algo así puede ser frustrante. Una transacción simple se complicó por una mala comunicación.

Es triste decirlo, pero tal vez algunas personas en nuestras iglesias encuentren una respuesta impersonal a sus necesidades. Sea que busquen asesoría matrimonial, cuidado infantil, guía para algún adolescente con problemas o una comunidad amable, les parece que nadie se preocupa por ellos.

La iglesia del primer siglo no era perfecta, pero era fiel al ayudar a los demás. La iglesia en Jerusalén repartía «[sus propiedades y sus bienes] a todos según la necesidad de cada uno» (Hechos 2:45).

La buena comunicación es el punto de partida para saber las necesidades de los demás. Esto nos permite dar ayuda personal y práctica a las personas cuando la necesitan. Los recursos, tanto materiales como espirituales, pueden dirigirse a cada persona como el objeto del amor personal de Dios. —HDF

DIOS CUIDA DE TI; TÚ CUIDA DE LOS DEMÁS.

CENTAVOS COMUNES Y CORRIENTES

[Jesús les dijo:] De cierto os digo que esta viuda pobre echó más que todos...
—Marcos 12:43

En 1987, Mike Hayes, un estudiante de primer año de la Universidad de Illinois, encontró una manera única de financiar su educación. Convenció a un popular columnista del diario *The Chicago Tribune* para que les pidiera a sus lectores que «envíen un centavo para Mike».

«Tan sólo un centavo —dijo Hayes—. Un centavo no significa nada para nadie. Si alguien [...] busca por su habitación en este momento, habrá un centavo debajo del cojín del sofá [...] o en el suelo. Eso es todo lo que pido. Un centavo de cada uno de sus lectores».

En menos de un mes el fondo llegó a 2.3 millones de centavos. Las donaciones llegaban de todos los Estados Unidos, así como también de México, Canadá y las Bahamas. ¡Al final, Mike terminó con 28.000 dólares!

El centavo común y corriente por sí sólo no vale mucho, a menos que se añada a muchos otros centavos. La mujer de la que leemos en Marcos 12 dio el equivalente a una fracción de centavo, lo cual era «todo lo que tenía» (v.44). Pero Jesús honró ese poquito.

El sacrificio de la viuda fue un ejemplo y un motivo de aliento para los discípulos... y también para nosotros. Ella dio todo lo que tenía. ¿Alguna vez hemos sido así de generosos? Jesús usó a una viuda anónima para enseñarnos de qué se trata el dar.

Fue menos de un centavo, pero fue un regalo de amor invalorable a Dios.
—CHK

DIOS VE EL CORAZÓN, NO LA MANO;
AL QUE DA, NO LO QUE DA.

APASIONADO DENUEDO

Entonces, viendo el denuedo de Pedro y de Juan,
[...] se maravillaban;
y les reconocían que habían estado con Jesús.
—Hechos 4:13

Un joven estaba predicando a los transeúntes en Hounslow, en las afueras de Londres, Inglaterra. La mayoría lo ignoraba, unos cuantos se burlaban y varios se detuvieron a escuchar. Pero sin importar la reacción de las personas, él seguía sin inmutarse. Con una potente voz y una clara determinación, abrió su corazón, no con las palabras de un profeta iracundo, sino con la profunda preocupación por los hombres y las mujeres en esa calle. Sus ojos, sus expresiones faciales y el tono de su voz revelaban una actitud de compasión, no de condena. En todo ello, él compartía con denuedo el amor y la gracia de Jesucristo.

En Hechos 4, cuando la iglesia todavía llevaba poco tiempo de formada, Pedro y Juan también se dirigieron osadamente a las personas de su generación. ¿La respuesta de los líderes de su tiempo? «Entonces, viendo el denuedo de Pedro y de Juan, y sabiendo que eran hombres sin letras y del vulgo, se maravillaban; y les reconocían que habían estado con Jesús» (v.13). Ese denuedo no era fruto de la capacitación ministerial, sino del mucho tiempo que habían pasado en la presencia del Maestro. Como resultado de ello, se habían vuelto personas apasionadas por todo aquello que concernía a Cristo: el destino eterno de los hombres y las mujeres.

Ese mismo apasionado denuedo era lo que se veía en el rostro del joven en Hounslow. ¿Lo ven las personas en nosotros? —WEC

UN CRISTIANO ES UN EMBAJADOR
QUE HABLA POR EL REY DE REYES.

LOS HERMANOS TENTADOS

¿Cómo, pues, haría yo este grande mal,
y pecaría contra Dios?

—GÉNESIS 39:9

Dos hermanos, ambos lejos de casa, enfrentaron tentaciones similares. Uno de ellos, que trabajaba lejos de la familia, cayó ante los ardides de una mujer más joven. Su pecado lo llevó a la vergüenza y al caos familiar. El otro, separado de sus seres amados debido al caos familiar, resistió los ataques de una mujer mayor. Su fidelidad llevó al rescate y la renovación de la familia.

¿Quiénes son estos hermanos? Judá, quien cayó ante los ardides desesperados de su nuera Tamar, a la que había dejado en el abandono (Génesis 38). Y José, quien huyó de los brazos de la esposa de Potifar (Génesis 39). En un capítulo, se cuenta una fea historia de irresponsabilidad y engaño; y en el otro, una bella historia de fidelidad.

Las historias de Judá y José, las cuales se presentan de manera consecutiva en medio de «la historia de la familia de Jacob» (37:2), nos muestran que la tentación en sí no es el problema. Todos enfrentamos la tentación, incluso Jesús la enfrentó (Mateo 4:1-11). Pero ¿cómo la enfrentamos nosotros? ¿Demostramos que la fe en Dios puede ser el escudo que nos protege de ceder al pecado?

José nos dio una vía de escape: Reconocer el pecado como una afrenta contra Dios y huir de él. Jesús nos dio otra: Responder a la tentación con la verdad de la Palabra de Dios.

¿Estás enfrentando alguna tentación? Considéralo como una oportunidad para hacer que Dios y Su Palabra sean una realidad en tu vida. Luego, ¡huye! —JDB

CAEMOS EN LA TENTACIÓN
CUANDO NO LE HACEMOS FRENTE.

UN FELIZ REENCUENTRO

Y oí una gran voz del cielo que decía:
He aquí el tabernáculo de Dios con los hombres,
y él morará con ellos; y ellos serán su pueblo.
—APOCALIPSIS 21:3

En el 2002, Elizabeth Smart fue raptada de su hogar en Utah. Vivió una vida de vagabundos ante la presencia constante de la pareja acusada de su secuestro. Sin embargo, nueve meses después la encontraron y la devolvieron a casa. Fue un feliz reencuentro anhelado por su familia.

En el libro de Apocalipsis, Juan describe la visión de un cielo y una tierra nuevos, y nuestro futuro reencuentro con el Señor (21:1-5). El contexto no es sólo geográfico, sino de vida para el pueblo de Dios: una gloriosa realidad con Dios y Su pueblo habitando juntos por la eternidad.

Juan describe los beneficios para el pueblo de Dios cuando Él establezca Su morada en medio de este. Las consecuencias debilitantes del pecado quedarán abolidas para siempre. En la visión de Juan, el pesar, la muerte, el dolor y la separación serán parte de las primeras cosas que entonces serán sólo el pasado. El viejo orden abre paso a uno nuevo y perfecto, un reencuentro de bendición eterna. «He aquí el tabernáculo de Dios con los hombres, y él morará con ellos; y ellos serán su pueblo [...] Y el que estaba sentado en el trono dijo: he aquí, yo hago nuevas todas las cosas» (Apocalipsis 21:3,5).

Un día, todos nos regocijaremos en un feliz reencuentro en el cielo con nuestro Padre celestial. ¡No podemos imaginar qué día de regocijo será! —MLW

LA SEPARACIÓN ES LA LEY DE LA TIERRA;
EL REENCUENTRO ES LA LEY DEL CIELO.

NUESTRO LEGADO

He aquí, herencia de Jehová son los hijos.
—Salmo 127:3

Un amigo mío escribió recientemente: «Si muriéramos mañana, la compañía para la que trabajamos podría reemplazarnos fácilmente en cuestión de días. Pero la familia que queda atrás sentiría la pérdida durante el resto de sus vidas. ¿Por qué entonces invertimos tanto en nuestro trabajo y tan poquito en las vidas de nuestros hijos?».

¿Por qué algunas veces nos agotamos levantándonos temprano y yéndonos tarde a descansar, «com[iendo] pan de dolores» (Salmo 127:1-2), atareándonos en dejar nuestra marca en este mundo y pasando por alto la inversión que es más importante que todo lo demás, nuestros hijos?

Salomón declaró: «Herencia de Jehová son los hijos», un legado invalorable que Él nos ha entregado. «Como saetas en mano del valiente, así son los hijos habidos en la juventud» (v.4) es su asombroso símil. Nada es más digno de nuestra energía y tiempo.

Salomón proclamó que no hay necesidad de «pan de dolores», trabajando noche y día, por cuanto el Señor cuida de nosotros (Salmo 127:2). Podemos darnos el tiempo para nuestros hijos y confiar en que el Señor proveerá para todas nuestras necesidades físicas. Ya sea que se trate de nuestros propios hijos o de los hijos de otros a quienes discipulamos, ellos son nuestro legado perdurable; una inversión que jamás lamentaremos. —DHR

EL TIEMPO QUE PASAS CON TUS HIJOS
ES TIEMPO INVERTIDO SABIAMENTE.

INVITACIÓN ABIERTA

*Acerquémonos, pues, confiadamente
al trono de la gracia, para alcanzar misericordia
y hallar gracia para el oportuno socorro.*
—Hebreos 4:16

En 1682, Luis XIV hizo de Versalles la capital de Francia y siguió siéndolo (excepto por un corto periodo de tiempo) hasta 1789, cuando París volvió a ser la capital. El bello palacio de Versalles incluía una opulenta Sala de los Espejos de casi 75 metros de largo. Cuando un visitante se acercaba al rey, ¡tenía que hacer una reverencia cada cinco pasos mientras cubría toda la distancia hasta llegar al rey, quien estaba sentado en su deslumbrante trono de plata!

Los emisarios extranjeros que llegaban a Francia se sometían a ese humillante ritual para cortejar el favor del monarca francés hacia su propio país. En contraste, nuestro Dios, el Rey de reyes, invita a Su pueblo a acercarse libremente a Su trono. Podemos acudir a Él en cualquier momento; ¡no se requiere de audiencias por anticipado ni de reverencias!

¡Cuán agradecidos debemos estar de que nuestro Padre celestial sea muchísimo más abierto! «Porque por medio de [Cristo] [...] tenemos entrada por un mismo Espíritu al Padre» (Efesios 2:18). Debido a esto, el autor de Hebreos nos insta a «acer[carnos], pues, confiadamente al trono de la gracia, para alcanzar misericordia y hallar gracia para el oportuno socorro» (Hebreos 4:16).

¡Has respondido a la invitación abierta de Dios? Ven con respeto reverencial y gratitud, por cuanto el Dios de este universo está dispuesto a escuchar tus peticiones en cualquier momento. —CPH

EL ACCESO AL TRONO DE DIOS
SIEMPRE ESTÁ ABIERTO.

UN MENSAJE PODEROSO

... el evangelio de Cristo [...] es poder de Dios
para salvación a todo aquel que cree.
—ROMANOS 1:16

El maestro bíblico Lehman Strauss llegó a Cristo por medio del poder de la Palabra cuando era joven. A sugerencia de su novia, leyó Romanos 3:23, 5:8 y 10:13. Cuando lo hizo, tuvo la convicción de su pecado. Lloró y creyó.

Cuando su hijo Richard tenía siete años, le preguntó a su padre cómo ser salvo. Lehman usó los mismos versículos que su novia (quien ahora era su esposa) había usado años antes. Su hijo también creyó, y finalmente llegó a ser pastor.

¡La Palabra de Dios tiene un poder tremendo! La primera vez que se registra que Dios habló, Él creó la luz (Génesis 1:3). Le hizo una promesa a Abraham (17:15-19) y dio capacidad a su esposa Sara, de 90 años de edad, para que tuviera un hijo (21:1-2). Dios sigue hablando con poder hoy, y todos los que oyen y creen el evangelio son salvos (Romanos 1:16).

Sí, el mensaje de Cristo y Su obra salvadora en la cruz pueden cambiar la dirección de la vida de una persona. Tiene el poder para alcanzar el corazón de esa persona que amas y por la que has orado tantas veces.

Así que, no te rindas en tu testimonio. Sé constante en tu caminar diario. Sigue orando y compartiendo el evangelio con los demás. ¡Es un mensaje poderoso! —DCE

NUESTRAS PALABRAS TIENEN EL PODER DE INFLUIR;
LAS PALABRAS DE DIOS TIENEN EL PODER DE SALVAR.

PROBLEMAS DE POSTERGACIÓN

*En un cuerpo tenemos muchos miembros,
pero no todos los miembros tienen la misma función.*

—Romanos 12:4

Muchos de nosotros luchamos con ellos: los problemas de postergación. Un catedrático de la Universidad de Calgary en Alberta, Canadá, estudió durante cinco años el problema de dejar las cosas para más tarde e informó que el 95% de la gente pospone hacer una u otra cosa. ¡Una estimativa mostró que los estadounidenses pierden aproximadamente 400 millones de dólares al año posponiendo la declaración de sus impuestos! Debido al temor al fracaso y otras inseguridades, esperamos y esperamos antes de iniciar un proyecto o tomar una decisión.

Dejar las cosas para más tarde también es un problema en la iglesia. Muchos de nosotros posponemos el servir a Dios. Sabemos que debemos alcanzar a los demás, pero nos sentimos inseguros o preocupados en cuanto a qué hacer. Debido a que no estamos seguros de nuestros dones o intereses, postergamos nuestra participación en la iglesia. Nos preocupamos pensando: *¿Qué pasa si hago un mal trabajo? ¿Qué pasa si descubro que ni siquiera puedo hacerlo?*

Romanos 12 nos da algo de aliento. El hecho de servir comienza por presentarnos ante Dios como un «sacrificio vivo» (v.1). Ora y entrégate de nuevo al Señor y a Su obra. Luego mira a tu alrededor y ve lo que los demás están haciendo en tu iglesia, y pregunta si puedes unírteles. Comienza por algo pequeño, si así lo necesitas, y prueba haciendo varias cosas.

Tu iglesia te necesita. Pídele a Dios que te ayude a vencer tus problemas de postergación. —AMC

PARA TENER UNA IGLESIA MÁS SALUDABLE,
EJERCITA TUS DONES ESPIRITUALES.

EL PARAÍSO DE LOS CHIMPANCÉS

Si Jehová se agradare de nosotros,
él nos llevará a esta tierra, y nos la entregará.
—NÚMEROS 14:8

Eugene Cussons rescata chimpancés. Muchos de estos animales, arrebatados de la selva cuando eran cachorros, han pasado toda su vida confinados en un espacio más pequeño que el de la celda de una cárcel, tras haber sido abandonados por aquellos que hacen negocio del contrabando de carne. Cuando Cussons llega para llevarlos a la reserva de animales a la que llama «El paraíso de los chimpancés», a menudo encuentra que los primates han desarrollado hostilidad y desconfianza.

«Estos chimpancés no se dan cuenta de que yo soy uno de los buenos», dice Cussons. Cuando trata de colocarlos en una caja más pequeña para el viaje hacia su nuevo hogar, ellos arman una buena pelea. «No saben que los voy a llevar al paraíso de los chimpancés y les voy a dar una vida muchísimo mejor».

En una escala mucho mayor, la oferta de Dios de liberarnos de la esclavitud del pecado a menudo es recibida con resistencia. Cuando Dios rescató a los hijos de Israel de Egipto, los llevó por lugares difíciles que les hicieron dudar de Sus buenas intenciones. «¿No nos sería mejor volvernos a Egipto?», clamaron (Números 14:3).

Hay momentos en nuestro viaje de fe cuando la «libertad» del pecado que dejamos detrás es más atractiva que las restricciones de la fe que tenemos por delante. Debemos confiar en los límites protectores que se encuentran en la Palabra de Dios como la única manera de llegar al lugar de la libertad final. —JAL

LA OBEDIENCIA A DIOS
ES LA LLAVE PARA LA LIBERTAD.

LA CANCIÓN DE LOS SANTOS

¿Quién no te temerá, oh Señor,
y glorificará tu nombre? pues sólo tú eres santo;
[…] porque tus juicios se han manifestado.

—APOCALIPSIS 15:4

Todos hemos escuchado la expresión: «No me enfado; simplemente, me vengaré». Al leer acerca de los juicios que se describen en Apocalipsis, se podría asumir que Dios se «vengará» de los pecadores por sus enormes delitos a lo largo de toda la historia de la humanidad.

La verdad es que el juicio final de Dios es una expresión necesaria de Su justicia santa. Él no puede hacer la vista gorda ante el pecado. De hecho, si al final no hiciera justicia tal y como se describe en Apocalipsis, entonces estaría negando Su carácter santo. Esa es la razón por la que, en medio de Sus juicios, los santos cantarán Su alabanza: «¿Quién no te temerá, oh Señor, y glorificará tu nombre? pues sólo tú eres santo; […] porque tus juicios se han manifestado» (15:4). Aquellos que conocen mejor al Señor no lo critican por Sus juicios; al contrario, lo adoran y manifiestan públicamente Sus acciones.

Lo que debe sorprendernos no es la escala masiva de los juicios de Dios, ¡sino todo el tiempo que lleva esperando para hacerlos! En Su deseo de que nadie perezca, sino que todos lleguen al arrepentimiento (2 Pedro 3:9), Dios ahora está evitando misericordiosamente Su juicio y dando el mayor plazo posible a Su maravillosa misericordia y gracia. Ahora es el tiempo de arrepentirse y aprovechar Su paciente amor. Y, cuando lo hagamos, ¡nos uniremos a los santos que lo alabarán por toda la eternidad! —JMS

CUANDO LA JUSTICIA DE DIOS FINALMENTE SE REVELE
EN TODA SU PLENITUD, ¡RESONARÁN SUS ALABANZAS!

CONSEJO PARA EL NOVIO

Oye, hijo mío, la instrucción de tu padre.
—Proverbios 1:8

Las habituales despedidas de soltero antes de una boda a menudo se caracterizan por las borracheras y la juerga. La actitud fiestera parece impulsada por la creencia de que el novio pronto se casará y tendrá que adaptarse a una vida de aburrimiento doméstico.

Uno de mis sobrinos se casó hace poco. El padrino planeó una reunión para Joel, pero con una refrescante diferencia. A los invitados se les pidió que se preparasen para compartir algunos pensamientos que le ayudasen en este nuevo capítulo de su vida.

Cuando llegué al desayuno informal, encontré un alegre espíritu de camaradería. Padres, tíos, hermanos y amigos se encontraban animados en una vivaz conversación. Al padre de la novia y al padre del novio se les pidió que compartieran su consejo de lo que habían aprendido en sus propios matrimonios cristianos. Sus pensamientos fueron personales, realistas y bíblicos.

El libro de Proverbios refleja este tipo de consejo proveniente de un mentor al enfrentar los desafíos y las recompensas de la vida. «Oye, hijo mío, la instrucción de tu padre, [...] porque adorno de gracia serán a tu cabeza» (Proverbios 1:8-9).

El Señor recibiría mucha más honra si más parejas comenzaran su matrimonio con una actitud que prestara atención a la sabiduría de aquellos que ya llevan más tiempo en el camino de la experiencia. —HDF

EL QUE ADQUIERE SU SABIDURÍA DE LA EXPERIENCIA
DE LOS DEMÁS ES VERDADERAMENTE SABIO.

¿ESTÁS LISTO?

*Ministrando éstos al Señor, y ayunando,
dijo el Espíritu Santo: Apartadme a Bernabé y a Saulo
para la obra a que los he llamado.*
—HECHOS 13:2

Tres meses antes de un viaje misionero ya programado, un amigo y yo estábamos hablando acerca de ello. Él me dijo. «Si alguien no puede ir, estoy dispuesto a tomar cartas en el asunto y unirme a tu grupo». Los ocho días del viaje no iban a ser nada fáciles, por cuanto estaríamos pintando, reparando y arreglando cosas bajo el calor de julio de Jamaica. Pero mi amigo parecía ansioso por ir.

Aproximadamente seis semanas antes de nuestra partida programada, se presentó una vacante. Le mandé un correo electrónico a mi amigo —a quien no había visto en todo ese tiempo— y le pregunté si seguía interesado. Me respondió de inmediato: «¡Claro! Y tengo pasaporte, por si acaso». Él se había asegurado de estar listo en caso de que recibiera el llamado para ir, por si las moscas.

La preparación de mi amigo me recuerda lo que sucedió allá por el primer siglo en Antioquia. Pablo y Bernabé se encontraban entre un grupo de personas que se estaban preparando espiritualmente para lo que fuera que Dios les pidiera que hicieran, o para cualquier lugar donde los enviara. No se prepararon consiguiendo un pasaporte, sino «ministrando [...] al Señor y ayunando» (Hechos 13:2). Y cuando el Espíritu Santo dijo: «Apartadme a Bernabé y a Saulo para la obra» (v.2), ya estaban totalmente listos para el viaje.

¿Te estás preparando para lo que Dios te pida que hagas? Cuando el Espíritu diga «Vé», ¿estarás listo? —JDB

MANTÉN TUS HERRAMIENTAS LISTAS;
DIOS ENCONTRARÁ TRABAJO PARA TI.

MACAULEY

Después oí la voz del Señor, que decía:
¿A quién enviaré, y quién irá por nosotros?
Entonces respondí yo: heme aquí, envíame a mí.

—Isaías 6:8

Macauley Rivera, uno de mis amigos más queridos del seminario bíblico, tenía pasión por el Salvador. El deseo de su corazón era graduarse, casarse con su novia, Sharon, regresar a los suburbios de la ciudad de Washington, D.C., y establecer una iglesia para alcanzar a sus amigos y familiares para Cristo.

Sin embargo, ese sueño terminó cuando Mac y Sharon murieron trágicamente en un accidente, dejando a todos los estudiantes atónitos ante la pérdida. En el servicio religioso en memoria de Mac, se lanzó el desafío: «Mac se ha ido. ¿Quién servirá en su lugar?». En señal del evidente impacto del ejemplo de Mac, más de 200 estudiantes se pusieron de pie para tomar el manto del siervo caído de Cristo.

La respuesta de esos estudiantes resuena en el compromiso de Isaías. En un momento de temor e inseguridad, el profeta fue llamado a la sala del trono de Dios, donde lo escuchó decir: «¿A quién enviaré, y quién irá por nosotros?». Isaías respondió: «Heme aquí, envíame a mí» (Isaías 6:8).

Dios todavía llama a hombres y mujeres para que sean Sus embajadores hoy en día. Los desafía a que le sirvan, a veces cerca de sus hogares, otras veces en tierras distantes. La pregunta para nosotros es: ¿Cómo responderemos a Su llamado? Que Dios nos dé el valor para decir: «Aquí estoy; envíame». —WEC

A QUIEN DIOS LLAMA, LO CAPACITA;
A QUIEN CAPACITA, LO ENVÍA.

30 de junio

BÚSQUEDA Y RESCATE

*Porque el Hijo del Hombre
vino a buscar y salvar lo que se había perdido.*
—LUCAS 19:10

Casi cada semana vemos noticias acerca de alguna misión de búsqueda y rescate. Puede que se trate de algún niño que se alejó durante un almuerzo campestre familiar y se extravió, o un excursionista que se quedó aislado en alguna montaña, o personas atrapadas bajo los escombros luego de un terremoto. En cada caso, las personas en riesgo son incapaces de ayudarse a sí mismas. Por lo general, los que fueron encontrados y salvados muestran una gratitud perdurable por aquellos que se unieron a la búsqueda y los rescataron.

El relato de Zaqueo en Lucas 19:1-10 es una historia de búsqueda y rescate. Puede que, a primera vista, parezca una serie de casualidades. Jesús estaba pasando por Jericó y un rico publicano trepó a un árbol para echarle un vistazo al Maestro obrador de milagros. Pero este encuentro con Jesús no fue una coincidencia. Al final del relato, Lucas deliberadamente incluyó las palabras de Jesús a Zaqueo: «Hoy ha venido la salvación a esta casa [...] Porque el Hijo del Hombre vino a buscar y a salvar lo que se había perdido» (vv.9-10).

Jesús comenzó Su operación de búsqueda y rescate en la tierra por medio de Su vida, muerte y resurrección. Él sigue realizándola hoy por medio del poder del Espíritu Santo y nos invita con Su gracia a participar con Él amando a aquellos que están perdidos. —DCM

LOS QUE HAN SIDO SALVOS DEL PECADO SON LOS MEJOR
CAPACITADOS PARA RESCATAR A LOS QUE ESTÁN PERDIDOS EN ÉL.

LA REVELACIÓN

Y se manifestará la gloria de Jehová,
y toda carne juntamente la verá.
—Isaías 40:5

La habitación era un desastre: muebles que no combinaban, pintura descolorida, conexiones eléctricas horrorosas, cachivaches amontonados por todas partes. Los dueños de la casa intentaron mejorar algunas cosas, pero se veía cada vez peor.

Así comienza un programa de televisión sobre cómo reformar una casa. Después de entrevistar a los dueños, el diseñador elabora un plan para aprovechar al máximo el cuarto. Los productores del programa crean un clima de suspenso que va en aumento hasta llegar a lo que se denomina «la revelación». Los televidentes observan los progresos, junto con los «uh» y los «ah» de los propietarios al ver la nueva habitación.

Con el tiempo, el mundo se ha convertido en una especie de habitación descuidada. La gente lo satura de objetos que no corresponden; prioriza cosas que entorpecen su potencial. La vida se torna oscura, abarrotada e ineficaz. Los proyectos de autoayuda traen muy pocos beneficios.

La Biblia es el diseño divino que muestra la mejor manera de vivir. Dios genera suspenso a lo largo del Antiguo Testamento. Luego, en el momento indicado, llega la gran revelación: ¡Jesús! Al verle, Simón exclamó: «Porque han visto mis ojos tu salvación [...] luz para revelación a los gentiles, y gloria de tu pueblo Israel» (Lucas 2:30-32).

Llegamos a ser parte de la gran «revelación» de Dios cuando seguimos Su diseño y el ejemplo de Cristo. —JAL

TODO LO QUE SOY SE LO DEBO A JESUCRISTO,
QUIEN ME HA SIDO MANIFESTADO EN SU LIBRO DIVINO.

LA ELECCIÓN

De todo árbol del huerto podrás comer;
mas del árbol de la ciencia del bien y del mal no comerás.
—GÉNESIS 2:16-17

Observaba cómo una joven madre trataba de hacer que su hijito de dos años se decidiera. «Puedes escoger pescado o pollo», le dijo. Ella limitó la elección a dos cosas porque el niño era demasiado pequeño para entender más allá de ello. A menudo, la elección ofrece una mayor variedad de opciones, y también debe permitirle a la persona rechazar las alternativas.

Adán y Eva se encontraban en el mejor de los ambientes posibles. Dios les había dado la libertad de comer de todos los árboles en el Edén. ¡Él sólo puso límites alrededor de un árbol! Ellos podían elegir, y no hacía falta ser muy inteligente para escoger sabiamente. Pero su elección fue trágica.

Algunos culpan a Dios por lo que consideran que son Sus restricciones. Incluso puede que lo acusen de tratar de controlar sus vidas. Pero Dios nos da a elegir, así como lo hizo con Adán y Eva.

Sí, Dios establece límites, pero son para nuestra protección. David lo entendió. Escribió: «Me has hecho más sabio que mis enemigos con tus mandamientos […] más que todos mis enseñadores he entendido […] porque he guardado tus mandamientos. De todo mal camino contuve mis pies, para guardar tu palabra» (Salmo 119:98-101).

Dios se preocupa tanto por nosotros que nos pone límites para que elijamos lo que es correcto. —CPH

LOS MANDAMIENTOS DE DIOS NOS FUERON DADOS
PARA SATISFACERNOS, NO PARA FRUSTRARNOS.

EL PRINCIPIO DE JOB

¿Recibiremos de Dios el bien,
y el mal no lo recibiremos?

—Job 2:10

Cuando mi esposa aceptó el cargo de directora de educación especial en un distrito escolar a varios kilómetros de casa, eso implicó que viajara muchos kilómetros todos los días. Sería tolerable a corto plazo, pero todos sabíamos que no podría seguir así indefinidamente. Entonces, decidimos mudarnos a una ciudad a mitad de camino de nuestros empleos.

El agente inmobiliario no creía que nuestra casa se vendería de inmediato. Las tendencias del mercado mostraban muchas casas en venta y pocos compradores. Después de mucha oración y una agotadora limpieza, finalmente la pusimos en venta. Para nuestra sorpresa, ¡la vendimos en menos de tres semanas!

A veces me siento culpable de recibir bendiciones materiales. En un mundo tan necesitado, ¿por qué debía yo esperar la intervención divina para vender una casa? Pero entonces, recuerdo la respuesta de Job a su esposa: «¿Recibiremos de Dios el bien, y el mal no lo recibiremos?» (Job 2:10).

Este versículo se suele aplicar para aceptar las decepciones, pero el principio también vale para agradecer por las bendiciones. El apóstol Pablo aprendió a regocijarse en la abundancia y en la necesidad (Filipenses 4:10-13). Dios desea enseñarnos el contentamiento mediante las ganancias y también las pérdidas. Agradecer a Dios en todo implica reconocer Su soberanía y fomentar una vida de fe. —HDF

JEHOVÁ DIO, Y JEHOVÁ QUITÓ;
SEA EL NOMBRE DE JEHOVÁ BENDITO. —Job

LIBERTAD PELIGROSA

No uséis la libertad como ocasión para la carne,
sino servíos por amor los unos a los otros.
—GÁLATAS 5:13

La libertad es peligrosa en manos de aquellos que no saben cómo usarla. Esa es la razón por la que los criminales son confinados en cárceles con alambres de púas, barras de acero y muros de cemento. Piensa, si no, en una fogata a la que se le permite esparcirse en un bosque seco. Rápidamente se convierte en un infierno abrasador. La libertad sin barreras puede tanto como el caos.

En ninguna otra parte esto se hace tan evidente como en la vida cristiana. Los creyentes están libres de la maldición de la ley, de su castigo y de su poder para producir la culpa. El temor, la ansiedad y la culpa son reemplazados por la paz, el perdón y la libertad. ¿Quién podría ser más libre que aquel que experimenta la libertad en lo más profundo de su alma? Pero aquí es donde a menudo fallamos. Usamos el privilegio de la libertad para vivir de manera egoísta o pretendemos ser dueños de lo que simplemente nos ha sido encomendado por Dios. Incurrimos en maneras de vivir en las que nos permitimos excesos, especialmente en sociedades prósperas.

El uso apropiado de la libertad es «la fe que obra por el amor» para servirnos unos a otros (Gálatas 5:6,13). Cuando dependemos del Espíritu y gastamos nuestras energías en amar a Dios y ayudar a los demás, la obra destructora de la carne queda limitada por Él (vv. 16-21). Así que, usemos siempre nuestra libertad para construir, no para destruir.

Al igual que un fuego voraz, la libertad sin límites es peligrosa. Pero cuando está controlada, es una bendición para todos. —DJD

LA LIBERTAD NO NOS DA LIBERTAD DE HACER LO QUE
NOS AGRADA, SINO DE HACER LO QUE AGRADA A DIOS.

ALABANZA LLENA DE ESPERANZA

Bendice alma mía, a Jehová,
y no olvides ninguno de sus beneficios.
—SALMO 103:2

Uno de mis amigos estaba llorando un bello día de verano, incapaz de lidiar con las dificultades de la vida. Otra amiga no podía ver más allá de las tristezas de su pasado, las cuales habían alterado su vida. Y otro tenía que luchar con la clausura de la pequeña iglesia que había pastoreado fielmente. Un cuarto amigo había perdido su empleo en un ministerio local.

¿Qué pueden hacer nuestros amigos que luchan —o cualquiera de nosotros— para encontrar esperanza? ¿A dónde nos volvemos cuando el mañana no ofrece promesa de felicidad alguna?

Podemos alabar o «bendecir» al Señor, tal y como lo dijo David en el Salmo 103. En medio de los problemas, reconocer el papel de Dios en nuestras vidas puede ayudarnos a dejar de pensar en las heridas de nuestros corazones y, en vez de ello, forzarnos a morar en la grandeza de nuestro Dios. David conocía las tribulaciones. Enfrentó la amenaza de enemigos, las consecuencias de su propio pecado y los desafíos del dolor. Y, sin embargo, también reconoció el poder sanador de la alabanza.

Por ese motivo, en el Salmo 103 podemos mencionar las razones por las que debemos volver nuestra atención a Dios, quien nos colma de beneficios: Nos perdona, nos sana, nos redime, nos corona con amor y compasión, satisface nuestros deseos y nos renueva. David nos recuerda que Dios provee justicia y rectitud, y está lleno de gracia y amor.

Toma a David como ejemplo: Alabar la grandeza de Dios pone esperanza en nuestros corazones atribulados. —JDB

LA ALABANZA PUEDE ALIGERAR
LA MÁS PESADA DE TUS CARGAS.

BURBUJAS EN LA FRONTERA

No mirando nosotros las cosas que se ven,
sino las que no se ven.
—2 Corintios 4:18

A tascado en una larga fila en la frontera entre los Estados Unidos y Canadá, ¡Joel Schoon Tanis tenía que hacer algo para aliviar su mal humor! Buscó sus botellas que contenían una mezcla que hacía burbujas, salió del automóvil y comenzó a soplar. Les dio también botellas a otros conductores y dice que «pronto había burbujas por todas partes. [...] Es asombroso lo que las burbujas hacen por las personas». La fila no avanzó ni un ápice más rápido, pero, «de repente todos estaban felices», dice Joel.

«Lo que vemos depende principalmente de lo que buscamos», dijo el estadista británico John Lubbock (1834–1913). Una buena actitud y el enfoque correcto nos ayudan a manejar la vida con gozo, aun cuando no hacen que las circunstancias a nuestro alrededor cambien en absoluto.

Pablo alentó a los corintios en sus pruebas: «No mirando nosotros las cosas que se ven, sino las que no se ven; pues las cosas que se ven son temporales, pero las que no se ven son eternas» (2 Corintios 4:18).

Entonces, ¿qué es lo invisible y eterno que podemos ver? El carácter de Dios es un excelente lugar donde enfocarnos. Él es bueno (Salmo 25:8), es justo (Isaías 30:18), es perdonador (1 Juan 1:9), y es fiel (Deuteronomio 7:9).

Meditar en el carácter de Dios nos puede dar gozo en medio de nuestras luchas.

—AMC

CUANDO CRISTO ESTÁ EN EL CENTRO DE TU MIRA,
TODO LO DEMÁS SE COLOCARÁ EN LA PERSPECTIVA CORRECTA.

HACIENDO LA OBRA DE DIOS

Nuestra competencia proviene de Dios.
—2 Corintios 3:5

Cuando era pastor, solía tener una pesadilla una y otra vez. Me levantaba para predicar el domingo por la mañana, miraba a mi congregación… ¡y veía que no había nadie en los bancos!

No hace falta un Daniel (Daniel 2:1,19) o un terapeuta en sueños para interpretar la visión. Esta salía de mi creencia de que todo dependía de mí. Erróneamente creía que, si no predicaba con poder y persuasión, la congregación disminuiría y la iglesia se vendría abajo. Pensaba que yo era el responsable de los resultados de la obra de Dios.

En los Evangelios, leemos que algunas personas le preguntaron a Jesús: «¿Qué debemos hacer para poner en práctica las obras de Dios?» (Juan 6:28). ¡Qué audacia! ¡Sólo Dios puede hacer las obras de Dios!

La respuesta de Jesús nos instruye a todos: «Ésta es la obra de Dios, que creáis en el que él ha enviado» (v. 29). Entonces, sea lo que sea que tengamos que hacer, ya sea enseñar en una clase de escuela dominical, liderar un grupo pequeño, contarle la historia del evangelio a nuestro vecino o predicar a miles, debemos hacerlo por fe. No hay otra manera de «poner en práctica las obras de Dios».

Nuestra responsabilidad es servir a Dios fielmente, donde sea que Él nos haya colocado. Luego, hemos de dejarle los resultados al Señor. Tal y como Jesús les recordó a Sus discípulos en Juan 15:5: «Separados de mí nada podéis hacer».
—DHR

LA OBRA DE CRISTO EN LA CRUZ NOS EQUIPA
PARA HACER BUENAS OBRAS PARA ÉL.

LAS MAYORES DELICIAS DEL CIELO

Cosas que ojo no vio, ni oído oyó,
[...] son las que Dios ha preparado para los que le aman.
—1 Corintios 2:9

¿Cuál será uno de los gozos supremos del cielo?

Joni Eareckson Tada, quien quedó discapacitada siendo una adolescente en un accidente al zambullirse en un lago, ha sido parapléjica por más de 40 años. Podríamos pensar que su mayor anhelo sería poder caminar, incluso correr, libre del confinamiento de su silla de ruedas.

Pero Joni nos dice que su mayor deseo es ofrecer una «alabanza que sea pura». Ella explica: «No quedaré inválida a causa de las distracciones, ni quedaré discapacitada por la falta de sinceridad. No quedaré impedida por un corazón tibio y aburrido. Mi corazón se unirá al tuyo y rebosará con efervescente adoración. Finalmente podremos tener comunión plena con el Padre y el Hijo. Para mí, esta será la mejor parte del cielo».

¡Cuánto le habla eso a mi corazón dividido y cómo cautiva a mi espíritu carente de visión! ¡Qué bendición ofrecer «una alabanza que es pura» sin pensamientos divagantes, sin pedidos egocéntricos, sin la incapacidad de poder remontarme sobre mi lenguaje limitado a la tierra!

En el cielo, «no habrá más maldición; y el trono de Dios y del Cordero estará en ella, y sus siervos le servirán» (Apocalipsis 22:3). Que la perspectiva del cielo nos haga capaces de experimentar, incluso aquí y ahora, un adelanto de esa adoración glorificadora a Dios. —VCG

VER A JESÚS SERÁ EL GOZO MÁS GRANDE DEL CIELO.

LA VIDA, EL AMOR Y EL CHOCOLATE

… andad en amor, como también Cristo nos amó,
y se entregó a sí mismo por nosotros.

—EFESIOS 5:1-2

Un comentario que leí en uno de mis blogs favoritos captó mi atención. Era la mañana de su noveno aniversario de bodas. Como no tenía mucho dinero, el autor salió corriendo para traerle a su esposa, Heidi, su pastel francés favorito: *pain au chocolat* (pan de chocolate). Después de haber corrido por varios kilómetros, llegó a casa, exhausto, sólo para encontrarla a ella en la cocina justo cuando estaba sacando una hogaza de pan crujiente relleno de chocolate del horno. Era un *pain au chocolat*.

Ese esposo, Jeff, comparó su vida con Heidi con las vidas de las personas en la historia corta de O. Henry *Gift of the Magi* (El regalo de los magos). Cuenta acerca de un hombre que vendió su única posesión de valor —un reloj de bolsillo— para comprarle una peineta a su esposa, quien a su vez vendió su bella y larga cabellera para comprar una cadena de oro para el reloj de su esposo.

Sería genial no tener problemas de dinero, pero es más importante darnos cuenta del inmensurable valor de las personas por las que nos preocupamos. Algunas veces necesitamos que nos recuerden que adquirir «cosas» no es tan importante como apreciar a las personas que Dios ha colocado en nuestras vidas. Cuando colocamos los intereses de los demás por encima de los nuestros (Filipenses 2:3), aprendemos lo que significa amar, servir y sacrificarse. De hecho, así es como imitamos a Cristo en nuestras relaciones (Efesios 5:1-2).

La vida, el amor y el chocolate saben mejor cuando se comparten con los demás.
—CHK

AL AMOR NUNCA TEME DAR DEMASIADO.

OBRAS MAESTRAS DE DIOS

... somos hechura suya, creados en Cristo Jesús
para buenas obras, las cuales Dios preparó de antemano
para que anduviésemos en ellas.

—EFESIOS 2:10

El Museo de Arte de Grand Rapids tiene más de 5000 obras, que incluyen 3500 impresiones, dibujos y fotografías; 1000 obras de diseño; y 700 pinturas y esculturas. Al leer acerca del nuevo museo y proyectar visitarlo, no pude evitar pensar en el «museo» de Dios.

Dios es un artista y Su creación es magnífica más allá de todo calificativo. ¡Pero esta no es Su obra más grandiosa! La obra maestra de Dios es habernos redimido. Cuando aún estábamos muertos en nuestros pecados, Él nos dio vida por medio de Su Hijo Jesucristo (Efesios 2:1,5). Pablo les recordó a los efesios que ellos eran «hechura» o *poiema* de Dios (v. 10), término griego que significa «poema» u «obra de arte». El museo de arte de Dios es la Iglesia, llena de millones de obras maravillosas: Su pueblo.

Pablo dijo que ser la obra de arte de Dios debe generar algo en nosotros. La idea es que no nos quedemos inmóviles y en silencio en el museo de la comunión, sino más bien, que mostremos el amor de Dios en forma práctica por medio de las buenas obras. Jesús dijo que estas buenas obras glorifican a nuestro Padre celestial (Mateo 5:16).

Dios no nos creó de nuevo en Su Hijo para que fuéramos piezas de museo. Nos redimió para que nuestras buenas obras exhibieran el fulgor de Su redención y gracia, y llevaran a un mundo en tinieblas hacia la luz de Su amor. —MLW

EL MEJOR TESTIMONIO LO DAN
LOS QUE TESTIFICAN CON SUS VIDAS.

PIONERO DE LOS PIONEROS

Y de esta manera me esforcé a predicar el evangelio,
no donde Cristo ya hubiese sido nombrado,
para no edificar sobre fundamento ajeno.
—ROMANOS 15:20

A principios del siglo XIX, el presidente de los Estados Unidos Thomas Jefferson culminó la compra de Louisiana y extendió los límites de la joven república, «de mar a mar».

Sin embargo, el problema era que nadie sabía realmente lo que había en esa vasta extensión de tierra. Se necesitaban mapas, con claras instrucciones, para los pioneros que iban a viajar hacia el Pacífico. En efecto, los exploradores Lewis y Clark se convirtieron en pioneros de pioneros, al preparar el camino para la mayor de las migraciones por tierra en la historia de los Estados Unidos. Abrieron una nueva senda que otros seguirían.

El compromiso de Pablo con el ministerio estaba enmarcado en una prioridad similar. En Romanos 15:20, escribió: «Y de esta manera me esforcé a predicar el evangelio, no donde Cristo ya hubiese sido nombrado, para no edificar sobre fundamento ajeno». Quería que sus esfuerzos en el ministerio abrieran una nueva senda, y que otros la siguieran. Timoteo, Tito, Marcos y Silas son sólo algunos de los que siguieron el sendero que Pablo abrió.

Hoy, ese compromiso se ve en los seguidores de Jesús que llevan el mensaje del Salvador a lo más recóndito de la tierra. Al orar hoy, pidamos la bendición de Dios sobre Su Palabra a medida que nosotros, Sus «embajadores», abramos una nueva senda para nuestra generación (2 Corintios 5:20). —WEC

DIOS TE DIO UN MENSAJE PARA ENTREGAR;
¡NO TE LO GUARDES!

ÉL ME VE

Así que, no temáis;
más valéis vosotros que muchos pajarillos.
—MATEO 10:31

Un domingo por la mañana en la iglesia cantamos, *His Eye is on the Sparrow* (¿Cómo podré estar triste?) a manera de himno para la congregación. Era una rara oportunidad de expresar colectivamente una canción que, por lo general, era interpretada por un solista.

Durante el primer coro, noté a un amigo que sollozaba tan fuerte que no podía cantar. Como yo sabía algo de lo que él había estado soportando recientemente, reconocí que sus lágrimas eran de gozo pues me di cuenta de que, sin importar cuál sea nuestra situación, Dios ve, sabe y se ocupa de nosotros.

Jesús dijo: «¿No se venden dos pajarillos por un cuarto? Con todo, ni uno de ellos cae a tierra sin vuestro Padre. Pues aun vuestros cabellos están todos contados. Así que, no temáis; más valéis vosotros que muchos pajarillos» (Mateo 10:29-31). El Señor les dijo estas palabras a Sus doce discípulos al enviarlos a enseñar, sanar y dar testimonio de Él a «las ovejas perdidas de la casa de Israel» (v. 6). Les dijo que, aun cuando enfrentaran persecución por causa de Él, ellos no temerían, ni siquiera la muerte (vv. 22-26).

Cuando circunstancias amenazadoras nos presionan para hacer que perdamos la esperanza, podemos encontrar aliento en las palabras de esta canción: «Feliz, cantando alegre, yo vivo siempre aquí; si él cuida de las aves, cuidará también de mí». Estamos bajo su atento cuidado. —DCM

CUANDO PONES TUS PREOCUPACIONES EN LAS MANOS DE DIOS, ÉL PONE SU PAZ EN TU CORAZÓN.

PRIMERA IGLESIA DEL CANDELERO

Arrepiéntete, y haz las primeras obras;
pues si no, vendré pronto a ti, y quitaré tu candelero.
—APOCALIPSIS 2:5

Me encanta que las iglesias lleven nombres tales como «Iglesia Luterana del Rey de Gloria» o «Iglesia Bautista Misionera Alfa y Omega». Si la iglesia en Éfeso todavía existiera, tal vez llevaría un nombre bonito como el de «Primera Iglesia del Candelero».

A menudo pasamos por alto la importancia de la gloriosa visión que Juan tiene de Jesús en Apocalipsis 1, cuando Él está de pie entre los siete candeleros de oro. No se trataba simplemente de candelabros decorativos, sino de fuentes sustanciales de luz. Cuán significativo es, entonces, que los candeleros representen a las siete iglesias que habían sido llamadas a llevar la luz de Cristo para un mundo muy entenebrecido.

Vivimos en un mundo en tinieblas que desesperadamente necesita el poder iluminador de Cristo que brilla a través de nosotros. Tengamos cuidado, entonces, de no repetir el error de los efesios quienes habían «dejado [su] primer amor» (Apocalipsis 2:4). Aunque se les alabó por hacer muchas cosas bien, no habían logrado mantener a Jesús en primer lugar.

Es fácil permitir que las cosas desplacen a Jesús hasta que pronto nos encontramos haciendo «trabajos de iglesia» por un montón de motivos equivocados. ¿Qué pasa entonces? Perdemos nuestro impacto. Jesús advirtió, «Arrepiéntete, y haz las primeras obras; pues si no, vendré […] y quitaré tu candelero de su lugar» (v. 5). No podemos darnos el lujo de permitir que eso suceda. Mantén a Jesús en primer lugar para que Su luz siga brillando resplandeciente en este mundo en tinieblas.
—JMS

LAS OBRAS QUE SE HACEN POR AMOR A JESÚS BRILLAN
CON MAYOR FULGOR EN UN MUNDO EN TINIEBLAS.

¿ES EL AMOR
PARA LOS PERDEDORES?

Y ahora permanecen la fe, la esperanza y el amor,
estos tres; pero el mayor de ellos es el amor.

—1 Corintios 13:13

Se puede aprender mucho acerca de una persona por lo que dice su camiseta. Recientemente, uno de estos mensajes captó mi atención mientras caminaba por un centro comercial local. Una joven llevaba una camiseta de color rojo brillante que decía: «El amor es para los perdedores». Tal vez ella pensó que era un mensaje inteligente o provocativo, incluso gracioso. O quizá había quedado herida por alguna relación y se había alejado de los demás en vez de arriesgarse a que la volvieran a herir. Sea como sea, la camiseta me dejó pensando.

¿Acaso el amor es para los perdedores? El hecho es que, cuando amamos, corremos riesgos. Las personas fácilmente podrían herirnos, decepcionarnos o incluso abandonarnos. El amor puede provocar una derrota.

La Biblia, no obstante, nos desafía a que amemos a los demás de una manera más elevada. En 1 Corintios 13, Pablo describe lo que significa vivir el tipo de amor de Dios. La persona que ejercita el amor piadoso no lo hace para beneficio o ganancia personal, sino más bien, «todo lo sufre, todo lo cree, todo lo espera, todo lo soporta» (13:7). ¿Por qué? Porque el amor piadoso resiste más allá de las heridas de la vida y nos lleva sin cesar hacia el cuidado del Padre, el cual jamás disminuye.

Así que, tal vez el amor sea para los perdedores, por cuanto es en los momentos de pérdida y decepción cuando más necesitamos a Dios. Incluso en nuestras luchas, sabemos que «el amor nunca deja de ser». —WEC

EL AMOR DE DIOS NUNCA DEJA DE SER.

15 de julio

UNA PASIÓN

Si alguno viene a mí, y no aborrece a su padre, y madre,
y mujer, e hijos, y hermanos, y hermanas,
y aun también su propia vida, no puede ser mi discípulo.

—LUCAS 14:26

Nechayev, un discípulo de Karl Marx del siglo XIX, que participó en el asesinato del Zar Alejandro II, escribió: «El hombre revolucionario [...] no tiene intereses personales, asuntos comerciales, emociones, compromisos, propiedades ni nombre. Todo en él queda totalmente absorbido en el único pensamiento y la única pasión por la revolución». Aunque sus motivos y sus metas estaban errados, la declaración de Nechayev muestra la determinación del compromiso.

Jesús quería un verdadero compromiso por parte de Sus discípulos. En Lucas 14, leemos que grandes multitudes se le unieron en Su viaje hacia Jerusalén (v. 25). Tal vez estos seguidores ocasionales se consideraban Sus verdaderos discípulos, pero Jesús enseñó que seguirle implicaba más que simplemente saber cosas sobre Él. Explicó lo que realmente significaba ser Su discípulo cuando definió el costo del discipulado: Nada, ni el amor de un padre o una madre, ni siquiera nuestra propia vida, debía tener prioridad sobre la lealtad a Jesús (vv. 26-33). Sus discípulos (entonces y ahora) deben reconocer que, si Dios ha de ser fundamental en sus vidas, las posesiones e incluso las relaciones sociales tienen que ser secundarias.

Jesús llama a Sus seguidores a vivir absorbidos por un pensamiento y una pasión únicos y exclusivos: Él. —MLW

NUESTRO AMOR A JESÚS
ES LA CLAVE PARA LA PASIÓN ESPIRITUAL.

DETRÁS DEL EDIFICIO

Estad firmes y constantes,
creciendo en la obra del Señor siempre,
sabiendo que vuestro trabajo en el Señor no es en vano.
—1 Corintios 15:58

El lugar donde trabajábamos era caluroso, sucio y olía mal. Habíamos viajado miles de kilómetros para hacer algunos proyectos de trabajo, y aquel día estábamos pintando la parte trasera de un edificio de aulas en una escuela para sordos. Las únicas personas que alguna vez verían esta parte del edificio serían el encargado de cortar el césped y cualquier otro infeliz que tuviera que trabajar en la fosa séptica.

Sin embargo, mientras los jóvenes adultos pintaban diligentemente, una de las muchachas puso este hecho en perspectiva al decir: «Nadie vendrá jamás hasta aquí atrás para ver esto, pero Dios lo verá. Así que, vamos a dejarlo bonito». Y lo hicimos.

Algunas veces nos sentamos en nuestro escritorio y pensamos que nadie ve nuestro trabajo. O estamos ante una línea de ensamblaje montando pieza tras pieza de manera interminable. Tal vez cuidamos a bebés que lloran en la guardería de la iglesia. O vivimos la mejor vida cristiana que podemos, sin que nadie lo note.

A menudo, nuestro trabajo se encuentra «detrás del edificio». Pero, si hemos sido llamados por Dios para hacer eso, tenemos que realizar nuestro trabajo con todo nuestro corazón. Como parte de nuestro llamado a amar a los demás profundamente (1 Pedro 4:8), ofrecer hospitalidad (v. 9) y usar nuestros dones para servir a los demás (v. 10), nuestra tarea es realizar el trabajo con la fortaleza de Dios para traer alabanza y gloria a Él, no a nosotros mismos. Lo importante es que a Dios le guste lo que vea. —JDB

NINGÚN SERVICIO PARA CRISTO
LE PASA DESAPERCIBIDO A ÉL.

CUANDO LA TIERRA TIEMBLA

En mi angustia invoqué a Jehová.

—Salmo 18:6

Varios días después de un devastador terremoto en el área de San Francisco, se vio a un muchacho meciéndose y balanceándose en el patio de juegos del colegio. Su director le preguntó si estaba bien; el muchacho asintió con la cabeza, y dijo: «Me estoy moviendo como la tierra, para que, cuando haya otro terremoto, yo no lo sienta». Él quería prepararse para otro temblor de tierra.

Algunas veces, después de un trauma, nos preparamos para lo que pueda venir después. Si recibimos una llamada por el teléfono móvil anunciando malas noticias, cada vez que el teléfono suena sentimos pánico y nos preguntamos: *¿Y ahora qué habrá pasado?*

La «tierra estaba temblando» para el salmista David después de que el rey Saúl trató de matarlo (1 Samuel 19:10). Corrió y se escondió. Pensó que lo que seguiría sería la muerte y le dijo a su amigo Jonatán: «Apenas hay un paso entre mí y la muerte» (20:3). Escribió: «Me rodearon ligaduras de muerte, y torrentes de perversidad me atemorizaron» (Salmo 18:4).

David clamó al Señor en su angustia (v. 6) y encontró que Él era un apoyo, Alguien en quien podía confiar que siempre estaría con él. Dijo: «Jehová, roca mía y castillo mío, y mi libertador; Dios mío, fortaleza mía, en él confiaré; […] mi alto refugio» (v. 2). El Señor será eso para nosotros tambien cuando la tierra tiemble debajo de nuestros pies. —AMC

PARA SOBREVIVIR A LAS TORMENTAS DE LA VIDA,
FIJA TU ANCLA A LA ROCA DE LOS SIGLOS.

UN BURRO CON TRAJE DE LEÓN

Guardaos de los falsos profetas, [...] vestidos de ovejas, pero por dentro son lobos rapaces.

—MATEO 7:15

En el libro final de las Crónicas de Narnia de C. S. Lewis, *La última batalla*, un simio taimado llamado Shift (Cambio) encuentra una vieja piel de león y convence a un burro ingenuo de que se la ponga. Shift entonces afirma que el burro disfrazado es Aslan (el León que con todo derecho es el rey de Narnia), y forma una alianza con los enemigos de Narnia. Juntos se disponen a controlar y esclavizar a los súbditos de Narnia. Sin embargo, el joven rey Tirian no puede creer que Aslan realmente se involucre con semejantes prácticas brutales. Así que, con la ayuda del verdadero Aslan, derrota a Shift y a su león falso.

La Biblia nos dice que el diablo se dedica a imitar a Dios. Su objetivo es «subir [...] al cielo» (Isaías 14:12-15). Por medio del engaño, Satanás trata de reemplazar a Cristo con un sustituto. Jesús mismo nos advirtió de los falsos profetas y los falsos Cristos: «Mirad que nadie os engañe. Porque vendrán muchos en mi nombre, diciendo: Yo soy el Cristo; y a muchos engañarán» (Mateo 24:4-5).

¿Cómo podemos distinguir al Cristo real del falso? El único Cristo auténtico es el que se describe en las Escrituras. Cualquier persona o cosa que represente a un Jesús diferente al que se muestra en la Biblia está promoviendo a «un burro con traje de león». —HDF

La Palabra de Dios da sabiduría
para discernir qué es falso.

HASTA HACERSE PODEROSO

*Y su fama se extendió lejos,
porque fue ayudado maravillosamente,
hasta hacerse poderoso.*

—2 Crónicas 26:15

En el cuento de hadas de George MacDonald, *Lilith*, hay gigantes vigorosos que viven entre la gente normal. Estos poderosos deben llevar a cabo su vida cotidiana con mucho cuidado. Cuando duermen, su ronquido es atronador. Cuando se dan la vuelta, pueden aplastar casas bajo su peso.

En la Biblia, Uzías llegó a ser «poderoso» entre los hombres después de hacerse rey a la edad de 16 años. Las claves de su éxito se registran en 2 Crónicas 26. Su padre, Amasías, fue un buen ejemplo para él (v. 4); el profeta Zacarías lo instruyó (v. 5); tuvo un ejército de hombres luchadores y de generales capaces que lo ayudaron (vv. 11-15); y Dios lo prosperó (v. 5).

Es evidente que el rey Uzías se hizo «poderoso» por la bendición del Señor; pero después de alcanzar el éxito, se descuidó y tuvo grandes tropezones. La clave de su desaparición se encuentra en la frase «porque fue ayudado maravillosamente, hasta hacerse poderoso» (v. 15).

Estas tres últimas palabras son una seria advertencia para todos nosotros. El corazón de Uzías «se enalteció para su ruina» (v. 16). Usurpó los deberes sacerdotales y enfermó de lepra (vv. 16-21).

Todos hemos sido ayudados maravillosamente por Dios nuestro Señor, por aquellos que Él nos puso como ejemplos y por los que sirven junto a nosotros. Cuando nos volvemos poderosos, debemos prestar atención, o también tropezaremos. —AL

«NUNCA HE CONOCIDO A UN HOMBRE QUE ME HAYA
DADO TANTOS PROBLEMAS COMO YO MISMO».
—D. L. MOODY

UN PEQUEÑO PASO; UN GRAN SALTO

Y renovaos en el espíritu de vuestra mente.

—EFESIOS 4:23

En julio de 1969 estaba en Fort Benning, Georgia, entrenando para oficial del ejército de los Estados Unidos. La escuela de oficiales de infantería era intensa y exigente, con sólo escaso tiempo libre. Sorprendentemente, el 20 de julio por la tarde, se nos ordenó ir a la sala de estar de nuestro batallón para sentarnos frente a un aparato de televisión parpadeante, donde simplemente nos dijeron: «Esto es historia».

Asombrados, observamos al astronauta del Apolo XI, Neil Armstrong, convertirse en el primer ser humano en pisar la luna, y decir: «Este es un pequeño paso para el hombre; un gran salto para la humanidad». Se suspendió el acostumbrado toque de queda y permanecimos sentados hablando hasta tarde, no sólo de lo que habíamos presenciado, sino de la vida, de Dios y de la eternidad. La exigente rutina había sido interrumpida y nuestra atención se había trasladado hacia lo realmente importante.

Todos necesitamos trasladar nuestro enfoque a diario. Mantener un tiempo a solas con Dios suele permitirnos dejar las exigentes labores, romper la rutina y concentrarnos en Él por medio de la Biblia y la oración. Nuestros pensamientos y acciones cambiarán al seguir las instrucciones de Pablo, que dice: «Renovaos en el espíritu de vuestra mente» (Efesios 4:23).

Lo que parece un pequeño paso puede ser un gran salto en nuestro andar diario con Cristo. —DCM

CADA PEQUEÑO PASO DE FE
ES UN GRAN PASO DE CRECIMIENTO.

ETERNIDAD EN NUESTROS CORAZONES

Y ha puesto eternidad en el corazón de ellos.
—Eclesiastés 3:11

Una vez presencié un bello panorama en las afueras de Anchorage, Alaska. Contrastando con un cielo gris oscuro, las aguas de una bahía provenientes del océano tenían un tinte verdoso, interrumpido por pequeñas crestas blancas. Pronto vi que esas crestas no eran olas, sino ballenas beluga de color blanco plata que se alimentaban a menos de 45 metros de la costa. Junto a otros espectadores, me quedé observando el movimiento rítmico del mar seguido de las apariciones fantasmales y ondulantes de las ballenas. El grupo permanecía callado, casi reverente. En ese momento, nada más importaba.

El autor de Eclesiastés habría entendido la reacción de la multitud. Él percibe claramente la belleza del mundo creado y que Dios «ha puesto eternidad en el corazón» (3:11). Esta hermosa frase se aplica a gran parte de la experiencia humana. Sin duda, se refiere a un instinto religioso; pero nuestros corazones también perciben la eternidad de otras maneras.

Eclesiastés presenta las dos caras de la vida en este mundo: la promesa de placeres tan cautivantes que quizá hagan que dediquemos nuestras vidas a buscarlos y la realidad inquietante de que, al final, no satisfacen. El atractivo mundo de Dios es demasiado grande para nosotros. A menos que reconozcamos nuestros límites, nos sujetemos a la soberanía divina y confiemos en el Dador de toda buena dádiva, terminaremos desesperados. —PY

PARA SACARLE EL MÁXIMO PROVECHO AL HOY,
TEN LA ETERNIDAD EN MENTE.

¿QUIÉN ES SORDO?

Pero [...] vuestros pecados
han hecho ocultar de vosotros su rostro
para no oír.
—Isaías 59:1-2

Un hombre le dijo a su doctor que creía que su esposa se estaba volviendo sorda. El doctor le dijo que llevara a cabo una simple prueba. Cuando el hombre llegó a la entrada de su hogar, exclamó: «Querida, ¿la cena está lista?». Al no escuchar respuesta alguna, entró y repitió la pregunta. Todavía no había respuesta. Al tercer intento, cuando ya estaba justo detrás de ella, finalmente la oyó decir: «¡Por tercera vez, sí!».

De manera similar, los antiguos israelitas creían que Dios estaba sordo cuando, en realidad, eran ellos los que tenían el problema. Isaías era un profeta enviado a advertir al pueblo de Dios acerca del juicio inminente, pero su mensaje se encontró con oídos sordos. En vez de ser el pueblo del pacto de Dios, que había de traer luz a los que vivían en tinieblas y liberarlos de las casas de prisión del pecado (42:7), los israelitas se negaron a escucharlo. «No quisieron andar en sus caminos, ni oyeron su ley» (v. 24).

El profeta explicó por qué las oraciones de ellos parecían encontrarse con los oídos sordos de Dios: «He aquí que no se ha acortado la mano de Jehová para salvar; ni se ha agravado su oído para oír; pero vuestras iniquidades han hecho división entre vosotros y vuestro Dios» (Isaías 59:1-2). Una razón para no recibir respuestas de parte de Dios es que puede que el pecado esté bloqueando nuestros oídos. Examinémonos cuidadosamente.

No es difícil escuchar a nuestro Dios. —CPH

DIOS HABLA POR MEDIO DE SU PALABRA
A AQUELLOS QUE ESCUCHAN CON EL CORAZÓN.

LISTO PARA HABLAR

Estad siempre preparados para presentar defensa
[...] ante todo el que os demande razón
de la esperanza que hay en vosotros.
—1 Pedro 3:5

Lee Eclov y su esposa estaban en una cafetería en Estes Park, Colorado. En otra mesa había cuatro hombres, y uno se estaba burlando del cristianismo y de la resurrección de Jesús.

Lee sentía que el Señor lo instaba a responder, pero el temor le impedía hacerlo. Finalmente, supo que tenía que decidirse. Así que, fue hacia los hombres y comenzó a darles pruebas históricas de la resurrección.

¿Cómo respondemos cuando estamos en una situación similar? El apóstol Pedro alentó a sus lectores a comprometerse a salir en defensa de Jesús, especialmente en momentos de extremo sufrimiento. Este compromiso significaba no permanecer callados cuando las circunstancias demandaban que defendiesen su fe. Él dijo: «Estad siempre preparados para presentar defensa con mansedumbre y reverencia ante todo el que os demande razón de la esperanza que hay en vosotros» (1 Pedro 3:15). Estar dispuestos a responder requería que conocieran la Palabra de Dios. Debían responder con mansedumbre y temor piadosos, para que sus perseguidores se avergonzaran de su propia conducta.

La causa de Cristo habría sufrido si Lee Eclov se hubiera mantenido callado o hubiese respondido con rudeza. Posteriormente escribió: «Dios tiene una manera de sacarnos de nuestros rinconcitos tranquilos y, cuando lo hace, debemos estar listos para hablar en Su nombre». —MLW

MANTENERNOS EN SILENCIO EN CUANTO AL SALVADOR Y
SU SALVACIÓN ES UN TERRIBLE PECADO DE OMISIÓN.

CAMINA LO QUE HAY QUE CAMINAR

*Sé ejemplo de los creyentes
en palabra, conducta, amor, espíritu, fe y pureza.*
—1 Timoteo 4:12

El predicador estaba hablando medio en broma cuando se quejó: «Mi esposa es absolutamente irrazonable. ¡Realmente espera que yo practique todo lo que predico!». Es muchísimo más fácil decirle a alguien lo que es correcto en vez de practicarlo personalmente.

Cuando mi hijo y yo jugamos al golf juntos, puedo decirle exactamente cómo meter la pelota en el hoyo y hacer los tiros. Pero mi propia capacidad para realizar este deporte es lastimosamente limitada. Supongo que esto es lo que se quiere decir cuando nos referimos a atletas que «dicen lo que hay que decir, pero no caminan lo que hay que caminar». Cualquiera puede hablar de cómo hacer un buen juego, pero jugarlo realmente bien es muchísimo más difícil.

Esto es particularmente cierto cuando se trata del desafío de seguir a Jesucristo. No es suficiente que hablemos acerca de la fe, debemos ponerla en práctica. Tal vez esa sea la razón por la que Pablo, después de darle instrucciones a su joven protegido, Timoteo, acerca de cómo predicar, incluyó este recordatorio: «Ninguno tenga en poco tu juventud, sino sé ejemplo de los creyentes en palabra, conducta, amor, espíritu, fe y pureza […] Ocúpate en estas cosas; permanece en ellas» (1 Timoteo 4:12,15).

Como seguidores de Cristo, no podemos darnos el lujo de simplemente hablar acerca de cómo hacer las cosas bien; debemos vivir vidas de fe ejemplar en Jesucristo. Debemos caminar lo que hay que caminar. —WEC

AGRADAMOS A DIOS CUANDO NUESTRO CAMINAR
COINCIDE CON NUESTRO HABLAR.

25 de julio

CAMBIA DE PARECER

*Convi [értete] a Dios,
haciendo obras dignas de arrepentimiento.*
—Hechos 26:20

Una de mis tiras cómicas favoritas, *Snoopy y Carlitos*, muestra a Carlitos Brown diciéndole a Snoopy: «Oí que estás escribiendo un libro de teología. Espero que tengas un buen título». Snoopy responde: «Tengo el título perfecto: *¿Alguna vez se te ocurrió que tal vez estés equivocado?*».

Este título nos recuerda que, a veces, tenemos una idea equivocada de Dios y de lo que demanda de nosotros. Como nuestras creencias erróneas generan comportamientos equivocados, necesitamos «conv[ertirnos] a Dios, haciendo obras dignas de arrepentimiento» (Hechos 26:20).

La palabra griega para «arrepentimiento» es *metanoeo*, «cambiar de parecer». Como Pablo indicó, arrepentirse no significa asentir amablemente en señal de coincidencia con Dios y luego seguir por donde íbamos. Cuando enfocamos la mente en Dios —cuando realmente estamos de acuerdo con Él sobre lo correcto— nuestro comportamiento seguirá esa nueva línea de pensamiento. Como un automóvil, vamos en la dirección que se nos señala. Así que, cuando verdaderamente volvemos la mente y el corazón hacia Dios, nuestras acciones cambian.

En vez de ir felices por la vida, asumiendo que nuestras elecciones son las correctas, debemos detenernos con regularidad y hacernos la pregunta de Snoopy. Como Pablo enseñó, sólo cuando admitimos nuestro error, podemos tener seguridad de estar bien con Dios. —JAL

«O CONFORMAMOS NUESTROS DESEOS A LA VERDAD O
CONFORMAMOS LA VERDAD A NUESTROS DESEOS».
—Os Guinness

MODELOS DE CONDUCTA

Haced todo sin murmuraciones y contiendas,
para que seáis irreprensibles y sencillos,
hijos de Dios sin mancha.
—FILIPENSES 2:14-15

Durante un verano de escándalos deportivos internacionales que involucraban apuestas y abuso de sustancias prohibidas, dos atletas recibieron aplausos tanto por su carácter como por sus logros profesionales. Una multitud que alcanzó la cifra récord de 75.000 espectadores vitoreó a Cal Ripken Jr. y a Tonny Gwynn durante su inclusión en el Salón de la Fama del Béisbol del 2007. «Nos guste o no —dijo Ripken—, en nuestra calidad de jugadores de las grandes ligas somos también modelos de conducta. La única pregunta es, ¿será esto algo positivo o negativo?».

Gwynn hizo eco del sentimiento: «Hay mucho más en juego que simplemente jugar béisbol [...] Somos responsables, tenemos que tomar buenas decisiones y mostrar a las personas cómo se supone que se deben hacer las cosas».

Cada día, las personas nos observan. Como seguidores de Cristo, el desafío de Pablo nos guía a ser «irreprensibles y sencillos, hijos de Dios sin mancha en medio de una generación maligna y perversa, en medio de la cual resplandecéis como luminares en el mundo» (Filipenses 2:15).

Comprometernos hace que los demás se desilusionen, mientras que mostrar entereza de carácter alberga la esperanza. Cuando la vida de nuestro Salvador fluye desde nuestro interior, podemos alentar a los demás e indicarles el camino hacia Él.

¿Qué tipo de modelo de conducta seremos hoy para quienes nos están observando? —DCM

LOS MEJORES MODELOS DE CONDUCTA
SE PARECEN A CRISTO.

EL CORAZÓN DE DIOS REVELADO

Yo reprendo y castigo a todos los que amo;
sé, pues, celoso, y arrepiéntete.
—APOCALIPSIS 3:19

Es fácil pensar en Dios como un matamoscas divino, que simplemente está esperando a que nos posemos en algún lado para que —plaf— nos pueda aplastar por nuestros pecados. Pero eso no es lo que vemos en Apocalipsis 2–3, en Sus cartas a las siete iglesias. La línea de las cartas demuestra el corazón amoroso de Dios, incluso hacia las personas veleidosas.

Jesús comenzó muchas de estas cartas afirmando las cosas buenas que Su pueblo había hecho. Esto nos muestra que al Señor le agrada cuando hacemos lo bueno y lo correcto.

Pero a Jesús también le preocupan las faltas en nuestras vidas. Su encomio en estas cartas a menudo iba seguido de claras palabras de reprobación. Y si bien no nos sentimos cómodos cuando le escuchamos decir, «pero tengo contra ti» (2:4; ver vv. 14,20), Él nos revela lo que tiene que cambiarse en nuestras vidas para mantenernos lejos del autoengaño.

Esto nos traslada al verdadero meollo del asunto: el arrepentimiento. Cuando el Señor les dijo a estas iglesias que se arrepintieran, estaba revelando Su amor por los santos veleidosos. Su meta no era condenarlos, sino restaurarlos a una íntima comunión con Él.

Y no pases por alto el hecho de que cada carta termina con una promesa específica para los «vencedores». Claramente, Dios desea recompensar a aquellos que viven vidas que le agradan.

¿Qué te está diciendo Él hoy? —JMS

EL ARREPENTIMIENTO RESTAURA Y RENUEVA
NUESTRA INTIMIDAD CON EL SEÑOR.

EL VALOR DE LOS AMIGOS

Y Jonatán [...] amaba [a David]
como a sí mismo.

—1 Samuel 20:17

Juan Crisóstomo (347–407) fue uno de los grandes predicadores de la iglesia primitiva. Recibió el nombre de Crisóstomo, que significa «boca de oro», debido a sus elocuentes sermones.

He aquí una de sus profundas reflexiones en cuanto al valor de los amigos: «Tal es la amistad, que por medio de ella amamos los lugares y las estaciones; por cuanto, cuando [...] las flores dejan caer sus dulces hojas en la tierra a su alrededor, así los amigos imparten favor incluso en los lugares donde moran. Con amigos, incluso la pobreza es agradable [...]. Mejor sería para nosotros que el sol se extinguiese a que estuviésemos sin amigos».

La historia de Jonatán y David ilustra el valor de la amistad. Aunque el demente rey Saúl estaba a la caza de David, este cobró ánimo de su amistad con el hijo del rey. «Y Jonatán [...] amaba [a David] como a sí mismo» (1 Samuel 20:17). Su relación se caracterizaba por la confianza, la comprensión y el aliento. Cuán difícil le hubiera sido a David resistir esta injusta persecución sin el alimento de la amistad basada en el Señor (v. 42).

La antigua voz de Crisóstomo y el testimonio de David y Jonatán nos recuerdan la necesidad de alimentar las amistades que Dios nos ha dado. —HDF

UN AMIGO ES LA PRIMERA PERSONA QUE VIENE
CUANDO TODO EL MUNDO SE HA IDO.

VOLVIENDO A CASA

Me has guiado según tu consejo,
y después me recibirás en gloria.

—SALMO 73:24

Cuando era niño, uno de mis pasatiempos favoritos era caminar por el ria-chuelo detrás de nuestra casa. Esas caminatas significaban una gran aventura para mí: saltar rocas, observar aves, construir presas, seguir rastros de animales. Si lograba llegar a la desembocadura, mi perro y yo nos sentábamos a compartir el almuerzo mientras mirábamos aterrizar aviones del otro lado del lago.

Nos quedábamos todo el tiempo posible, pero sólo hasta el atardecer, pues mi padre me quería de vuelta en casa antes de la noche. En el bosque, las sombras se alargaban y las hondonadas se oscurecían rápidamente. Durante todo el camino de vuelta, anhelaba ya estar en casa.

Nuestro hogar estaba sobre una colina detrás de unos árboles, pero la luz siempre permanecía encendida hasta que llegara toda la familia. A menudo, mi padre se sentaba en el porche de atrás y leía el periódico mientras me esperaba. «¿Cómo te fue?», preguntaba. «Bastante bien», le decía, «pero qué bueno es estar en casa».

Estos recuerdos me hacen pensar en otro viaje, el que estoy haciendo ahora. No siempre es fácil, pero sé que al final me espera mi Padre bondadoso y mi hogar eterno. Estoy ansioso por llegar.

Me están esperando. La luz está encendida y mi Padre celestial me espera. Supongo que me preguntará, así como mi papá solía hacerlo: «¿Cómo te fue?». «Bastante bien», le diré, «pero qué bueno es estar en Casa». —DHR

PARA EL CRISTIANO EL CIELO SE DELETREA C-A-S-A.

30 de julio

INVOLUCRÁNDOME

Clemente y misericordioso es Jehová.
—Salmo 111:4

Fred exclamó: «¡Acaso nadie va a ayudar a ese pobre hombre?», cuando él y mi esposo, Tom, se dieron cuenta de cuál había sido la causa de que el tráfico avanzara lentamente por la transitada carretera de cinco carriles. Un hombre yacía tumbado entre los carriles con su bicicleta sobre él, mientras los vehículos simplemente lo esquivaban y pasaban de largo. Fred encendió las luces intermitentes de advertencia y bloqueó el tráfico con su automóvil. Luego él y mi esposo salieron para ayudar al hombre maltrecho.

Fred y Tom se involucraron, al igual que el samaritano en la historia de Jesús en Lucas 10. Ellos también vencieron toda renuencia que pudieran haber tenido para tenderle la mano a un hombre en peligro. El samaritano también tuvo que vencer los prejuicios raciales y culturales. Las personas de las que habríamos esperado ayuda mostraron indiferencia ante la difícil situación del hombre herido.

Es fácil encontrar razones para no involucrarse. Nuestras ocupaciones, la indiferencia y el temor a menudo están al comienzo de la lista. Pero, al buscar seguir fielmente a nuestro Señor, seremos más y más conscientes de las oportunidades para mostrar el tipo de compasión que Él mostró (Mateo 14:14; 15:32; Marcos 6:34).

En la parábola del buen samaritano, Jesús elogió al hombre que había actuado por compasión aun cuando hacerlo le era inconveniente, difícil y costoso. Luego, Él nos dijo a nosotros: «Ve, y haz tú lo mismo» (Lucas 10:37). —CHK

LA VERDADERA COMPASIÓN
HACE TRABAJAR AL AMOR.

EL ÚNICO LUGAR DONDE COMENZAR

Si alguno os predica diferente evangelio del que habéis recibido, sea anatema.

—GÁLATAS 1:9

Cuando una casa de publicaciones me pidió que escribiera una nota promocionando un nuevo libro, dije que me alegraría hacerlo. Parecía ser un esfuerzo útil dirigido a jóvenes, desafiándolos a vivir para Dios en un mundo cambiante. Pero, mientras leía el libro, algo me molestaba. Aunque contenía muchos pasajes de las Escrituras y grandes consejos espirituales, no explicaba que el punto de partida para cualquier relación con Dios era la salvación por medio de Jesucristo.

El autor parecía implicar que la esencia de llevar una vida espiritual en la sociedad moderna se basaba totalmente en la acción —buenas obras— y no en la fe salvadora en Cristo. No escribí la nota de promoción.

La cultura de la iglesia está cambiando rápidamente. A menudo se deja atrás la naturaleza esencial del evangelio en el intento de encontrar nuevas y emocionantes ideas. El apóstol Pablo quedó atónito al ver que las personas fácilmente aceptaban un «evangelio diferente» (Gálatas 1:6). Lo que él predicaba no provenía del hombre, sino que era una revelación directa de Jesús mismo (vv. 11-12).

Jamás debemos abandonar el verdadero evangelio: que Cristo murió por nuestros pecados, fue sepultado y resucitó para nuestra justificación, declarándonos justos delante de Dios (Romanos 4:25; 1 Corintios 15:3-4). Sólo esto ofrece el «poder de Dios para salvación a todo aquel que cree» (Romanos 1:16). Si queremos vivir para Dios, este es el único lugar donde comenzar. —JDB

LA FE ES LA MANO QUE DEBE TOMAR
EL REGALO DE DIOS DE LA SALVACIÓN.

BIOGRAFÍA DE DIOS

Porque las cosas invisibles de él, su eterno poder y deidad,
se hacen claramente visibles desde la creación del mundo.

—ROMANOS 1:20

Digamos que eres realmente famoso. La gente lo quiere saber todo sobre ti. Luego, imaginemos que me llamas y me preguntas: «¿Que le parecería escribir mi biografía?». Digamos que estoy de acuerdo. Estaría pegado a ti siempre, como una polilla a la luz, revoloteando a tu alrededor tratando de averiguar todo lo posible sobre ti. Te haría mil preguntas. Te pediría tu agenda y llamaría a todos para averiguar más cosas acerca de ti. Luego te pediría que me entregases todo lo relacionado con tu vida. Documentos, fotografías. Toda tu historia.

Buscaría tres componentes, que son el secreto para llegar a conocer a alguien: Lo que dices acerca de ti mismo, lo que otros dicen sobre ti, y lo que has hecho. Ahora piensa en ello si deseas conocer a Dios: ¿Qué dice Él acerca de sí mismo?, ¿qué es lo que los otros dicen sobre Él?, y ¿qué es lo que ha hecho?

Para conocer a Dios de una manera vibrante y nueva, haz las tres preguntas. Lee la Biblia para descubrir lo que Dios dice sobre sí mismo (Éxodo 34:6-7; Levítico 19:2; Jeremías 32:27). Luego, averigua lo que los autores dicen sobre Él y Sus extraordinarios atributos (Salmo 19:1-4; Romanos 1:16-20; 1 Juan 4:8-10). Finalmente, mira las cosas asombrosas que Dios ha hecho (Génesis 1:1; Éxodo 14:10-31; Juan 3:16).

Conoce a Dios. Sé Su biógrafo. Te enseñará más acerca de Él de lo que jamás hubieses imaginado. —JDB

EL DIOS QUE CREÓ EL UNIVERSO
ES EL DIOS A QUIEN PUEDES CONOCER.

LOS MEJORES AMIGOS

El justo sirve de guía a su prójimo.
—PROVERBIOS 12:26

Al inscribirme en una popular red social de Internet quedé horrorizada cuando se me recibió con las palabras: «No tienes amigos». Aunque sabía que eso no era cierto, aun así me sentí triste por un momento. La idea de que cualquiera, incluso un sitio impersonal en la red me llamara «sin amigos» me disgustaba. Los amigos son esenciales para nuestro bienestar emocional, físico y espiritual.

Los amigos escuchan nuestras penas sin culparnos porque tengamos problemas. Nos defienden cuando estamos bajo ataque. Están felices cuando tenemos éxito y tristes cuando fracasamos. Nos dan sabios consejos para evitar que tomemos decisiones tontas. Incluso se arriesgan a molestarnos con tal de hacernos un bien. Mis amigos han hecho todo esto, y más, por mí.

Tal vez la amistad más famosa de la Biblia es la de Jonatán y David. Jonatán era el heredero al trono de su padre, Saúl. Pero sabía que el Señor había elegido a David para ese papel, así que arriesgó su propia vida para salvar a su amigo (1 Samuel 20).

Tal como nos lo muestra la Biblia, tenemos que elegir amigos con cuidado (Proverbios 12:26). Los mejores amigos son los que son amigos de Dios y que fortalecen nuestra relación con Él (1 Samuel 23:16). —JAL

LOS VERDADEROS AMIGOS
SON COMO LOS DIAMANTES: PRECIOSOS Y RAROS.

ESTAR CONTENTOS

Este es el día que hizo Jehová;
nos gozaremos y alegraremos en él.
—Salmo 118:24

Uno de mis libros favoritos de la niñez era Pollyanna, la historia de la niña optimista que siempre encontraba algo por qué estar contenta, aun cuando sucedían cosas malas.

Recientemente, recordé a esa amiga literaria cuando mi amiga de la vida real se cayó y se rompió el brazo mientras montaba bicicleta. Mariana me dijo lo agradecida que estaba de haber podido pedalear todo el camino de vuelta a casa y de no haber requerido cirugía. Se había roto el brazo izquierdo (ella es diestra), dijo, así que podría seguir trabajando. ¡Y era grandioso, se maravillaba ella, que tuviera buenos huesos, así que su brazo sanaría perfectamente! ¡Y era maravilloso también que no hubiese sido algo peor!

¡Vaya! Mariana es un ejemplo de alguien que ha aprendido a regocijarse a pesar de la tribulación. Tiene confianza en que Dios cuidará de ella, pase lo que pase.

Al final, el sufrimiento nos llega a todos; y en momentos de dificultad, el agradecimiento por lo general no es nuestra primera respuesta. Pero creo que Dios nos ve con agrado cuando encontramos razones para estar agradecidos (1 Tesalonicenses 5:16-18). Al buscar lo bueno de manera realista, a pesar de las malas circunstancias a nuestro alrededor, podemos estar agradecidos de que Dios nos tiene cerca de Él. Cuando confiamos en Su bondad, encontramos alegría. —CHK

EL AGRADECIMIENTO ENCUENTRA ALGO BUENO
EN TODA CIRCUNSTANCIA.

NUESTRA BRÚJULA MORAL

Si [...] mi pueblo [...] se convirtieren de sus malos caminos;
entonces yo [...] perdonaré sus pecados,
y sanaré su tierra.
—2 Crónicas 7:14

Se dice que cuando a Abraham Lincoln le presentaron a la autora Harriet Beecher Stowe, este dijo que era «la mujercita que escribió el libro que comenzó esta gran guerra».

Aunque el comentario del Presidente Lincoln no era totalmente en serio, la novela de la Sra. Stowe, *La Cabaña del Tío Tom* jugó un papel decisivo en la abolición de la esclavitud en los Estados Unidos. Su gráfica descripción del racismo y de la injusticia de la esclavitud ayudó a guiar hacia el inicio de la Guerra Civil. Finalmente, la proclamación de emancipación de Lincoln declaró que todos los esclavos «serán libres». Así, la novela de la Sra. Stowe ayudó a cambiar la brújula moral de una nación.

Siglos antes, al rey Salomón se le dijo qué podría cambiar la brújula moral de Israel. Era comenzar con humildad y confesión. El Señor le dijo a Salomón: «Si se humillare mi pueblo, sobre el cual mi nombre es invocado, y oraren, y buscaren mi rostro, y se convirtieren de sus malos caminos; entonces yo oiré desde los cielos, y perdonaré sus pecados, y sanaré su tierra» (2 Crónicas 7:14).

Como comunidad cristiana, debemos comenzar con un inventario de nuestras propias vidas. Al buscar humildemente a Dios con oración y arrepentimiento, los cambios comenzarán en nuestras vidas. Dios entonces puede usarnos para cambiar la brújula moral de una nación. —HDF

«NADA ES POLÍTICAMENTE CORRECTO
SI ES MORALMENTE INCORRECTO». —LINCOLN

ASUNTOS DEL CORAZÓN

Porque el corazón de este pueblo se ha engrosado,
y con los oídos oyen pesadamente, y han cerrado sus ojos.
—MATEO 13:15

Al inicio de un retiro espiritual, nuestro orador, Matt Heard, preguntó: «¿Cómo están sus corazones?». Eso me dejó pasmado, porque yo tiendo a centrarme en creer con la mente y a trabajar con las manos. En la actividad de pensar y servir, mi corazón es dejado a un lado. Al ser guiados a través del énfasis reiterado de la Biblia en este centro crucial de nuestras vidas, comencé a captar su premisa de que la fe y el servicio son, más que nada, asuntos del corazón.

Cuando Jesús contó una historia para ilustrar cómo las personas reciben y responden a Su enseñanza (Mateo 13:1-9), Sus discípulos preguntaron: «¿Por qué les hablas por parábolas?» (v. 10). En respuesta, Jesús citó al profeta Isaías: «Porque el corazón de este pueblo se ha engrosado, y con los oídos oyen pesadamente, y han cerrado sus ojos, para que no vean con los ojos, y oigan con los oídos, y con el corazón entiendan, y se conviertan, y yo los sane» (v. 15; Isaías 6:10).

Cuán peligrosamente fácil es descuidar nuestros corazones. Si nos endurecemos, no encontramos gozo en vivir o servir, y la vida parece hueca. Pero cuando nuestros corazones son tiernos hacia Dios, la comprensión y el agradecimiento fluyen a través de nosotros hacia los demás.

Así que, ¿cómo está tu corazón? —DCM

PODEMOS ESTAR TAN OCUPADOS HACIENDO EL BIEN
QUE PERDAMOS NUESTRO CORAZÓN POR DIOS.

¿UN CARAMELO?

Sobrellevad los unos las cargas de los otros,
y cumplid así la ley de Cristo.

—GÁLATAS 6:2

Un nuevo sitio en la red le ayuda a uno a decirle a un compañero de trabajo lo que teme decirle en persona. Comentarios como: «Un caramelo de menta para el aliento te vendría bien», «el timbre de tu móvil suena muy fuerte hoy» o «tu perfume por lo general es muy fuerte». Puedes enfrentar los problemas de manera anónima haciendo que el sitio en la red envíe un correo electrónico en vez de hacerlo tú.

Es normal que seamos cautos al hablar con los demás acerca de algo que nos molesta. Pero cuando se trata de confrontar a otros creyentes sobre su pecado, es más serio. Desearíamos poder hacerlo anónimamente, pero tenemos que hacerlo cara a cara.

Gálatas 6:1-5 ofrece algunas pautas para confrontar a algún creyente que está llevando una vida pecaminosa. El primer requerimiento es que nosotros mismos estemos cerca del Señor y que no nos considereremos superiores al que está pecando. Luego debemos estudiar la situación con el objetivo de restaurar a la persona, no de traer condenación sobre ella. Debemos tener siempre «un espíritu de mansedumbre» mientras recordamos que nosotros también podemos ser tentados. Jesús dio instrucciones para ayudarnos cuando el pecado es un asunto personal contra nosotros (Mateo 7:1-5; 18:15-20).

Con la ayuda de Dios al darnos esta capacidad, podemos, valiente y sensiblemente, confrontar y restaurar a otros. —AMC

PARA AYUDAR A LAS PERSONAS A VOLVER AL CAMINO
CORRECTO, CAMINA CON ELLAS Y MUÉSTRASELO.

SABIDURÍA SUTIL

Si alguno me sirve, sígame;
y donde yo estuviere, allí también estará mi servidor.

—Juan 12:26

Cuando estaba en la universidad, mi compañero de trabajo, Beto, un conductor de carretilla elevadora, a menudo enriquecía mi vida con su sabiduría concisa y expresiva. Un día estábamos almorzando, sentados en la parte de atrás de su maquinaria, cuando le dije que me estaba cambiando a otra universidad.

«¿Por qué?», preguntó.

«Todos mis amigos están cambiándose allí», contesté.

Beto masticó su bocadillo por un momento y luego respondió quedamente y con sutil ironía: «Imagino que esa debe ser una manera de escoger una universidad».

Sus palabras me llegaron con una extraña fuerza. *Por supuesto*, pensé. *Pero ¿es esta la única manera de escoger una universidad? ¿Seguiré a mis amigos por el resto de mis días o seguiré a Jesús? ¿Buscaré Su rostro y Su voluntad e iré a dónde Él quiere que yo vaya?*

Veinticinco veces en el Nuevo Testamento, Jesús dijo a Sus discípulos: «Sígueme». En Marcos 8:34, Él dijo, «Si alguno quiere venir en pos de mí, niéguese a sí mismo, y tome su cruz, y sígame». No importa lo que los demás hagan o qué dirección puedan tomar sus vidas, nosotros debemos hacer lo que Él nos pida.

Vienen a mi mente las palabras de una antigua canción: «Mi Señor conoce el camino a través del desierto; ¡seguirle es todo lo que tengo que hacer!». —DHR

PARA SABER POR DÓNDE IR EN LA VIDA,
SIGUE A JESÚS.

8 de agosto

GRANVILLE SHARP

*Pero sed hacedores de la palabra, y no tan solamente oidores,
engañándoos a vosotros mismos.*

—SANTIAGO 1:22

Cuando estudiaba en el seminario bíblico, un nombre que se mencionaba a veces en la clase de griego era el de Granville Sharp. Era un renombrado erudito en griego (1735–1813), cuyos estudios establecieron los principios de la interpretación bíblica que continúan guiando nuestra comprensión del idioma original del Nuevo Testamento.

Estudiar las Escrituras y aprender las poderosas verdades que estas contienen es un noble ejercicio pero, sin importar cuán profundamente estudiemos, no es suficiente. Santiago nos desafió a entender esto cuando escribió: «Pero sed hacedores de la palabra, y no tan solamente oidores, engañándoos a vosotros mismos. Porque si alguno es oidor de la palabra pero no hacedor de ella, éste es semejante al hombre que considera en un espejo su rostro natural. Porque él se considera a sí mismo, y se va, y luego olvida cómo era» (Santiago 1:22-24).

Granville Sharp lo entendió y puso su fe en práctica. Además de ser un erudito bíblico, también luchó por erradicar la esclavitud en Inglaterra. Sharp dijo: «La tolerancia a la esclavitud es, en efecto, la tolerancia a la inhumanidad». Su comprensión bíblica del valor de un alma humana y la justicia de un Dios santo lo impulsaron a actuar en base a su fe.

Podemos aprovechar la pasión de Sharp por la Palabra y por vivir la verdad que esta contiene. —WEC

NO CONOCEMOS EN REALIDAD LA BIBLIA
A MENOS QUE LA OBEDEZCAMOS.

SÍ, PERO...

Y apartarán de la verdad el oído.
—2 TIMOTEO 4:4

Calificar trabajos en la universidad está lleno de sorpresas. Algunas veces, uno de mis alumnos realizará su curso con éxito y mostrará un buen estilo de redacción, y yo sentiré que mi instrucción valió la pena.

Otras sorpresas no son tan agradables, como el trabajo en el que un alumno escribió: «La Biblia dice: «'No _____'». Y llenó el espacio en blanco con la actividad acerca de la que estaba escribiendo, aun cuando la Escritura no contiene semejante versículo. Pensé que su mayor problema era que no conocía la Palabra, hasta que concluyó: «Aunque la Biblia dice que esto está mal, no veo por qué debe ser así, por lo que creo que está bien».

Es peligroso y arrogante, en la peor de sus formas, pensar que sabemos más que Dios acerca de un asunto. La Escritura predijo este tipo de pensamiento. Pablo dijo en 2 Timoteo 4: «Porque vendrá tiempo cuando no sufrirán la sana doctrina, sino que [...] se amontonarán maestros conforme a sus propias concupiscencias, y apartarán de la verdad el oído» (vv. 3-4). Esto indica a personas que ponen a un lado la inspirada Palabra de Dios (3:16) para aceptar una enseñanza que creen que está «bien».

Cuando la Biblia claramente expresa un principio, honramos a Dios obedeciéndolo. Para los creyentes, no hay lugar para respuestas a la Escritura del tipo «sí, pero…». —JDB

LA BIBLIA:
¡LÉELA, CREE EN ELLA Y OBEDÉCELA!

EL CORAZÓN DEL EVANGELIO

Por tanto, nosotros todos,
mirando a cara descubierta como en un espejo
la gloria del Señor, somos transformados.
—2 Corintios 3:18

Cuando E. Stanley Jones, conocido misionero en la India, tuvo la oportunidad de encontrarse con Mahatma Gandhi, le hizo una pregunta perspicaz al reverenciado líder de la India: «¿Cómo puede el cristianismo causar un mayor impacto en su país?». Muy cuidadosamente, Gandhi respondió que se requerirían tres cosas:

«Primero, los cristianos deben comenzar a vivir más como Jesús. Segundo, la fe cristiana debe presentarse sin adulteración alguna. Tercero, los cristianos deben enfatizar el amor, que está en el corazón del evangelio».

Estas profundas sugerencias son la clave para la evangelización efectiva en todo el mundo. Como mensajeros del amor de Dios, hemos de ser espejos humanos que reflejan sin distorsión alguna un parecido cada vez mayor con nuestro Señor; no hemos de caminar «con astucia» (2 Corintios 4:2). Si nuestras vidas reflejan una imagen que está espiritualmente borrosa, puede que la verdad de la gracia salvadora no se comunique con claridad (vv. 3-5). También hemos de compartir claramente los aspectos bíblicos esenciales de nuestra fe. No debemos usar la Palabra de Dios «adulterándola» (v. 2). Y nuestras vidas han de estar marcadas por el amor a Dios y a los demás (1 Juan 5:1-2).

Asegurémonos de reflejar una imagen clara de la semejanza de Jesús, la verdad de Dios y el amor. —VCG

LA RAZÓN FUNDAMENTAL DE VIVIR EN ESTE MUNDO
ES REFLEJAR LA SEMEJANZA DE CRISTO.

¿DAG O DIOS?

Echando toda vuestra ansiedad sobre él,
porque él tiene cuidado de vosotros.

—1 Pedro 5:7

¿Estás siempre preocupado? ¿Te preocupan las cuentas, el futuro, la salud, los problemas matrimoniales? ¿Te ha llegado a consumir la preocupación hasta tal punto que te has vuelto «un manojo de nervios»? Si esto te describe, tal vez padeces el desorden de ansiedad generalizada, o DAG, una condición marcada por un estado de preocupación constante por la mayoría de los aspectos de la vida. Según David Barlow, profesor de psicología en la Universidad de Boston, «la característica psicológica clave del DAG es un estado de preocupación crónica e incontrolable». Un poco de ansiedad es normal, pero la preocupación constante no lo es.

Abrumados por el sufrimiento y la persecución, los cristianos del primer siglo fueron expulsados de Jerusalén y dispersados por toda Asia (1 Pedro 1:1-7). Muchos de estos creyentes experimentaban sentimientos de angustia debido a posibles peligros o desgracias. Pedro los animó a que no se angustiasen, sino que echasen todas sus preocupaciones sobre Dios (5:7). Él quería que se dieran cuenta de que no tenía sentido que cargaran con sus preocupaciones cuando podían echarlas sobre Dios, quien se preocupaba profundamente por todo lo que les pudiera suceder.

¿Eres un preocupado crónico? Entrega a Dios la responsabilidad de tus ansiedades. Deja de preocuparte y comienza a confiar en Él por completo. —MLW

LA PREOCUPACIÓN ES UNA CARGA
QUE DIOS JAMÁS QUISO QUE LLEVÁRAMOS.

ÉL ES SUFICIENTE

*Pero en seguida Jesús les habló, diciendo:
¡Tened ánimo; yo soy, no temáis!*
—MATEO 14:27

A veces la vida nos abruma. Las violentas olas del desengaño, las deudas sin fin, las enfermedades que nos debilitan o los problemas con otras personas pueden ocasionar desesperanza, depresión y desesperación. También les sucedió a los discípulos de Jesús. Y también me ha pasado a mí.

Tres afirmaciones del Señor nos ofrecen consuelo, seguridad y esperanza de que Jesús es suficiente. La primera la encontramos en Mateo 4, y se repite tres veces: «Está escrito» (vv. 4,7,10). En respuesta a las tres tentaciones de Satanás, Jesús nos dio suficientes pruebas de que la Palabra del Señor es cierta y sobrepasa a las más poderosas formas de tentación y opresión.

La segunda afirmación: «Soy yo», (Mateo 14:27) fue pronunciada cuando Jesús les dijo a sus aterrorizados discípulos que Él mismo era suficiente para detener la atronadora tempestad y calmar las furiosas aguas.

Jesús pronunció la tercera afirmación desde la cruz: «Consumado es» (Juan 19:30). Él nos aseguró que Su muerte fue la provisión suficiente para pagar la deuda de nuestros pecados y hacernos libres.

Sean cuales sean nuestras circunstancias, Jesús está presente con Su amor, compasión y gracia. Él es la prueba, la presencia y la provisión necesaria para conducirnos con seguridad hasta el final. —DCE

EL AMOR DE DIOS NO EVITA NUESTRAS PRUEBAS,
SINO QUE NOS AYUDA A ATRAVESARLAS.

EL AMOR A LAS REGLAS

El cumplimiento de la ley es el amor.
—Romanos 13:10

Cuando enseño redacción, explico que por lo general es mejor primero usar palabras o frases cortas en una serie, como «artes y letras» y «la vida, la libertad y la búsqueda de la felicidad». A principios de mi carrera, les explicaba a los autores que simplemente suena mejor así, pero luego descubrí una «regla» al respecto; y aprendí que es más probable que los autores acepten cambios editoriales cuando les puedo indicar una regla que cuando simplemente les digo «confíen en mí».

Esto es típico de la naturaleza humana. Tenemos una relación de amor/odio con las reglas. No nos gustan, pero sin ellas no estamos seguros de cómo diferenciar lo correcto de lo incorrecto.

Dios tenía una relación con Adán y Eva basada en una amorosa confianza. La única regla necesaria era la que los protegía del conocimiento que les llevaría a la muerte. Pero, cuando la desobediencia quebrantó esa relación de confianza, Dios añadió más reglas para proteger a la pareja desobediente y a su descendencia.

En Cristo, Dios proclamó una vez más que la buena vida que quiere para nosotros no se basa en reglas, sino en una relación. Tal y como Pablo escribió, todos los mandamientos pueden resumirse en una sola palabra: amor. Porque estamos «en Cristo» podemos disfrutar de la paz con Dios y los demás, no porque haya una regla, sino por amor. —JAL

LA MAYOR FUERZA EN LA TIERRA NO ES LA COACCIÓN DE
LA LEY, SINO LA COMPASIÓN DEL AMOR.

LA ENFERMEDAD MÁS MORTAL

[Jesús] herido fue por nuestras rebeliones,
[…] por su llaga fuimos nosotros curados.

—Isaías 53:5

En 2003, en Vietman, se identificó el Síndrome Respiratorio Agudo Severo (SRAS). Cuando se logró ponerlo bajo control, ya se había extendido y matado cerca de 800 personas. Una razón para la alta tasa de mortalidad fue que el virus tardó en ser identificado, pero después, pudo ser contenido.

Hay una enfermedad aún más peligrosa: el pecado. También es difícil de controlar porque muchos no reconocen lo mortífero que es y cuestionan el diagnóstico que la Biblia hace del mismo.

En Josué 7, leemos la trágica historia de Acán. Puede que nos dé miedo la manera drástica en que Dios lidió con él. Desobedeciendo a Dios, había tomado parte del botín de Jericó y lo había guardado (v. 21). Él y su familia pagaron con sus vidas (v. 25).

Gracias a Dios, Él no nos trata así a nosotros. Si lo hiciera, no quedaría ninguno con vida. Pero jamás subestimemos lo mortífero que es el pecado. Envió a Cristo a la cruz por nosotros.

Al igual que el SRAS, el primer paso para lidiar con el pecado es identificarlo. Recibe con gratitud el regalo de la vida eterna. Luego, «ha[z] morir, pues, lo terrenal en [ti]», las cosas que no agradan a Dios (Colosenses 3:5). Esa es la manera de lidiar con la enfermedad más mortal. —CPH

EL PECADO ES UNA ENFERMEDAD DEL CORAZÓN
QUE SÓLO EL GRAN MÉDICO PUEDE CURAR.

UNA CARRERA DIARIA

Corred de tal manera
que [...] obtengáis [el premio].
—1 CORINTIOS 9:24

El ascenso a la cima del monte Pikes es una desafiante carrera con un recorrido de 21 kilómetros a pie al tiempo que se asciende hasta una altitud de 2382 metros. Mi buen amigo Don Wallace ha hecho esta carrera 20 veces. En su última competición, ¡cruzó la meta una semana antes de cumplir 67 años! En vez de entrenar justo antes de una carrera, Don corre algunos kilómetros diariamente, todo el año, dondequiera que esté. Lleva haciendo esto la mayor parte de su vida adulta y sigue haciéndolo hasta hoy.

En 1 Corintios 9, Pablo utiliza el correr como una ilustración de su propia disciplina como cristiano en la carrera de la vida. Él corría con propósito y disciplina para ganar una corona eterna, y animaba a los demás a hacer lo mismo: «Corred de tal manera que [...] obtengáis [el premio]» (v. 24).

La palabra «se abstiene», en el versículo 25, implica el autocontrol practicado por los atletas que entrenan para ganar el premio. La disciplina frecuente, como hábito constante en la vida, es de muchísimo más valor para cualquier atleta que la preparación del último minuto.

¿Enfocamos «la carrera que tenemos por delante» (Hebreos 12:1) con un régimen espiritual que deja mucho espacio para el azar o con un propósito y una disciplina nacidos de un deseo de agradar a Dios?

La clave para llegar lejos es la disciplina de correr cada día. —DCM

CORRER LA CARRERA CRISTIANA
REQUIERE DEDICACIÓN Y DISCIPLINA.

REALEZA RECONOCIDA

Para que en el nombre de Jesús se doble toda rodilla [...]
y toda lengua confiese que Jesucristo es el Señor.
—FILIPENSES 2:10-11

Cuando era niño, me encantaba ver la película *El pequeño Lord Fauntleroy*. La historia se centra en Cedric, un niño que crecía en un hogar pobre con su madre en Brooklyn. Descubre la pasmosa noticia de que, en realidad, es el descendiente directo del Conde de Dorincourt y heredero de una vasta fortuna. Un día, es un don nadie que juega a darles patadas a las latas en las calles de Nueva York y luego, de repente, está atravesando un pueblo inglés al clamor de «¡Su señoría!» por parte de aldeanos llenos de adoración.

Si hubieses visto a Jesús jugando en las calles de Nazaret cuando era niño, Él no te habría llamado la atención en absoluto (excepto que tal vez no hubiese estado jugando a darles patadas a las latas). Si lo hubieses visto en el taller de carpintería, no habrías tenido ni idea acerca de Su deidad. Y si lo hubieses visto colgado en la cruz, esa horrorosa escena no habría llevado tu corazón a adorarle, a no ser que supieses lo que había detrás.

Pero, en Su resurrección, Jesús reveló Su verdadera identidad. Él es el Rey conquistador; ¡la realeza en estado puro! Ya que «Dios también le exaltó hasta lo sumo, y le dio un nombre que es sobre todo nombre» (Filipenses 2:9), ¡cuánto más debemos adorar con devoción a Aquel que, en rendida humildad, murió para poder llegar a ser nuestro Rey victorioso! —JMS

RECONOCE Y RESPONDE A LA REALEZA DE DIOS;
¡ADÓRALE!

CANTA UN CÁNTICO NUEVO

Cantad alegres a Jehová, toda la tierra;
levantad la voz, y aplaudid, y cantad salmos.
—SALMO 98:4

A la edad de 94 años, el Pastor Willis fue internado en una casa de reposo. Desde su silla de ruedas, explicaba con gozo cómo Dios le había dado un nuevo campo misionero donde compartir el evangelio. Cuando quedó postrado en cama algunos años después, hablaba con entusiasmo de cómo estaba en la mejor posición posible para mirar a Dios. Cuando murió a la edad de 100 años, el Pastor Willis dejó tras sí el legado de alguien que cantaba un cántico nuevo de alabanza en cada giro de su vida terrenal.

El Salmo 98 nos exhorta a cantar un cántico nuevo para Dios, quien «ha hecho maravillas; su diestra lo ha salvado, y su santo brazo» (v. 1). Debiéramos alabarle —aun en momentos de dificultad— por cuanto Dios recuerda «Su misericordia y [...] Su verdad» (v. 3). Aunque este salmo trata acerca de cómo Dios libró a los israelitas de la esclavitud, de manera profética también trata acerca de nuestra salvación por medio de Jesucristo nuestro Señor. Y, al recordar lo que Dios ha hecho por nosotros, podemos confiar en que Él nos ayudará con las dificultades de hoy, así como también con las incertidumbres de mañana.

El salmista escribió: «Brame el mar y su plenitud, el mundo y los que en él habitan; [...] los montes todos hagan regocijo» (vv. 7-9). ¡Unámonos a la creación de Dios cantando alabanzas a nuestro Salvador! —AL

UN CORAZÓN EN SINTONÍA CON DIOS
CANTA MELODÍAS DE ALABANZA.

CUIDADO CON RUPERTO

*El mismo Satanás se disfraza
como ángel de luz.*
—2 CORINTIOS 11:14

El 16 de junio de 1944, el Día D de la invasión de Europa, una armada de buques aliados atacó las playas de Normandía, Francia. De manera simultánea, miles de aviones lanzaron paracaidistas a la acción. Junto con ellos, los aliados también lanzaron cientos de muñecos de goma detrás de las líneas enemigas. Estos muñecos, llamados «Rupertos», servían para simular un ataque y confundir así al enemigo. Cuando los Rupertos aterrizaron, algunos puestos de avanzada alemanes fueron engañados y atacaron a los «paramuñecos», causando una grieta vital en los muros de la Fortaleza Europa.

Aceptamos ese tipo de engaño como parte de una operación militar legítima diseñada para frustrar fuerzas opresoras. Lo que no debemos aceptar es el engaño que Satanás nos pone en el camino. Pablo explicó que el diablo «se disfraza como ángel de luz» (2 Corintios 11:14) y sus siervos parecen ser personas que están promoviendo la justicia (v. 15).

¡Debemos estar alertas! A nuestro enemigo espiritual le encantaría tener a seguidores de Cristo distraídos por falsas enseñanzas y doctrinas incorrectas. Pero, al fijar nuestros ojos en Jesús y en las claras enseñanzas de la Escritura, nuestro Señor puede mantenernos con el objetivo en la dirección correcta.

No te dejes engañar con los Rupertos de Satanás. —WEC

**LA VERDAD DE DIOS PONE AL DESCUBIERTO
LAS MENTIRAS DE SATANÁS.**

TODO TRATA DEL CORAZÓN

*Pero lo que sale de la boca,
del corazón sale.*

—MATEO 15:18

Cada vez que Susana abre la boca, es como el sonido de una sirena de ambulancia. Este anuncio de televisión utiliza el humor para indicar que un problema dental podría revelar un achaque físico más grave. ¡Así que, es mejor que vaya a su dentista pronto!

El anuncio me hizo pensar en lo que sale de mi boca cuando la abro. Jesús dijo que nuestras palabras provenían de nuestro corazón (Mateo 15:18). Los fariseos se sintieron ofendidos cuando les dijo: «No lo que entra en la boca contamina al hombre; mas lo que sale de la boca, esto contamina al hombre» (vv. 11-12). Ellos pensaban que estaban bien con Dios porque seguían reglas estrictas, incluso la purificación ritual de las manos antes de comer, y porque comían sólo alimentos «puros». Jesús golpeó su orgullo.

Jesús también golpea nuestro orgullo. Puede que pensemos que somos piadosos porque vamos a la iglesia con regularidad u oramos, pero luego nos involucramos en chismes o habladurías a espaldas de las personas. Santiago 3:9-10 dice: «Con [nuestra lengua] bendecimos al Dios y Padre, y con ella maldecimos a los hombres [...]. De una misma boca proceden bendición y maldición. [...] esto no debe ser así».

Si sale el sonido de una sirena cuando abrimos la boca, tenemos que examinar nuestro corazón y pedirle al Señor que nos perdone y nos ayude a ser una bendición para los demás. —AMC

CADA VEZ QUE HABLAS, TU MENTE QUEDA
EXPUESTA A LA VISTA DE TODOS.

SÉ QUE PUEDO

*[Dios] es poderoso para hacer todas las cosas
mucho más abundantemente de lo que pedimos o entendemos,
según el poder que actúa en nosotros.*
—EFESIOS 3:20

¿Recuerdas la historia de *La pequeña locomotora que podía hacerlo?* Eso determinaba que el trencito trepara por la empinada colina cantando con optimismo: «Creo que puedo. Creo que puedo». Y luego, mientras adquiría mayor determinación, declaraba: «Sé que puedo. Sé que puedo».

Todos estarían de acuerdo con que los seguidores de Cristo deben pensar y vivir de una manera positiva. Pero ¿alguna vez te encuentras dependiendo demasiado de tus propias capacidades en vez de depender del poder del Espíritu Santo que mora en ti?

En Juan 15, Jesús explicó nuestra necesidad de depender totalmente de Él, cuando dijo: «El que permanece en mí, y yo en él, éste lleva mucho fruto; porque separados de mí nada podéis hacer» (v. 5). Pablo nos recordó que «todo lo p[odemos] en Cristo que [nos] fortalece» (Filipenses 4:13), que «la excelencia del poder [es] de Dios, y no de nosotros» (2 Corintios 4:7) y que somos «fortalecidos con poder en el hombre interior por su Espíritu» (Efesios 3:16).

Por el poder de Dios, podemos hacer todo lo que nos pida… por medio de Él. Podemos basar nuestra confianza no en nuestras propias capacidades, sino en las promesas absolutas de Dios.

Así que hoy, con muchísimo mayor poder del que la pequeña locomotora jamás pudiera lograr tener, podemos decir: «Sé que puedo. Sé que puedo… por el poder de Jesús». —CHK

LOS REQUISITOS DE DIOS SE CUMPLEN
CUANDO ÉL NOS DA LA CAPACIDAD.

RECOMPENSAS DE VERDAD

Bienaventurados los pobres en espíritu,
porque de ellos es el reino de los cielos.

—MATEO 5:3

Una vez consideré las Bienaventuranzas en Mateo 5:3-12 como una especie de concesión que Jesús les hacía a los infortunados: «Bueno, ya que no son ricos y están mal de salud, y sus rostros están bañados de lágrimas, les voy a lanzar unas cuantas frases bonitas para hacerlos sentir mejor».

Pero, a diferencia de los reyes medievales que lanzaban monedas a las masas, Jesús tuvo la ventaja de exhibir recompensas reales ante Sus espectadores. Aquel que vino del cielo sabía bien que el botín del reino de los cielos fácilmente serviría de consuelo a cualquier miseria que encontráramos aquí en la tierra.

El énfasis en las recompensas futuras ha pasado de moda entre muchos cristianos. Mi antiguo pastor, Hill Leslie, solía decir esto: «A medida que las iglesias se hacen más ricas y exitosas, es menos probable que canten "El mundo no es mi hogar, soy peregrino aquí"».

No anulemos el valor de la esperanza en las recompensas futuras. Sólo hay que escuchar los cánticos compuestos por esclavos norteamericanos para darse cuenta de este consuelo de fe. «Desciende, dulce carro, que vienes para llevarme al hogar». «Nadie sabe de las tribulaciones que vi, nadie sino Jesús».

Con el tiempo he aprendido a respetar e incluso a anhelar las recompensas que Jesús ha prometido. —PY

LAS OSCURAS PRUEBAS RECIBIRÁN BRILLANTES
CORONAS COMO RECOMPENSA.

¡INDESTRUCTIBLE!

[Cristo ha sido] constituido [...]
según el poder de una vida indestructible.
—Hebreos 7:16

¡El trasbordador espacial vuelve a entrar en la atmósfera terrestre a una velocidad 25 veces mayor que la velocidad del sonido! La fricción proveniente de la resistencia al viento eleva la temperatura externa del trasbordador a 1649 °C. Para impedir que la nave se consuma, 34.000 placas protegen su punto vulnerable. Estas placas deben ser virtualmente indestructibles ante la fricción a alta velocidad.

En este mundo de muerte y decadencia, nada es en verdad indestructible. Pero la Biblia nos habla acerca de una vida indestructible. Al comparar al Señor Jesús con las obras de la ley, se nos dice: «[Cristo] no [ha sido] constituido conforme a la ley del mandamiento acerca de la descendencia, sino según el poder de una vida indestructible» (Hebreos 7:16).

El Mesías es nuestro Gran Sumo Sacerdote, cuyos deberes sacerdotales exigían Su propia muerte en sacrificio por nuestros pecados. Su resurrección garantiza la redención eterna para todos los que se arrepienten y creen en Él.

La pérdida de la salud, las amistades o las finanzas pueden hacernos sentir como si nuestra vida hubiese sido destruida. Pero, para el creyente, nada podría estar más lejos de la verdad. Por medio de nuestra unión espiritual con Cristo, tenemos la promesa de que participaremos de Su propia vida indestructible (Juan 14:19). —HDF

NADA PUEDE ZARANDEAR A AQUELLOS QUE
ESTÁN SEGUROS EN LAS MANOS DE DIOS.

AL IGUAL QUE DAVID

Reconozco mis rebeliones.
—SALMO 51:3

A la anciana no le gustaba cómo oraba su pastor cada domingo por la mañana, así que se lo dijo. Le molestaba que, antes de predicar, le confesara a Dios que había pecado la semana anterior. «Pastor —le dijo—, no me gusta pensar que mi pastor peca».

Nos gustaría creer que nuestros líderes espirituales no pecan, pero la realidad nos dice que ningún cristiano está exento de las cargas de la naturaleza pecaminosa. Pablo les dijo a los creyentes en Colosas: «Haced morir, pues, lo terrenal en vosotros» (Colosenses 3:5). El problema es que algunas veces no lo hacemos. Cedemos a la tentación y quedamos hechos un lío. Pero no quedamos desamparados. Tenemos un patrón a seguir para la restauración.

Ese patrón proviene del corazón y la pluma del rey David, cuyo pecado demostró las tristes consecuencias de sucumbir ante la tentación. Lee cuidadosamente el Salmo 51, cuando David reconoció su pecado. Primero, se lanzó a los pies de Dios, suplicando misericordia, reconociendo su pecado y confiando en el juicio de Dios (vv. 1-6). Luego, buscó purificación de parte de Aquel que perdona y hace borrón y cuenta nueva (vv. 7-9). Finalmente, David pidió restauración con la ayuda del Espíritu Santo (vv. 10-12).

¿Está el pecado robándote el gozo e impidiendo tu comunión con el Señor? Al igual que David, entrégaselo a Él. —JDB

EL ARREPENTIMIENTO DESPEJA EL CAMINO
PARA QUE ANDEMOS CON DIOS.

CUENTA TU HISTORIA

Vete a tu casa, a los tuyos,
y cuéntales cuán grandes cosas el Señor ha hecho contigo,
y cómo ha tenido misericordia de ti.
—Marcos 5:19

Un consultor empresarial dice que normalmente sus alumnos graduados sólo recuerdan el 5% de las ideas principales en una presentación con gráficos, mientras que por lo general recuerdan la mitad de las historias que se cuentan. Existe un consenso cada vez mayor entre los expertos en comunicaciones acerca del poder del toque personal al relatar una experiencia. Mientras que los hechos y las cifras a menudo les producen sueño a los oyentes, una ilustración de la vida real puede motivarlos a la acción. La autora Annette Simmons dice: «El ingrediente faltante en gran parte de la comunicación fallida es la humanidad».

Marcos 5:1-20 ofrece el dramático relato de Jesús liberando a un hombre violento y autodestructivo de los poderosos demonios que lo poseían. Cuando el hombre restaurado rogó quedarse con Jesús y acompañarlo en Su viaje, el Señor le dijo: «Vete a tu casa, a los tuyos, y cuéntales cuán grandes cosas el Señor ha hecho contigo, y cómo ha tenido misericordia de ti. Y se fue, y comenzó a publicar en Decápolis cuán grandes cosas había hecho Jesús con él; y todos se maravillaban» (vv. 19-20).

El conocimiento y la elocuencia a menudo se sobreestiman en el proceso de comunicar las buenas nuevas de Jesucristo. Jamás subestimes el poder de lo que Dios ha hecho por ti y no temas contarles tu historia a los demás. —DCM

COMUNICAR EL EVANGELIO ES QUE UNA PERSONA
LE CUENTE A OTRA LA BUENA NOTICIA.

LAMENTO POR UN AMIGO

Angustia tengo por ti, hermano mío Jonatán,
que me fuiste muy dulce.
—2 Samuel 1:26

A menudo he tenido que dirigir servicios en funerales. Normalmente, el director de pompas fúnebres me daba una pequeña ficha con todos los aspectos particulares del difunto, para que yo pudiera saber lo básico de su vida. Sin embargo, jamás me acostumbré a eso. A pesar de ser práctico y necesario, me parecía un poco superficial reducir a una ficha toda la vida de una persona. La vida es demasiado grande para eso.

Cuando David recibió la noticia de la muerte de Jonatán, paró para recordar la vida de su amigo; incluso escribió un cántico de duelo como una manera de homenajear a Jonatán (2 Samuel 1:17-27). David recordó la valentía y habilidad de su amigo, y habló del profundo dolor que sentía. Honró una vida rica, buena y heroica. Para David, fue un momento intenso de duelo y recuerdo.

Cuando lloramos la muerte de alguien, es vital recordar los detalles atesorados y las experiencias que hemos compartido. Esos recuerdos llenan nuestros corazones de mejores recuerdos que los que pueda contener una ficha. El día que el dolor visita nuestros corazones no es tiempo para resúmenes cortos ni instantáneas rápidas de la vida de nuestro ser querido. Es un momento para recordar profundamente, agradeciéndole a Dios por los detalles, las historias y el impacto de toda una vida. Es momento para hacer una pausa, reflexionar y dar honra. —WEC

LOS PRECIOSOS RECUERDOS DE LA VIDA PUEDEN
ATENUAR LA PROFUNDA TRISTEZA DE LA MUERTE.

LA IMPORTANCIA DE LA TEOLOGÍA

No os unáis en yugo desigual
con los incrédulos.

—2 Corintios 6:14

Para comprar un automóvil, buscamos algo más que el diseño. El motor es lo que le permitirá desplazarse eficientemente.

Sin embargo, a la hora de escoger pareja, algunos no son tan cuidadosos. Descubren demasiado tarde que la belleza puede camuflar una mente y un alma defectuosos. Ambos sexos cometen este error, pero a Carolyn Custis James le preocupaban los hombres cuando escribió: «El interés de [una] mujer en teología debería ser lo primero que llame la atención de un hombre. [...] Su teología cobra súbita importancia cuando un hombre enfrenta una crisis y ella es la única que está cerca para animarlo».

Quizá Salomón sabía esto, pues fue el hombre más sabio que jamás vivió (1 Reyes 3:12; 4:29-34). Pero siguió sus propios deseos en vez de los mandamientos de Dios y se casó con mujeres que no creían en el Señor (11:1-2). Los resultados fueron desastrosos. Las esposas de Salomón lo guiaron hacia otros dioses (vv. 3-4) y Dios se molestó con él (v. 9). El reino de Israel finalmente quedó dividido, y fue derrotado (vv. 11-13).

La buena teología es importante para todos. Y es difícil tomar buenas decisiones si tenemos que ser leales a alguien que no conoce ni ama a Dios. —JAL

LAS CREENCIAS INCORRECTAS EN CUANTO A DIOS LLEVAN
A DECISIONES INCORRECTAS EN CUANTO A LAS PERSONAS.

LIGERO COMO UNA PLUMA

El corazón alegre constituye buen remedio.
—Proverbios 17:22

Algunas veces, los cristianos podemos ser muy serios, preocupados por mantener la dignidad. Pero esa es una actitud extraña, ya que estamos unidos a un Dios que nos ha dado Su maravilloso don del gozo y la risa.

¡Divertirse está bien! Por supuesto, cada familia expresa su diversión de maneras distintas. Agradezco que en nuestra casa siempre haya habido risas. Las batallas de agua, las competiciones, las bromas cariñosas y la hilaridad eran fáciles para nosotros. La risa ha sido un regalo de la bondad de Dios que nos ayudó a soportar algunos de los días más oscuros de nuestras vidas. El gozo del Señor siempre ha sido nuestro refugio (Nehemías 8:10).

Cuando el rey David llevó el arca del pacto a Jerusalén desde la casa de Obed-edom, danzó «con toda su fuerza» delante de Jehová (2 Samuel 6:14). La palabra hebrea indica la idea de exuberancia gozosa y está íntimamente relacionada con nuestra expresión «ser el alma de la fiesta». De hecho, en el versículo 16 se dice que David «saltaba y danzaba». Mical, la esposa de David, pensó que esas manifestaciones de alegría de su marido eran impropias de la dignidad de un rey y reaccionó con severidad. La respuesta de David fue anunciar que se haría «más vil» (v. 22). Su espíritu estaba flotando y él se sentía «ligero como una pluma».

Tómate un tiempo para reírte (Eclesiastés 3:4). —DHR

LA RISA SANA ES UNA GRAN INVERSIÓN.

OVEJA ABATIDA

Confortará mi alma.

—Salmo 23:3

En su conocido libro *El Señor es mi Pastor (Reflexiones de un pastor)*, W. Phillip Keller ofrece una ilustración asombrosa del cuidado y la gentileza de un pastor. En el versículo 3, cuando David dice, «confortará mi alma», utiliza un lenguaje que todo pastor entendería.

Las ovejas están hechas de tal manera que, si caen de costado o sobre sus lomos, les es muy difícil volver a levantarse. Agitan las patas en el aire, balan y lloran. Después de unas cuantas horas sobre sus lomos, sus estómagos se llenan de gas, se endurecen, el paso de aire se interrumpe y, finalmente, las ovejas se asfixian. A esto se hace referencia como la posición de «abatido».

Cuando un pastor restaura una oveja abatida, la tranquiliza, le masajea las patas para restablecer la circulación, gentilmente la da vuelta, la levanta y la sostiene para que pueda recuperar su equilibrio.

¡Qué ilustración de lo que Dios quiere hacer por nosotros! Cuando estamos sobre nuestras espaldas, agitados por la culpa, el dolor o las rencillas, nuestro amoroso Pastor nos tranquiliza con Su gracia, nos levanta y nos sostiene hasta que hayamos recuperado nuestro equilibrio espiritual.

Si has sido abatido por cualquier razón, Dios es el único que puede ayudarte a ponerte de pie de nuevo. Él restaurará tu confianza, tu gozo y tu fuerza. —MLW

LOS DÉBILES Y DESAMPARADOS ESTÁN BAJO
EL CUIDADO ESPECIAL DEL BUEN PASTOR.

EL PODER DEL AMOR

Jehová está en medio de ti, poderoso, él salvará;
se gozará sobre ti con alegría, callará de amor.

—Sofonías 3:17

El documental *Young@Heart* (*Jóvenes de corazón*) echa una mirada divertida a un coro de 24 cantantes mayores cuyas edades rondan los 80 años. Llena de humor y momentos conmovedores, la película incluye la profundamente emotiva actuación de este extraordinario grupo de cantantes en una cárcel de Nueva Inglaterra. Cuando el concierto concluye, los cantantes se mezclan con los asistentes, saludando a los sorprendidos internos con apretones de manos y abrazos.

El asombro inesperado de los presos ante este toque personal me hace recordar el libro de Sofonías, donde el profeta presenta un poderoso mensaje de la presencia y el amor de Dios a Su pueblo durante una época de tinieblas: «Jehová está en medio de ti, poderoso, él salvará; se gozará sobre ti con alegría, callará de amor, se regocijará sobre ti con cánticos» (3:17).

Según la maestra bíblica Henrietta Meras, Sofonías «comienza con sufrimiento, pero termina con cántico. El principio del libro está lleno de tristeza y pesimismo, pero el final contiene una de las canciones de amor más dulces del Antiguo Testamento».

El amor de Dios hacia nosotros siempre es increíble, especialmente al tocarnos cuando estamos de capa caída en nuestras vidas. En nuestros momentos más oscuros, el Señor viene a nosotros con Su gozo, Su amor y Su cántico. —DCM

En el jardín de amor de Dios
tú eres Su *nomeolvides*.

COMO UN DIAMANTE

Y lo coronaste de gloria y de honra.
—SALMO 8:5

Los astrónomos descubrieron una estrella en el cielo que se ha enfriado y comprimido en un diamante gigante. El diamante en bruto más grande con calidad de gema jamás encontrado en la tierra es el Diamante Cullinan, de más de 3100 quilates. Entonces, ¿cuántos quilates tiene el diamante cósmico? ¡Miles de millones de quilates!

En nuestro mundo, los diamantes son muy apreciados por su rareza, belleza y durabilidad, y a menudo escuchamos decir: «Los diamantes son para siempre». Pero Dios no está fascinado por los diamantes. Para Él, hay algo que es muchísimo más precioso.

Miles de años atrás, David se maravilló ante el gran valor que Dios había dado a los seres humanos: «¿Qué es el hombre, para que tengas de él memoria, y el hijo del hombre, para que lo visites? Le has hecho poco menor que los ángeles, y lo coronaste de gloria y de honra» (Salmo 8:4-5).

De hecho, Dios nos dio tan grande valor que pagó un costo altísimo para comprar nuestra redención. El precio de compra fue la preciosa sangre de Su Hijo, Jesucristo (1 Pedro 1:18-19).

Si Dios nos da un valor tan elevado, nosotros también debemos dárselo a las personas que ha colocado a nuestro alrededor. Llevarlas delante del Señor en oración. Pedirle que nos muestre en qué aspectos cada una de ellas es más invalorable que la joya más costosa del universo. —HDF

PARA JESÚS, SOMOS MÁS PRECIOSOS QUE EL
MÁS COSTOSO DE LOS DIAMANTES.

RECORDATORIOS DEL AMOR

Dios es amor.
—1 Juan 4:8

Después de que Estados Unidos entró en la Segunda Guerra Mundial en 1941, Estelle trató de convencer a su novio, Sidney, de que no se uniera al ejército. Pero él se alistó y comenzó su entrenamiento en abril del año siguiente. Durante los tres años que siguieron, él le escribió cartas de amor; 525 en total. Entonces, en marzo de 1945, ella supo que su amado prometido había muerto en combate.

Aunque Estelle finalmente se casó, los recuerdos de su primer amor se mantuvieron vivos en su corazón. Para honrar ese amor, 60 años después publicó un libro basado en la correspondencia de Sidney durante la guerra.

Al igual que esas cartas, el Señor nos ha dejado recordatorios de Su amor: las Escrituras. Él dice: «Con amor eterno te he amado; por tanto, te prolongué mi misericordia» (Jeremías 31:3).

«Como el Padre me ha amado, así también yo os he amado; permaneced en mi amor» (Juan 15:9).

La Biblia también nos dice que «Cristo amó a la iglesia y se entregó a sí mismo por ella» (Efesios 5:25).

«[Jesús] se dio a sí mismo por nosotros para redimirnos» (Tito 2:14).

«Dios es amor» (1 Juan 4:8).

Lee la Palabra de Dios a menudo, y recuerda que Jesús te ama y murió por ti.

—AMC

NADA PUEDE COMPARARSE CON EL AMOR DE DIOS.

CORRIENDO UNA MARATÓN

*Prosigo a la meta,
al premio del supremo llamamiento de Dios
en Cristo Jesús.*

—FILIPENSES 3:14

La Maratón de los Camaradas, que comenzó en 1921, es la más antigua de las ultra-maratones. Se lleva a cabo anualmente en Sudáfrica, abarcando una distancia de 90 km (56 millas). Bruce Fordyce dominó esta maratón por completo en los años 80, ganándola nueve veces entre 1981 y 1990. Su récord en 1986 de 5 horas 24 minutos y 7 segundos se mantuvo durante 21 años antes de ser finalmente superado en el 2007. Para mí, es asombroso que él haya continuado participando en esta carrera cada año.

En un sentido, como cristianos, todos estamos en una maratón. Se necesita resistencia para correr y terminar la carrera de la vida. Cuando el apóstol Pablo escribió su carta a los filipenses, habló acerca de cómo se extendía «a lo que está delante» (3:13) y proseguía «a la meta, al premio del supremo llamamiento de Dios en Cristo Jesús» (v. 14).

Nuestro Señor Jesús ha puesto un ejemplo de cómo correr la maratón de la vida. La Biblia nos dice que Jesús «por el gozo puesto delante de él sufrió la cruz, menospreciando el oprobio, y se sentó a la diestra del trono de Dios» (Hebreos 12:2). A pesar de la «contradicción de pecadores», Él culminó Su carrera (v. 3).

El secreto para terminar bien es desear el gozo que nos espera después de la carrera de la vida: vivir eternamente con Él. —CPH

LA CARRERA DEL CREYENTE NO ES UNA COMPETICIÓN
DE VELOCIDAD, SINO DE RESISTENCIA.

PACIENCIA EN PRISIÓN

[Dios] dijo:
No te desampararé, ni te dejaré.
—HEBREOS 13:5

¿Has notado cómo la mala memoria de las personas puede poner a prueba nuestra paciencia? Como profesor, mi paciencia es puesta a prueba cada vez que un alumno se olvida de hacer algún deber que ha sido detalladamente explicado.

En la historia de José en la Biblia, vemos un ejemplo muchísimo peor de lo que es una mala memoria; y sólo podemos imaginar la manera en que, por ello, José luchó por mantener la paciencia.

Mientras estuvo en la cárcel, José interpretó un sueño del copero del rey, que llevó a la liberación de aquel hombre. José le dijo: «Acuérdate, pues, de mí cuando tengas ese bien, y te ruego que uses conmigo de misericordia, y hagas mención de mí a Faraón, y me saques de esta casa» (Génesis 40:14). Sería lógico que, después de que José había ayudado al copero a obtener su libertad, este se acordaría de él y lo pondría en el primer lugar de las «cosas por hacer». Pero pasaron dos años antes de que el copero le hablara al faraón acerca de José (41:9). Finalmente, José fue liberado.

Imagina la impaciencia de José mientras esperaba cada día en esa mazmorra (40:15), tal vez pensando que nunca más sería liberado. Pero José tenía un recurso: la presencia de Dios (39:21), al igual que nosotros (Hebreos 13:5). Cuando te sientas impaciente, apóyate en el Dios que siempre está contigo. Él convertirá tu impaciencia en paciente confianza. —JDB

PACIENCIA SIGNIFICA ESPERAR EL TIEMPO DE DIOS
SIN DUDAR DE SU AMOR.

VIAJES

Quiero que sepáis, hermanos,
que las cosas que me han sucedido,
han redundado más bien para el progreso del evangelio.
—FILIPENSES 1:12

En un mapa en la parte de atrás de mi Biblia, se muestran cada uno de los viajes misioneros de Pablo con una línea de color y flechas que indican la dirección de su travesía. En los primeros tres viajes, las flechas se dirigen lejos de su punto de partida y giran hacia un punto de retorno. Sin embargo, en el cuarto viaje, Pablo estaba viajando como un prisionero, rumbo a un juicio ante César, y las flechas sólo apuntan en dirección de ida, terminando en Roma.

Podríamos estar tentados a llamar a este un momento infortunado en la vida de Pablo, si no fuera por su visión de que Dios lo estaba guiando y usando tanto en este viaje como lo había hecho en los otros tres.

Él escribió: «Quiero que sepáis, hermanos, que las cosas que me han sucedido, han redundado más bien para el progreso del evangelio, de tal manera que mis prisiones se han hecho patentes en Cristo en todo el pretorio, y a todos los demás. Y la mayoría de los hermanos, cobrando ánimo en el Señor con mis prisiones, se atreven mucho más a hablar la palabra sin temor» (Filipenses 1:12-14).

Aun cuando nuestro viaje en la vida esté marcado por el confinamiento y las limitaciones, podemos estar seguros de que el Señor animará a los demás por medio de nosotros cuando hablemos Su Palabra y confiemos en Él. —DCM

PARA EL CRISTIANO, LO QUE PARECE UN DESVÍO
PUEDE SER UN NUEVO CAMINO HACIA LA BENDICIÓN.

EL DIOS DE EINSTEIN

Los cielos cuentan la gloria de Dios,
y el firmamento anuncia la obra de sus manos.

—SALMO 19:1

Cuando se le preguntó al gran físico Albert Einstein si creía en Dios, él respondió: «Estamos en la posición de un niñito que entra en una enorme biblioteca llena de libros en muchos idiomas. El niño sabe que alguien escribió esos libros. No sabe cómo […]. Esa, me parece, es la actitud hacia Dios de incluso los seres humanos más inteligentes. Vemos el universo maravillosamente dispuesto y obedeciendo ciertas leyes, pero apenas las entendemos». Aunque Einstein se maravillaba ante el diseño que veía en la naturaleza, no creía en un Creador personal.

El salmista compartía con Einstein el sentido de sobrecogimiento y respeto reverencial en cuanto a la naturaleza, pero dio un paso más y creyó en el Diseñador que había por detrás del diseño: «Los cielos cuentan la gloria de Dios, y el firmamento anuncia la obra de sus manos» (Salmo 19:1).

La maravilla que sentimos al contemplar nuestro universo debe servir como una señal en el camino que apunta hacia Aquel que lo creó. Las Escrituras nos dicen: «Todas las cosas por él fueron hechas, y sin él nada de lo que ha sido hecho, fue hecho» (Juan 1:3).

¿Estás luchando con tus creencias? Mira las estrellas esta noche. En el cielo se ha diseñado una asombrosa señal en el camino que apunta al Diseñador de todo ello. —HDF

EL DISEÑO DE LA CREACIÓN
APUNTA AL MAESTRO DISEÑADOR.

LA VIDA ES BUENA

Por lo cual estoy seguro de que
[nada] nos podrá separar del amor de Dios,
que es en Cristo Jesús Señor nuestro.
—ROMANOS 8:38-39

Al visitar un pueblo turístico cercano, deambulé hasta dar con una tienda llena de artículos, todos marcados con el lema «La vida es buena». Algunas veces necesitamos recordar esa verdad sencilla.

Cuando el trabajo para ganarnos la vida, formar una familia, mantener la salud y el buen estado físico y mantener buenas relaciones comienza a abrumarnos, es bueno pensar cuán pequeña realmente es nuestra parte en el universo. Mientras nos obsesionamos con nuestro trabajo, Dios hace el suyo en silencio. Él mantiene la tierra y los planetas girando, y las estaciones cambiando. Sin ayuda alguna de nuestra parte, Él hace que el sol salga cada mañana y se ponga cada atardecer. Cada noche, Él cambia el diseño de las lumbreras nocturnas en el cielo. Apaga la luz para que podamos dormir y la vuelve a encender para que podamos ver mientras trabajamos y jugamos. Sin levantar un dedo, podemos disfrutar de auroras y ocasos. Cada año, las estaciones cambian según su programación; no tenemos que orar por ello ni decirle a Dios que es tiempo de enviar la primavera. Todo lo que Él hace nos recuerda que Él es bueno (Hechos 14:17).

A veces, la vida será difícil y dolorosa, y por ahora, imperfecta. Pero sigue siendo buena, porque en todas estas cosas, nada puede separarnos de las espléndidas expresiones del amor de Dios (Romanos 8:39). —JAL

LA GRACIA DE DIOS ES INMENSURABLE;
SU MISERICORDIA, INAGOTABLE; SU PAZ, INEFABLE.

PRELUDIO DE ALABANZA

Días sobre días añadirás al rey;
sus años serán como generación y generación.
—Salmo 61:8

Entramos a una sala de conciertos, encontramos nuestros asientos y escuchamos con expectativa cuando los instrumentos de la orquesta son afinados. El sonido es discordante, no melódico. Pero el afinamiento es simplemente un preludio a la sinfonía.

C. S. Lewis sugirió que así sucede con nuestras devociones e incluso nuestras reuniones de adoración. Algunas veces parecen desafinadas, pero Dios escucha nuestras oraciones y alabanzas con deleite paternal. En realidad nos estamos preparando para participar en la sinfonía gloriosa del cielo. Ahora estamos haciendo una contribución minúscula a las armonías de las huestes de ángeles y redimidos. Pero nuestra adoración, aunque débil, complace el corazón del Oyente Divino más que la mejor de las interpretaciones de la mejor orquesta de la tierra.

¿Aguardamos con ansia nuestra participación en la sinfonía de alabanza del cielo? ¿Estamos participando con gozo en la adoración que deleita el corazón de Dios? ¿O consideramos la devoción una disciplina más que un deleite?

Nuestras actitudes se transformarán cuando nos demos cuenta de que la alabanza deleita el corazón de Dios. La alabanza nos ayuda a afinar nuestras vidas con las armonías celestiales.

La alabanza es una preparación indispensable para la adoración, que será nuestro gozo eterno. «Todo lo que respira alabe a JAH» (Salmo 150:6). —VCG

EL CORAZÓN LLENO DE ALABANZA
LE CAUSA PLACER A DIOS.

ORACIONES SIN CONTESTAR

[Jesús dijo:]
... ni aun en Israel he hallado tanta fe.

—LUCAS 7:9

Una explicación que a menudo escuchamos para las oraciones «no contestadas» es que no tenemos suficiente fe. Pero Jesús dijo en Lucas 17:6 que, si tenemos fe del tamaño de una semilla de mostaza, podemos ordenarle a un sicómoro que se desarraigue y se plante en el mar, y nos obedecerá.

Lucas cuenta de un centurión romano con «gran fe» (7:9). Su fe se expresó primero como un llamado a Jesús para que sanara a su siervo moribundo; luego, como un reconocimiento de que Jesús podía sanar a su siervo en cualquier momento y en cualquier lugar. El centurión no le pidió a Jesús que hiciera las cosas a su manera.

La fe ha sido descrita como «la confianza en el corazón de Dios y en Su poder». Algunas oraciones que parecen no recibir respuesta simplemente son ejemplos en los que Dios amorosamente ha invalidado nuestros deseos. Él sabe que lo que hemos pedido no es lo mejor. O puede que sea que nuestro tiempo no es el suyo, o que Él tiene un propósito muchísimo mayor en mente. Recordemos que incluso Jesús oró a Su Padre celestial: «pero que no se haga mi voluntad, sino la tuya» (Lucas 22:42).

¿Tenemos la gran fe del centurión; una fe que confía en que Dios hará Su obra a Su manera? —CPH

LAS RESPUESTAS DE DIOS
SON MÁS SABIAS QUE NUESTRAS ORACIONES.

CONSOLADO PARA CONSOLAR

[Dios] nos consuela [...]
para que podamos también nosotros
consolar a los que están en cualquier tribulación.
—2 Corintios 1:4

Mientras le hablaba a un grupo de atletas cristianos, les pregunté cómo respondían normalmente a las situaciones difíciles. Sus respuestas incluían el temor, la ira, la autocompasión, la agresión, la desesperación, el comportamiento abusivo, la apatía y volverse a Dios. Los alenté a confiar en que Dios los consolaría y luego los usaría para consolar a otros.

Así como alenté a esos atletas, Pablo animó a un grupo de creyentes en una ciudad llamada Corinto. Él les recordó que, para el seguidor de Jesús, las aflicciones eran inevitables. Muchos estaban siendo perseguidos, encarcelados y oprimidos; todo debido a su relación con Jesús. Pablo quería que los corintios supieran que, en medio de su tribulación, Dios era su fuente de ayuda. Él se pondría de su lado y los ayudaría a dar respuestas piadosas. Luego Pablo dio una de las razones por las que Dios permitía el sufrimiento y traía consuelo divino: para que los corintios tuvieran empatía, pudieran identificarse con el sufrimiento de los demás y consolarlos (2 Corintios 1:4).

Cuando suframos, recordemos que Dios nos traerá consuelo por medio de Su Palabra, el Espíritu Santo y nuestros compañeros de la fe. Dios no nos consuela para que estemos cómodos; nos consuela para que podamos ser consoladores de otros. —MLW

CUANDO DIOS PERMITE LAS PRUEBAS,
TAMBIÉN PROVEE EL CONSUELO.

CÓMO HACERSE RICO

Mirad y guardaos de toda avaricia;
porque la vida del hombre
no consiste en la abundancia de los bienes que posee.

—LUCAS 12:15

Encuentro interesante que Jesús enseñara acerca del dinero más que cualquier otra cosa. Y no estaba tratando de hacerse rico poco a poco. Hasta donde sabemos, ni siquiera pidió una ofrenda. La razón por la que hizo una enseñanza tan extensa sobre este tema, es que nada obstruye nuestras arterias espirituales con mayor rapidez que el dinero; ya sea por trabajar para tener mucho o por desear tenerlo.

Piensa en el hombre que descaradamente le pidió a Jesús: «Maestro, di a mi hermano que parta conmigo la herencia» (Lucas 12:13). ¡Asombroso! Tuvo una oportunidad de «ir a fondo» con Jesús, pero en vez de eso, quería los bolsillos llenos hasta el fondo.

Jesús respondió con una declaración contundente y que iba contra lo que se intuía: «Mirad, y guardaos de toda avaricia; porque la vida del hombre no consiste en la abundancia de los bienes que posee» (v. 15). Prosiguió contando la parábola de un hombre rico que era tremendamente exitoso desde un punto de vista mundano —con tantas cosechas que tenía que construir graneros cada vez más grandes— pero que, a los ojos de Dios, era en realidad un «necio». No porque fuera rico, sino porque no era rico hacia Dios.

Escucharás muchos consejos acerca de cómo hacerte rico. Pero sólo Jesús nos lo dice con franqueza. No se trata de dinero. Se trata de las riquezas de nuestra relación con Él y el gozo de convertir nuestra codicia en generosidad. —JMS

APRENDER CÓMO SER RICO HACIA DIOS RINDE
DIVIDENDOS ETERNOS.

LUGARES ABANDONADOS

En mi corazón he guardado tus dichos,
para no pecar contra ti.
—Salmo 119:11

Nuestra familia acababa de llegar a la cabaña del lago que habíamos alquilado para una muy esperada semana de vacaciones, cuando mi esposa descubrió la evidencia inequívoca de arañas y ratones en la casa. No era que jamás nos hubiésemos topado con aquello, sino que esperábamos que la cabaña hubiese sido limpiada y preparada para nuestra estancia allí. En cambio, todo estaba sucio con los restos de aquella plaga e hizo falta una buena limpieza antes de poder instalarnos. No era una mala casa; simplemente la habían dejado abandonada.

Podríamos ser culpables de tratar nuestros corazones igual que aquella cabaña. Nuestros «lugares abandonados» pueden llegar a convertirse en semilleros para plagas de pensamientos equivocados, malas actitudes o comportamientos pecaminosos, que crean problemas que requieren una gran atención para ser corregidos. El camino sabio a seguir es reconocer la necesidad de cuidar nuestros corazones permaneciendo en la Palabra de Dios y adoptando sus verdades.

En el Salmo 119:11, el rey David reconoció el peligro de no cimentar nuestras vidas en las Escrituras. Él dijo: «En mi corazón he guardado tus dichos, para no pecar contra ti».

Con un enfoque en la Palabra, podemos construir vidas espirituales fuertes que nos ayudarán a evitar los peligros que inevitablemente crecen en lugares abandonados. —WEC

PARA CRECER FUERTE ESPIRITUALMENTE,
LEE LA PALABRA.

¿ERES HONESTO?

Pero los que hacen verdad
son [el] contentamiento [de Dios].
—Proverbios 12:22

La revista *Woman's Day* hizo una encuesta entre más de 2000 personas para verificar sus niveles de honestidad. Al preguntárseles «¿Cómo eres de honesto?», 48% respondieron que *muy honestos*, 50%, que *un tanto honestos*, y un 2%, que *no muy honestos*.

El 68% de los encuestados confesó que habían tomado útiles de oficina de sus centros de trabajo para uso personal. Y el 40% de ellos admitió que harían trampa en el pago de sus impuestos si supieran que no los atraparían.

Ananías y Safira probablemente pensaron que podían salirse con la suya cuando mintieron (Hechos 5:1-11). Pero rápidamente se encontraron en una situación muy distinta cuando Pedro los confrontó y les dijo que habían mentido al Espíritu Santo. De inmediato, cayeron muertos (vv. 5,10).

El deseo del Señor era mantener a Su nueva Iglesia pura para poder usar a los creyentes en las vidas de los demás. Tal y como lo dice el maestro bíblico G. Campbell Morgan: «La iglesia pura es la iglesia poderosa […]. El único poder [que puede hacer] que una iglesia sea pura es el Espíritu de Dios que mora en ella». La pureza de la iglesia llevó a que sus miembros difundieran su testimonio, «y los que creían en el Señor aumentaban más» (v. 14).

Seamos el tipo de personas «que hacen verdad» (Proverbios 12:22) para que podamos ser usados por el Señor. —AMC

NO EXISTEN GRADOS DE HONESTIDAD.

VIOLENCIA LATERAL

*El que quiera hacerse grande entre vosotros
será vuestro servidor.*

—MATEO 20:26

Un intrigante artículo en la revista *Michigan Nurse* [Enfermera en Michigan] llevó la atención hacia el sucio secretito de la enfermería: la falta de cortesía y el abuso verbal que se da entre algunas enfermeras. Esta intimidación entre colegas (también conocida como violencia lateral) toma la forma de traiciones, indirectas, luchas internas, sabotajes, afrentas verbales, faltas de respeto a la privacidad y otras facetas.

La violencia lateral no sólo ocurre entre las enfermeras; es un problema creciente en muchos otros ambientes de trabajo. Esta intimidación siempre incluye un desequilibrio de poder, una intención de hacer daño y la amenaza de mayor agresión.

Por supuesto, esto jamás ocurriría en la iglesia… ¿o sí? Piensa en la interacción personal en las reuniones de diáconos y ancianos, entre el personal de las oficinas de las iglesias, en los grupos de estudio bíblico y en los ministerios juveniles. ¿Están alguna vez marcados por el tipo de comportamiento que hace daño, denigra o intimida a los demás? ¿Y qué sucede con la interacción en nuestras familias?

Cuando los discípulos estaban disputándose las mejores posiciones en el reino venidero, Jesús los reprendió, y dijo: «El que quiera hacerse grande entre vosotros será vuestro servidor» (Mateo 20:26). Con esa actitud en todas nuestras relaciones, la intimidación jamás se encontrará entre nosotros. —DCE

SÓLO EL QUE SIRVE ES APTO PARA DIRIGIR.

LA SONRISA DE MEL

También nos gloriamos en las tribulaciones,
sabiendo que la tribulación produce paciencia.

—ROMANOS 5:3

Algunas personas piensan que no debemos dibujar en nuestras Biblias, pero me alegra que mi hija Melissa dibujara en la suya. En el margen junto a Romanos 5, ella usó un bolígrafo de tinta verde para hacer el dibujito de un sencillo rostro sonriente y enmarcó el versículo 3.

¿Cómo podría ella saber que su familia y amigos necesitarían este pasaje cuando nos dejó tan de repente en un accidente automovilístico a la edad de 17 años? ¿Cómo podría ella saber que estos versículos contarían su historia al tiempo que guiaban nuestras vidas y las de otras personas a lo largo de estos últimos siete años?

Romanos 5 comienza explicando nuestra justificación por medio de la fe, la cual nos da paz con Dios por medio de Jesús (v. 1). Melissa tenía esa paz. Y en estos momentos ella está gozando los frutos de su fe, tal y como lo describe el versículo 2: «Nos gloriamos en la esperanza de la gloria de Dios». ¡Imagina el rostro sonriente que ella podría dibujar ahora!

Y luego estamos todos los demás; todos los que hemos quedado atrás cuando nuestros seres queridos nos preceden en la muerte. De alguna manera, «nos gloriamos en las tribulaciones». ¿Por qué? Nuestro sufrimiento trae perseverancia, la cual produce carácter y nos da esperanza (vv. 3-4).

En momentos de tragedia, nos sentimos impotentes e indefensos, pero jamás sin esperanza. Dios derrama Su amor en nuestros corazones y, con él, la gran esperanza de Su gloria. Todo es parte del plan misterioso y, sin embargo, maravilloso de Dios. —JDB

DIOS A MENUDO CAVA POZOS DE GOZO
CON LA PALA DEL SUFRIMIENTO.

DEJANDO UN LEGADO

Y las repetirás a tus hijos,
[...] estando en tu casa, y andando por el camino.
—Deuteronomio 6:7

Recientemente mi nieto Álex me acompañó mientras hacía unos recados. Inesperadamente me preguntó: «Abuelo, ¿cómo recibiste a Cristo como tu Salvador?». Conmovido, le conté acerca de mi conversión cuando era un niño. Álex seguía interesado, así que describí para él cómo su bisabuelo había llegado a la fe. Esto incluyó un breve resumen de cómo sobrevivió a la Segunda Guerra Mundial, su resistencia inicial al evangelio y cómo su vida cambió después de convertirse en creyente.

Posteriormente, recordé nuestra conversación cuando leí un pasaje de la Biblia que hablaba acerca de la fe que se transmitía de generación en generación. En Deuteronomio, Moisés instruyó a los israelitas a que se tomaran a pecho las verdades de Dios y las compartieran con la siguiente generación como una manera de vivir: «Y estas palabras que yo te mando hoy, estarán sobre tu corazón; y las repetirás a tus hijos, y hablarás de ellas estando en tu casa, y andando por el camino, y al acostarse, y cuando te levantes» (6:6-7).

La crianza bíblica no es garantía de que se tendrá una descendencia piadosa. Pero cuando vemos interés espiritual en la siguiente generación, podemos cultivar conversaciones vitales acerca de la Palabra de Dios. Este puede ser uno de los más grandes legados de un padre o un abuelo. —HDF

EL LEGADO MÁS VALIOSO QUE UN PADRE
PUEDE DEJARLE A UN HIJO ES UN EJEMPLO PIADOSO.

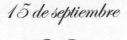

DEJAR IR

*Pero cuantas cosas eran para mí ganancia,
las he estimado como pérdida por amor de Cristo.*
—Filipenses 3:7

Se ha dicho que «la basura de una persona es el tesoro de otra». Cuando David trató de ayudar a sus padres a limpiar su casa de «artículos innecesarios» antes de que se mudaran a otra más pequeña, encontró la tarea muy difícil. A menudo se enfadaba cuando sus padres se negaban a separarse de cosas que no habían usado durante décadas. Finalmente, el padre de David lo ayudó a entender que incluso los artículos desgastados e inútiles estaban ligados a personas o vivencias importantes. Deshacerse de los cachivaches era como borrar sus propias vidas.

Nuestra renuncia a quitar los cachivaches en nuestros hogares puede ser un paralelismo espiritual con nuestra incapacidad para limpiar nuestros corazones de las actitudes que nos agobian.

Durante muchos años, Saulo de Tarso se aferró al nivel de «rectitud» que había logrado al obedecer la ley de Dios. Su linaje y desempeño eran posesiones muy preciadas hasta que tuvo un encuentro con Jesús en el camino a Damasco (Hechos 9:1-8). Cara a cara con el Salvador resucitado, renunció a su tan atesorado esfuerzo propio y más tarde escribió: «Pero cuantas cosas eran para mí ganancia, las he estimado como pérdida por amor de Cristo (Filipenses 3:7).

Cuando el Espíritu Santo nos insta a dejar una actitud a la que nos aferramos y que nos impide seguir a Cristo, encontramos verdadera libertad al dejarla ir.
—DCM

POR MEDIO DE CRISTO TENEMOS
LA LIBERTAD DE ABANDONAR LA BASURA.

COSAS QUE SE DICEN EN SECRETO

Las palabras de la boca del sabio
son llenas de gracia.
—Eclesiastés 10:12

Algunos dicen que el anonimato es el último refugio de los cobardes. A juzgar por la correspondencia y los comentarios que se me han enviado anónimamente, estoy de acuerdo. Las personas que se esconden detrás de la pantalla del anonimato o de una identidad falsa sienten la libertad de lanzar diatribas iracundas e hirientes. El anonimato les permite ser poco amables sin tener que asumir la responsabilidad de sus palabras.

Siempre que estoy tentada a escribir algo anónimamente porque no quiero que se me identifique con mis propias palabras, me detengo y lo reconsidero. Si no quiero que mi nombre vaya unido a ello, probablemente no debo decirlo. Entonces hago una de dos: o lo tiro a la basura o lo vuelvo a escribir de una manera que sea más útil que hiriente.

Según Efesios, nuestras palabras deben edificar e impartir gracia (4:29). Si no estoy dispuesta a usar mi nombre, hay razones para creer que mi motivo es herir en vez de ayudar.

Siempre que estés tentado a decir algo en secreto —tal vez a algún familiar, un compañero de trabajo o a tu pastor— considera por qué no quieres que se identifique tu nombre con tus palabras. Después de todo, si no quieres eso, probablemente Dios tampoco lo quiera. Él es tardo para la ira y grande en misericordia (Éxodo 34:6), y nosotros debemos ser igual. —JAL

EL ANONIMATO PUEDE SER LA MANERA DE UN COBARDE
DE ESCONDERSE DETRÁS DE PALABRAS HIRIENTES.

EL CRISTIANO PENSANTE

*Derribando argumentos y [...] llevando cautivo
todo pensamiento a la obediencia a Cristo.*
—2 Corintios 10:5

La biografía que hizo David McCullough de John Adams, uno de los padres fundadores de los Estados Unidos y uno de sus primeros presidentes, lo describe como «tanto un cristiano devoto como un pensador independiente y no veía conflicto alguno en ello». Esa declaración me deja pasmado, por cuanto conlleva una nota de sorpresa, sugiriendo que los cristianos son de algún modo ingenuos o poco preparados y que la idea de un «cristiano pensante» es una contradicción.

Nada podría estar más lejos de la verdad. Uno de los grandes beneficios de la salvación es que hace que la paz de Dios guarde la mente del creyente (Filipenses 4:7), lo cual puede fomentar el pensamiento claro, el discernimiento y la sabiduría. Pablo describió esto en su segunda carta a la iglesia de Corinto, cuando escribió que en Cristo estamos equipados para «derriba[r] argumentos y toda altivez que se levanta contra el conocimiento de Dios, y lleva[r] cautivo todo pensamiento a la obediencia a Cristo» (2 Corintios 10:5).

Pasar un argumento por el tamiz, adoptar la claridad del conocimiento de Dios y alinear nuestro pensamiento con la mente de Cristo son habilidades valiosas cuando se vive en un mundo que carece de discernimiento. Estas habilidades nos capacitan para usar nuestras mentes representando a Cristo. Todo cristiano debe ser un cristiano pensante. ¿Lo eres tú? —WEC

LA FE NUNCA TUVO LA INTENCIÓN
DE SER UN SUSTITUTO DE LA INTELIGENCIA.

MÁS ADELANTE

... las aflicciones del tiempo presente no son comparables con la gloria venidera que en nosotros ha de manifestarse.
—ROMANOS 8:18

Parece que hay dos clases de personas en este mundo: las que tienen una perspectiva eterna y las que están preocupadas con el presente.

Unos están absortos en lo permanente; los otros, en lo pasajero. Unos almacenan tesoros en el cielo; los otros los acumulan aquí en la tierra. Unos se mantienen en un matrimonio difícil porque esto no lo es todo; los otros buscan la felicidad en otra pareja, creyendo que eso es todo lo que hay en esta vida. Unos están dispuestos a sufrir pobreza, hambre, humillación y vergüenza por «la gloria que en nosotros ha de manifestarse» (Romanos 8:18); los otros creen que la felicidad es ser rico y famoso. Todo es un asunto de perspectiva.

Abraham tenía la perspectiva del «otro mundo». Eso es lo que le permitió entregar un pedazo de tierra bien irrigada junto al Jordán (Génesis 13). Él sabía que Dios tenía algo mejor para él más adelante. El Señor le dijo que mirara en toda dirección hasta donde le alcanzara la vista y luego le dijo que, un día, su familia poseería todo aquello. ¡Qué adjudicación de terrenos! Y Dios le prometió que sus descendientes serían tan abundantes «como el polvo de la tierra» (v. 16).

Esa es una actitud que muchas personas no pueden entender. Ellas van en busca de todo lo bueno ahora. Pero los del pueblo de Dios tienen otro punto de vista. ¡Ellos saben que Dios tiene algo mejor más adelante! —DHR

VIVE PARA JESÚS
Y VIVIRÁS PARA LA ETERNIDAD.

UN PLAN MUCHO MAYOR

Pero Jesús dijo a Simón: No temas;
desde ahora serás pescador de hombres.

—Lucas 5:10

Recientemente, fuimos a visitar a un pariente. Durante nuestra estancia allí, tuvimos la oportunidad de nadar en una piscina pública. Fue divertido, pero nuestro anfitrión quiso llevarnos al lago Eire para disfrutar de las playas con arena, las olas encrestadas y la belleza del atardecer. Mis hijos protestaron porque querían nadar en la piscina, pero traté de hacerles ver que ir a las playas de la isla Presque sería un plan mucho mejor.

Creo que Jesús quería que Simón Pedro viera que Él tenía en mente algo mucho más grande para él: Pedro sería «pescador de hombres» (Lucas 5:10) en vez de pescador de peces. Jesús le dijo que fuera a las aguas más profundas y echara sus redes para pescar (v. 4). Pedro acababa de regresar de una infructuosa noche de pesca, pero al mandato de Jesús, él obedeció y dijo: «Maestro, toda la noche hemos estado trabajando, y nada hemos pescado; mas en tu palabra echaré la red» (v. 5). Habiendo recibido una lección de humildad con la pesca milagrosa, Pedro se inclinó con respeto reverencial ante el Señor. Jesús entonces le dijo que, a partir de ese momento, Él quería que fuera pescador de hombres. Pedro lo dejó todo y siguió a Jesús.

Puede que el plan más grande de Dios para nosotros no sea que dejemos nuestra ocupación. Pero sí es Su plan que usemos nuestro tiempo, recursos y posición para llevar a los demás al reino. —MLW

PUEDE QUE LA SIGUIENTE PERSONA QUE ENCUENTRES NECESITE CONOCER A CRISTO.

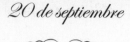

20 de septiembre

LOS OTROS

Bienaventurados sois cuando por mi causa
os vituperen y os persigan, [...]
vuestro galardón es grande en los cielos.
—MATEO 5:11-12

Durante mi niñez, a menudo pasaba una semana cada verano con mis abuelos. Muchas tardes me echaba en la hamaca del jardín trasero y leía libros que encontraba en la estantería del abuelo. Uno de ellos era el *Libro de mártires de Foxe*. Era lectura pesada para una niña, pero quedé absorta con los relatos detallados de los mártires cristianos, creyentes a quienes se les dijo que negaran su fe en Cristo, pero que se resistieron a hacerlo y sufrieron por ello muertes horribles.

Hebreos 11 cuenta historias similares. Después de mencionar muchos nombres conocidos de aquellos que demostraron una inmensa fe en Dios, el capítulo cuenta acerca de la tortura y muerte de personas a las que simplemente se hace referencia como «otros» (vv. 35-36). Si bien no se mencionan sus nombres, el versículo 38 les hace este tributo: «el mundo no era digno» de ellos. Murieron osadamente por su fe en Jesús.

Hoy oímos de cristianos perseguidos en todo el mundo, pero muchos de nosotros no hemos sido probados hasta ese grado. Cuando examino mi propia fe, me pregunto cómo respondería ante la perspectiva del martirio. Espero tener la actitud de Pablo, que dijo que, a pesar de que le esperaban «prisiones y tribulaciones» (Hechos 20:23), esperaba acabar la carrera de la vida «con gozo» (v. 24). ¿Estamos enfrentando la vida con ese tipo de actitud confiada? —CHK

LA MANERA DE TENER GOZO EN LA PERSECUCIÓN
ES ENCONTRARLO EN JESÚS.

TUMBAS
BLANQUEADAS

Vosotros [...] dejáis lo más importante de la ley:
la justicia, la misericordia y la fe.
—MATEO 23:23

Al estudiar la vida de Jesús, un hecho me sorprende de manera constante: el grupo que más molestó a Jesús fue aquel al que Él se parecía externamente. Jesús obedecía la ley mosaica y citaba a guías fariseos (Marcos 9:11-12; 12:28-34). Pero criticaba a los fariseos de manera particular y eran objeto de Sus ataques más fuertes. Los llamó serpientes, generación de víboras, insensatos e hipócritas (Mateo 23:13-33).

¿Por qué? Los fariseos dedicaban sus vidas a seguir a Dios, daban un diezmo exacto (v. 23), obedecían toda la ley y enviaban misioneros para ganar nuevos conversos (v. 15). Se mantenían firmes a los valores tradicionales, en contra del relativismo y secularismo del siglo I.

Pero las feroces denuncias que Jesús hacía de los fariseos muestran cuán grave le parecía la tóxica amenaza del legalismo. Sus peligros son elusivos, escurridizos, difíciles de precisar. Creo que siguen siendo una gran amenaza hoy.

Jesús condenó el énfasis en los aspectos externos: «Limpiáis lo de fuera del vaso y del plato, pero por dentro estáis llenos de robo y de injusticia» (v. 25). Las expresiones de amor por Dios se habían convertido en formas de impresionar a los demás.

La prueba de madurez espiritual no es cuán «puros» somos, sino la conciencia que tenemos de nuestra impureza. Esa misma conciencia es la que abre la puerta a la gracia de Dios. —PY

EL LEGALISMO DESTRUYE
NUESTRA RELACIÓN DE AMOR CON DIOS.

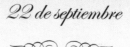
¡TODOS CANTAN!

Al que está sentado en el trono, y al Cordero,
sea la alabanza, la honra, la gloria y el poder,
por los siglos de los siglos.
—APOCALIPSIS 5:13

Cada verano disfruto asistiendo a muchos de los conciertos gratuitos al aire libre que se presentan en nuestra ciudad. Durante la actuación de un grupo de músicos de instrumentos de metal, varios de ellos se presentaron brevemente y dijeron lo mucho que disfrutaban practicando y tocando juntos.

El placer de compartir música en comunidad ha reunido a personas durante siglos. Como seguidores de Cristo, ya sea que estemos en grupos pequeños, coros o congregaciones, alabar a Dios es uno de los elementos clave de nuestra expresión de fe; y un día estaremos cantando en un concierto que no podemos ni imaginar.

En una visión arrolladora de los tumultuosos eventos al final de los tiempos, Juan registra un coro de alabanza que comienza con unos cuantos y crece hasta llegar más allá de todo número. En honor al Cordero de Dios, que con Su sangre ha redimido a personas de toda tribu y nación (Apocalipsis 5:9), la canción comienza en el trono de Dios; a esta se le unen miles y miles de ángeles, y finalmente incluye a toda criatura en el cielo, la tierra y el mar. Juntos cantaremos: «Al que está sentado en el trono, y al Cordero, sea la alabanza, la honra, la gloria y el poder, por los siglos de los siglos» (v. 13).

¡Qué coro! ¡Qué concierto! ¡Qué privilegio comenzar a ensayar hoy! —DCM

AQUELLOS QUE CONOCEN A CRISTO AHORA
CANTARÁN SUS ALABANZAS POR SIEMPRE.

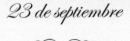

LA ORACIÓN
DE JULIE

Y todo lo que pidiereis al Padre en mi nombre, lo haré,
para que el Padre sea glorificado en el Hijo.
—JUAN 14:13

En el 2008, el equipo de la película *Day of Discovery* (Tiempo de Buscar) viajó a China para seguir la misma ruta de la vida del misionero Eric Liddel, el atleta cuya historia se contó en otra película, *Carrozas de fuego*. El equipo incluyó a las tres hijas de Eric, Patricia, Heather y Maureen, que volvieron a visitar algunos de los lugares donde las dos hermanas mayores habían vivido. En el viaje también iba su anciana tía Louise.

En una ocasión, después de llegar a Beijing, todos tuvieron que caminar una buena distancia con su equipaje. Mientras lo hacían, la tía Louise se quedó sin aliento. Julie, un miembro del equipo de la película, se sentó junto a ella, puso la mano sobre su rodilla e hizo esta simple oración: «Querido Jesús, ayuda a la tía Louise para que respire». De inmediato, ella comenzó a recobrar el aliento.

Más tarde, Heather volvió a contar la historia y compartió que la oración de Julie había reavivado su fe. El sencillo acto de fe de Julie le recordó a Heather la continua conexión que tenemos con Jesús; una realidad que había dejado de lado en su vida.

Algunas veces necesitamos recordatorios de que Dios está cerca. Cuando vienen las pruebas y Dios parece lejos, recuerda la oración de Julie y la verdad de que sólo estamos a una oración de distancia para conectarnos con el Dios del universo (Juan 14:13). —JDB

DIOS SE DELEITA EN LAS ORACIONES
MÁS FERVIENTES DE SU PUEBLO.

CONTENTAMIENTO

Ninguno puede servir a dos señores.
—MATEO 6:24

Una apasionante fotografía mostrando a una anciana sentada sobre una pila de basura me hizo reflexionar. Ella estaba sonriendo mientras comía un paquete que había sacado de la basura. Muy poco le hacía falta a aquella mujer para quedar satisfecha.

Se habla mucho acerca de una economía en lucha y el costo de vida más elevado. Y muchos se angustian cada vez más con respecto a su sustento. ¿Será posible prestar atención a la enseñanza de nuestro Señor Jesús en Mateo 6:25: «No os afanéis por vuestra vida, qué habéis de comer o qué habéis de beber; ni por vuestro cuerpo, qué habéis de vestir»?

Nuestro Señor no estaba diciendo que no necesitemos trabajar, o comer, o que no debemos preocuparnos por cómo nos vestimos. Él estaba advirtiendo contra aquellas cosas que se hacen tan importantes que nos convierten en esclavos del dinero para conseguirlas en vez de confiar en Él. «Ninguno puede servir a dos señores», dijo (v. 24).

Buscar primero «el reino de Dios y Su justicia» (v. 33) es reconocer que no importa cuánto esfuerzo realicemos para lograr una vida mejor para nosotros y nuestras familias; al final es el Señor quien cuida de nuestras necesidades. Y ya que Dios es nuestro Padre celestial, siempre tendremos suficiente. —CPH

EL DINERO NOS SIRVE BIEN SI LO RECIBIMOS COMO LA PROVISIÓN DE DIOS.

EL MAESTRO COMO PARTERA

Hijitos míos, por quienes vuelvo a sufrir dolores de parto, hasta que Cristo sea formado en vosotros.
—GÁLATAS 4:19

La madre del filósofo Sócrates, de la antigua Grecia, era partera. Así que, Sócrates creció observando cómo ella asistía a las mujeres al traer nuevas vidas al mundo. Esta experiencia influyó más tarde en su método de enseñanza. Sócrates dijo: «Mi arte en la partería es, en general, como el de ellas; la única diferencia es que mis pacientes son hombres, no mujeres, y mi preocupación no se centra en el cuerpo, sino en el alma que está en labor de parto».

En vez de simplemente transmitir información a sus alumnos, Sócrates usó el algunas veces doloroso proceso de hacer preguntas perspicaces para ayudarlos a llegar a sus propias conclusiones. Enseñarles a pensar se parecía a veces a la labor de parto.

Pablo expresó una idea similar para discipular creyentes en la fe, cuando dijo: «Hijitos míos, por quienes vuelvo a sufrir dolores de parto, hasta que Cristo sea formado en vosotros» (Gálatas 4:19). A Pablo le preocupaba que cada creyente creciera hasta llegar a la madurez espiritual a la semejanza de Cristo (Efesios 4:13).

Llegar a ser como Cristo es una experiencia de toda una vida; por lo tanto, necesitamos paciencia con los demás y con nosotros mismos. Todos tendremos desafíos y decepciones a lo largo del camino. Pero si ponemos nuestra confianza en Él, creceremos espiritualmente y tendremos cualidades de carácter que irradiarán vida nueva. —HDF

LA CONVERSIÓN ES EL MILAGRO DE UN MOMENTO;
MADURAR LLEVA TODA UNA VIDA.

EL AMOR TODO LO CREE

[El amor] todo lo cree, todo lo espera.
—1 Corintios 13:7

Hace 40 años o más que observé a un amigo mío mostrar gran afecto por alguien a quien yo consideraba indigno de amor. Pensé que mi amigo estaba siendo engañado y temía que, al final, quedara desilusionado y entristecido.

Cuando le expresé mi preocupación, él contestó: «Cuando estoy delante de mi Señor, espero que Él diga de mí que he amado a demasiados más que a demasiados pocos». Jamás he olvidado sus palabras.

Pablo insiste en que «[el amor] todo lo cree» (1 Corintios 13:7). El amor «cree» en las personas. Puede ver el potencial en ellas. Cree que Dios puede tomar a la menos atractiva e indigna de las personas y convertirla en una obra maestra de belleza y gracia. Si el amor yerra, debe ser en lo que respecta a confianza y esperanza.

Ciertamente, debemos estar al tanto del peligro cuando vemos que este se aproxima y llegar a ser «prudentes como serpientes» (Mateo 10:16). Puede que el amor exigente sea la mejor respuesta a las personas irresponsables e insensatas, pero podemos ser demasiado cautelosos, precavidos y desconfiados.

No nos hace ningún daño real que nos engañen y estafen (Mateo 5:38-48). Es mejor creer en alguien y que nos rompan el corazón que no tener sentimientos. El poeta británico Alfred Tensión escribió: «Es mejor haber amado y perdido que jamás haber amado». Estoy de acuerdo. —DHR

EL AMOR VE MÁS ALLÁ DE LO QUE LAS PERSONAS SON,
HASTA LO QUE PUEDEN LLEGAR A SER.

CLAVADO A LA CRUZ

[Jesús] os dio vida juntamente con él,
perdonándoos todos los pecados.

—Colosenses 2:13

Fue un culto conmovedor en la iglesia. Nuestro pastor habló acerca de cómo Jesús cargó sobre sí nuestros pecados y murió en lugar de nosotros para recibir nuestro castigo. Preguntó si alguien todavía sentía culpa por pecados confesados y por lo tanto no estaba disfrutando del perdón de Dios.

Teníamos que escribir el (los) pecado(s) en una hoja de papel, caminar hacia el frente de la iglesia y clavarla a la cruz que estaba colocada allí. Muchos avanzaron y durante varios minutos se pudo escuchar el aporreo contra los clavos. Por supuesto que este acto no nos dio perdón, pero fue un recordatorio físico de que Jesús ya había cargado sobre sí esos pecados al ser colgado a la cruz y morir.

Eso es lo que el apóstol Pablo enseñó a la iglesia en Colosas. Las personas se estaban viendo influenciadas por falsos maestros que presentaban a Cristo como si fuera insuficiente para sus necesidades. Pero Pablo explicó que Jesús pagó el precio por nuestros pecados. Dijo: «Anulando el acta de los decretos que había contra nosotros, [...] quitándola de en medio y clavándola en la cruz» (Colosenses 2:14).

Si confesamos nuestro pecado a Dios, buscando Su limpieza, Él perdonará (1 Juan 1:9). No tenemos que seguir aferrados a la culpa. Nuestros pecados han sido clavados en la cruz; han sido quitados. Jesús los perdonó todos. —AMC

LA CULPA ES UNA CARGA QUE DIOS
JAMÁS QUISO QUE SUS HIJOS LLEVARAN.

CONCLUSIONES APRESURADAS

No te apresures en tu espíritu a enojarte;
porque el enojo reposa en el seno de los necios.

—Eclesiastés 7:9

El correo electrónico sólo contenía versículos bíblicos y provenía de alguien a quien no conocía muy bien, en una época en la que hubo discusiones entre los miembros de una comisión de la iglesia en la que yo participaba. Asumí que los versículos iban dirigidos a mí de una manera acusadora y estaba molesta de que alguien que no conocía todos los aspectos involucrados en el asunto usara la Escritura para atacarme.

Antes de poder tomar represalias, mi esposo sugirió que le diera a esta persona el beneficio de la duda en vez de asumir lo peor. «Tal vez haya una explicación inocente», dijo. No podía imaginármelo, pero seguí su consejo y la llamé por teléfono. «Muchas gracias por llamar», me dijo. «Mi computadora tiene un virus y lanzó correo electrónico usando porciones de nuestra lección de la escuela dominical a personas al azar en mi directorio». Uy. Agradezco que Dios usara a Jay para impedir que yo creara un problema donde no había ninguno.

Al sacar una conclusión que era lógica pero falsa, me acerqué peligrosamente a la posibilidad de un conflicto innecesario. Los israelitas hicieron lo mismo. Estaban listos para ir a la guerra porque asumieron erróneamente que el altar construido por sus hermanos era una señal de rebelión contra Dios (Josué 22:9-34). Para evitar hacer juicios equivocados, debemos procurar conocer los hechos correctamente. —JAL

PARA EVITAR UNA CAÍDA VERGONZOSA,
NO SALTES HACIA UNA CONCLUSIÓN EQUIVOCADA.

LUCHANDO POR ARRODILLARSE

Siempre rogando encarecidamente por vosotros en sus oraciones, para que estéis firmes, perfectos y completos en todo lo que Dios quiere.

—COLOSENSES 4:12

Antes de que John Ashcroft juramentara como senador, se reunió con familiares y amigos para orar juntos. Mientras todos se colocaban alrededor de Ashcroft, este vio a su padre intentando levantarse del sofá donde estaba sentado. Como su padre estaba delicado de salud, le dijo: «Está bien, papá. No tienes que levantarte para orar por mí». Su padre respondió, «No estoy luchando por levantarme. Estoy luchando por arrodillarme».

Su esfuerzo me recuerda al que a veces demanda interceder por un compañero creyente. En Colosenses, Pablo se refiere a Epafras como un siervo que estaba «siempre rogando encarecidamente por vosotros en sus oraciones, para que estéis firmes, perfectos y completos en todo lo que Dios quiere» (Colosenses 4:12). «Rogando encarecidamente» es la traducción de una palabra griega de la que obtenemos nuestra palabra «agonía». Se usaba para describir a los luchadores, que en los juegos de gimnasia griega se esforzaban mucho por vencer a sus oponentes.

Epafras pedía que otros creyentes llegaran a la madurez en su caminar con el Salvador. Nuestra concentración y disciplina debe ser la de pedirle a Dios que venza los obstáculos para el crecimiento espiritual en las vidas de los demás. ¿Estamos dispuestos a rogar «encarecidamente» en oración para que Dios satisfaga las necesidades de nuestros seres queridos? —HDF

LA ORACIÓN INTERCESORA
ES EL VERDADERO TRABAJO DE LA VIDA.

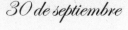

LA MEDIDA DEL AMOR

Nadie tiene mayor amor que éste,
que uno ponga su vida por sus amigos.

—JUAN 15:13

El 2 de octubre de 1954, el teniente James O. Conway estaba despegando del aeropuerto Boston Logan en un avión que llevaba una carga de municiones. Cuando su nave ya estaba en el aire, repentinamente perdió energía sobre la bahía de Boston; en un instante, Conway enfrentó una brutal elección: saltar del avión y salvar su vida o estrellarse contra la bahía y morir.

Si saltaba, el avión se estrellaría contra un vecindario en el este de Boston, lleno de casas y familias. De una manera asombrosa, Conway eligió estrellar la nave contra la bahía, dando su vida por las vidas de los demás.

En Juan 15:13, Jesús dijo: «Nadie tiene mayor amor que éste, que uno ponga su vida por sus amigos». La disposición a hacer el mayor de los sacrificios para proteger a los demás muestra un corazón que se preocupa más por las necesidades de los otros que por las propias. Alguien dijo una vez que «la medida del amor es lo que uno está dispuesto a entregar por él». Dios el Padre amó tanto que entregó a Su Hijo. Cristo amó tanto que entregó Su vida, hasta el punto de llevar nuestros pecados sobre sí y morir en nuestro lugar.

La medida del amor de Dios por ti es grande. ¿Has aceptado Su amor de manera personal? —WEC

NADA HABLA CON MAYOR CLARIDAD DEL AMOR DE DIOS
QUE LA CRUZ DE CRISTO.

EXPECTACIÓN

Si [...] sabéis dar buenas dádivas a vuestros hijos,
¿cuánto más vuestro Padre que está en los cielos
dará buenas cosas a los que le pidan?

—MATEO 7:11

Con un puñado de copos de cereal crucé de puntillas la terraza en mi patio de atrás tratando de acercarme sigilosamente a los peces de la laguna. Tal vez fue mi sombra sobre el agua, o quizá no fui tan sigilosa como creí. Al acercarme a la verja, quince enormes peces dorados nadaron a toda velocidad hacia mí abriendo y cerrando frenéticamente sus grandes bocas, anticipando ansiosamente el esperado festín.

Entonces, ¿por qué los peces agitaron las aletas con tanta furia? Porque mi sola presencia desencadenó una respuesta condicionada en sus diminutos cerebritos de pez, que les dijo que tenía algo especial para darles.

Ojalá tuviéramos siempre una respuesta así para Dios y Su deseo de darnos buenas dádivas; una respuesta basada en nuestra experiencia pasada con Él que fluyese de un conocimiento profundamente arraigado de Su carácter.

El misionero William Carey declaró: «Espera grandes cosas de parte de Dios. Intenta grandes cosas para Dios». Dios desea equiparnos de manera perfecta para lo que Él quiere que hagamos, y nos invita a «entrar confiadamente» para encontrar misericordia y gracia en tiempo de necesidad (Hebreos 4:16).

Cuando, como hijos de Dios, estamos viviendo con fe, podemos tener una expectación emocionante y una tranquila confianza en que Dios nos dará exactamente lo que nos haga falta, cuando lo necesitemos (Mateo 7:8-11). —CHK

LA ORACIÓN SIN EXPECTACIÓN
ES INCREDULIDAD DISFRAZADA.

MÚSICA DEL ALMA

Hablando entre vosotros con salmos,
con himnos y cánticos espirituales,
cantando y alabando al Señor en vuestros corazones.
—EFESIOS 5:19

En su libro *Musicophilia: Tales of Music and the Brain* (Musicofilia: Historias de la música y el cerebro), Oliver Sacks dedica un capítulo al papel terapéutico de la música en las personas que padecen la enfermedad de Alzheimer. Observó a personas con demencia avanzada responder a canciones que les traían de vuelta recuerdos que parecían haber perdido: «Los rostros se iluminaban de expresión cuando reconocían la vieja música y sentían su emotivo poder. Una o dos personas, tal vez, comenzaban a cantar la letra, otras se les unían, y pronto todas ellas (muchas de las cuales habían permanecido sin hablar anteriormente) estaban cantando, hasta donde su capacidad les permitía».

He visto suceder esto en los servicios dominicales de la institución que cuida a enfermos de Alzheimer donde vive mi suegra. Tal vez tú lo hayas experimentado con algún ser querido cuya mente ha quedado nublada, y una canción ha dado lugar a un estado de conciencia que viene de lo más profundo.

Pablo alentó a los efesios: «Sed llenos del Espíritu, hablando entre vosotros con salmos, con himnos y cánticos espirituales, cantando y alabando al Señor en vuestros corazones» (Efesios 5:18-19). Los cantos que glorifican a Dios pueden alcanzar el nivel más profundo donde el significado jamás se desvanece. Más que palabras, armonía o pensamiento consciente, la música es buena para el corazón y el alma. —DCM

UN CORAZÓN SINTONIZADO CON DIOS
NO PUEDE EVITAR CANTAR SUS ALABANZAS.

DISTORSIÓN

Para que vuestra fe no esté fundada
en la sabiduría de los hombres,
sino en el poder de Dios.
—1 Corintios 2:5

Los cartógrafos lidian con el problema de la distorsión cuando muestran la forma redonda de la tierra en la superficie plana de un mapa. Como no hay manera perfecta de hacerlo, algunos mapamundis muestran Groenlandia como si fuese mayor que Australia.

Los cristianos también tenemos que lidiar con el problema de la distorsión. Cuando tratamos de entender el reino espiritual dentro de las limitaciones del mundo físico, podemos terminar exagerando aspectos secundarios y minimizando lo que es importante.

El Nuevo Testamento a menudo trata la distorsión que surge cuando las ideas de maestros populares se vuelven más importantes para nosotros que lo que Dios dice. El apóstol Pablo dijo que el propósito de Dios es «el amor nacido de corazón limpio, y de buena conciencia, y de fe no fingida» (1 Timoteo 1:5). La sana enseñanza no distorsiona la Palabra de Dios ni divide la Iglesia. Más bien, une a los creyentes y edifica el cuerpo de Cristo para que sus miembros cuiden unos de otros y hagan la obra de Dios en el mundo (1 Corintios 12:25).

Todo intento humano por explicar a Dios es insuficiente, e incluso puede distorsionar nuestras prioridades, confundir nuestro pensamiento y echar abajo nuestro entendimiento de la vida espiritual. Para evitar distorsionar la verdad de Dios, debemos depender de Su poder, no de la sabiduría del hombre (1 Corintios 2:5). —JAL

PARA DETECTAR EL ERROR,
EXPONLO A LA LUZ DE LA VERDAD DE DIOS.

CABRAS PARA JESÚS

El que tiene bienes de este mundo
y ve a su hermano tener necesidad, y cierra contra él su corazón,
¿cómo mora el amor de Dios en él?

—1 JUAN 3:17

Cuando Dave y Joy Mueller sintieron que Dios los instaba a mudarse a Sudán como misioneros, todo lo que sabían es que iban a ayudar a construir un hospital en ese país arrasado por la guerra. ¿Cómo podían saber que habría cabras en su futuro?

Joy comenzó a trabajar con las mujeres y descubrió que muchas de ellas eran viudas por causa de la devastadora guerra civil y que no tenían manera de ganarse la vida. Así que, tuvo una idea. Si pudiera entregarle tan sólo una cabra preñada a una mujer, esta tendría leche y una fuente de ingresos. A fin de mantener el programa activo, la mujer le devolvería el cabrito recién nacido a Joy, pero todos los demás productos provenientes de la cabra se utilizarían para apoyar a la familia de la mujer. El cabrito finalmente iría a otra familia. El regalo de las cabras dadas en el nombre de Jesús cambió las vidas de numerosas mujeres sudanesas, y abrió la puerta para que Joy compartiera el evangelio.

¿Qué tienes tú en vez de aquellas cabras? ¿Qué puedes dar u ofrecer? ¿Tal vez llevarle en tu automóvil? ¿Ofrecerte a trabajar en su jardín? ¿Proveerle de algún recurso material?

Como creyentes en Cristo, debemos ocuparnos de las necesidades de los demás (1 Juan 3:17). Nuestros actos de amor revelan que Jesús vive en nuestros corazones; por ello, darles a aquellos que tienen necesidad puede ayudarnos a compartir con otros acerca de Él. —JDB

DIOS NOS DA TODO LO QUE NECESITAMOS;
ASÍ QUE, AYUDEMOS A OTROS EN SU NECESIDAD.

ALGO POR LO
QUE VALE MORIR

Porque para mí el vivir es Cristo,
y el morir es ganancia.

—Filipenses 1:21

Sophie Scholl era una joven alemana que vivió en los años 40. Ella vio cómo el gobierno de hierro del régimen nazi perjudicaba a su país y tomó la determinación de marcar la diferencia. Ella y su hermano, junto con un pequeño grupo de amigos, comenzaron a protestar pacíficamente no sólo contra las acciones, sino contra los valores que los nazis habían impuesto a la fuerza sobre la nación.

Sophie y los demás fueron arrestados y ejecutados por pronunciarse contra el mal en su país. Aunque no tenía deseos de morir, ella vio que las condiciones en su país debían ser denunciadas, aun si eso significaba su propia muerte.

La historia de Sophie eleva una pregunta de importancia crítica para nosotros también. ¿Por qué causa estaríamos dispuestos a morir? Jim Elliot, Nate Saint, Pete Fleming, Roger Youderian y Ed McCully dieron sus vidas en las selvas de América del Sur porque asumieron el compromiso de difundir el evangelio. Elliot reveló lo que llevó a tal sacrificio cuando escribió: «No es un tonto el que da lo que no puede guardar para sí para ganar lo que no puede perder». El apóstol Pablo lo dijo así: «Porque para mí el vivir es Cristo, y el morir es ganancia» (Filipenses 1:21).

Hay algunas cosas por las que realmente vale la pena morir, y en ellas ganamos la recompensa de Aquel que declara, «bien, buen siervo y fiel» (Mateo 25:21,23).

—WEC

LOS QUE CARGAN LA CRUZ FIELMENTE EN ESTA VIDA
LLEVARÁN LA CORONA EN LA QUE ESTÁ POR VENIR.

6 de octubre

¿ESTÁS PREOCUPADO?

*Pero Marta se preocupaba
con muchos quehaceres.*

—Lucas 10:40

En base a datos recogidos de entre más de 20.000 cristianos en 139 países, el estudio *Obstacles to Growth* (Obstáculos para el crecimiento) encontró que una media de más del 40% de los cristianos alrededor del mundo decían que «a menudo» o «siempre» corren de una tarea a otra. Alrededor del 60% de los cristianos dicen que «a menudo» o «siempre» el ajetreo de la vida se entromete en el desarrollo de su relación con Dios. Está claro que el ajetreo nos preocupa hasta el punto de distraernos de nuestra comunión con Él.

Parece que Marta también permitió que el ajetreo la privase de pasar tiempo con Jesús. Cuando ella les recibió a Él y a Sus discípulos en su hogar, estaba ocupada en preparar la comida, lavarles los pies y asegurarse de que estuvieran cómodos. Había que hacer todas estas cosas, pero Lucas parece insinuar que el ajetreo de Marta en los preparativos degeneró en una carga de trabajo que la distrajo de reflexionar en las palabras de Jesús y disfrutar del tiempo con Él (Lucas 10:38-42).

¿Y qué hay de nosotros? ¿Corremos de una tarea a otra, permitiendo que el ajetreo de la vida e incluso la obra para Jesús nos distraiga hasta el punto de no disfrutar de la dulce comunión con Él? Pidámosle a Dios que nos ayude a disminuir nuestras preocupaciones haciendo de Jesús nuestro centro. —MLW

SI ESTÁS DEMASIADO OCUPADO PARA DIOS,
ESTÁS DEMASIADO AJETREADO.

ENTENDÁMONOS UNOS A OTROS

Como aguas profundas es el consejo en el corazón del hombre,
mas el hombre entendido lo alcanzará.

—Proverbios 20:5

Una de las mejores maneras en que un hombre puede amar a su esposa es entendiéndola. Pablo explica que es un deber de los esposos «vivi[r] con [sus esposas] sabiamente» (1 Pedro 3:7).

Este principio funciona en ambos sentidos. Los esposos también quieren ser comprendidos. En realidad, todos lo queremos. Todos, ya sea casados o no, anhelamos que los demás nos entiendan al nivel más profundo posible. Nacemos con esa necesidad y parece que jamás la superamos.

Decir que no podemos entendernos unos a otros es una excusa muy poco convincente. Podemos y debemos hacerlo. Lleva tiempo; tiempo que uno ha de pasar junto al otro haciendo preguntas y escuchando atentamente, y luego preguntando otra vez. Es así de sencillo y de difícil. Por supuesto, nadie puede dilucidar totalmente el misterio del corazón de otra persona, pero podemos aprender algo nuevo cada día. El hombre sabio que escribió Proverbios llamó al entendimiento un «manantial de vida» (16:22), una profunda fuente de sabiduría para todos los que lo buscan.

Otra vez digo, el entendimiento toma tiempo y es uno de los regalos más preciosos que podemos darles a los demás. Cómo elegimos pasar nuestro tiempo es la prueba más clara de cuánto nos preocupamos por aquellos a quienes amamos.

Pídele al Señor hoy que te dé la gracia de tener tiempo para entender a las personas que son importantes en tu vida. —DHR

Escuchar es una puerta abierta
al entendimiento.

YA HE ESTADO ALLÍ ANTES

Después de esto, Jesús se manifestó otra vez a sus discípulos junto al mar de Tiberias.

—JUAN 21:1

A la leyenda del béisbol Yogi Berra se le conoce por sus ocurrencias a menudo repetidas, tales como «no ha terminado hasta que haya terminado» y «¡parece que ya he estado allí antes!».

Me pregunto si los discípulos sintieron que ya habían estado allí antes cuando vieron a Jesús de pie junto a la orilla (Juan 21). Desalentados, distraídos y preocupados por sus propias necesidades, a la sombra de la negación de Pedro y de cómo habían abandonado a Jesús, habían dejado su llamamiento de seguir a Su Señor y retornaron a su antigua ocupación, la pesca.

Luego, después de una infructuosa noche de pesca, una voz desde la orilla les dio una orden: «Echad la red a la derecha de la barca, y hallaréis» (Juan 21:6). Cuando lo hicieron, las redes estaban tan llenas que no podían sacarlas. Sin duda alguna, sus mentes volaron hacia su primer encuentro con Jesús, cuando Él se les apareció a la «orilla» de sus carreras y, después de otra pesca milagrosa, les llamó a dejar sus redes y seguirle (Lucas 5:1-11).

Al igual que los discípulos, tal vez queramos regresar a nuestras antiguas vidas cuando nos desalentamos en nuestro caminar con Jesús. Pero luego el Señor vuelve a aparecérsenos a la orilla de nuestras vidas para darnos perdón y llevarnos de vuelta a aquellos momentos en los que nos llamó por primera vez.

¡Es como si ya hubiéramos estado allí antes! —JMS

JESÚS NOS LLAMA A SEGUIRLE;
Y REPITE SU LLAMADO SIEMPRE QUE ES NECESARIO.

PERDÓN POR LAS LÁGRIMAS

[Jesús] se estremeció en espíritu
y se conmovió.

—JUAN 11:33

Una amiga mía estaba haciendo un gran cambio en su vida; estaba dejando su empleo de 50 años para emprender un nuevo negocio. Lloraba cuando se despedía de sus compañeros y, al hacerlo, con frecuencia decía: «Perdón por las lágrimas».

¿Por qué algunas veces sentimos la necesidad de disculparnos por llorar? Tal vez vemos las lágrimas como una muestra de debilidad de nuestro carácter o de una vulnerabilidad que no nos gusta. Tal vez nos sentimos incómodos o pensamos que nuestras lágrimas molestan a los demás.

Sin embargo, es Dios quien nos dio nuestras emociones. Son una característica de que hemos sido hechos a la imagen de Dios (Génesis 1:27). Él sufre. En Génesis 6:6-7, estaba afligido y molesto por el pecado de Su pueblo y la separación que este causó entre Él e Israel. Jesús, Dios encarnado, se unió a Sus amigas María y Marta al llorar la pérdida del hermano de ellas, Lázaro (Juan 11:28-44). «Se estremeció en espíritu y se conmovió» (v. 33). «Lloró» (v. 35). «Jesús, profundamente conmovido otra vez, vino al sepulcro» (v. 38). Dudo de que Él se disculpara por llorar.

Un día, cuando lleguemos al cielo, ya no habrá sufrimiento, separación ni dolor, y Dios enjugará toda lágrima de nuestros ojos (Apocalipsis 21:4). Mientras tanto, puede que corran las lágrimas. No hay necesidad de disculpas. —AMC

SI DUDAS DE QUE A JESÚS LE IMPORTE,
RECUERDA SUS LÁGRIMAS.

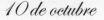

DICIENDO LA VERDAD

Y les envió profetas [...]
mas ellos no los escucharon.

—2 Crónicas 24:19

En la novela *Matar a un ruiseñor*, Atticus Finch es un respetado abogado en un pueblo pequeño de una región racista de los años 30. Cuando acepta un caso en el que un hombre negro inocente se enfrenta a dos blancos deshonestos, Atticus sabe que enfrentará el terrible prejuicio del jurado. Pero su conciencia lo obliga a decir la verdad osadamente frente a la oposición.

A menudo los profetas del Antiguo Testamento eran enviados a predicar la verdad a un pueblo terco. «[Dios] les envió profetas para que los volviesen a Jehová, los cuales les amonestaron; mas ellos no los escucharon» (2 Crónicas 24:19). Su mensaje a menudo daba como resultado persecución, y algunas veces incluso la muerte (Hebreos 11:32-38).

Durante el ministerio de Cristo en la tierra, Su mensaje también dio como resultado una iracunda oposición (Lucas 4:21-30). Sin embargo, en la soberanía de Dios, la terrible injusticia que sentenció a Jesús a la muerte en la cruz fue la que compró nuestra redención.

Ahora bien, como representantes en este mundo del Cristo resucitado, hemos de promover la reconciliación, la justicia y la integridad (Miqueas 6:8; 2 Corintios 5:18-21). Y, al hacerlo, puede que esto signifique decir la verdad al enfrentarnos a la oposición. Esta es la carga que todo creyente ha de llevar hasta el día en que Cristo restaure todas las cosas (Apocalipsis 20:11-15). —HDF

ES MEJOR DECLARAR LA VERDAD Y QUE NOS RECHACEN,
QUE OCULTARLA PARA QUE NOS ACEPTEN.

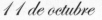

VE MÁS ALLÁ DE LA LECTURA

Como escogidos de Dios, santos y amados,
de entrañable misericordia,
de benignidad, [...] de paciencia.
—COLOSENSES 3:12

«Pastor, ¿dónde están los libritos de *Nuestro Pan Diario*?». Las palabras se pronunciaron ásperamente, casi con ira. La última edición no se había colocado en el estante de la iglesia. Esto llevó a que un lector se enfrentara al pastor. Aunque distribuirlos no era su responsabilidad, este se sintió terriblemente mal por la manera en que este miembro de la congregación lo había reprendido.

Cuando escuché esto, quedé atónito ante la ironía de la situación. La intención de los libritos de devociones es que alienten el crecimiento cristiano y la gracia piadosa. Y, como creyentes de Cristo que leemos materiales de devocional, esperamos estar avanzando hacia la madurez espiritual que lleva a la «entrañable misericordia, [...] benignidad, [...] humildad, [...] mansedumbre, [...] paciencia», cualidades de las que debemos «vestirnos» (Colosenses 3:12).

Nuestras disciplinas espirituales (leer la Palabra de Dios de manera conjunta con materiales suplementarios de estudio o devoción, la oración y la adoración) no deben ser fines en sí mismas. En vez de ello, dichas acciones son medios para llegar a ser más a la imagen de Cristo, más piadosos, más guiados por el Espíritu. Nuestra práctica espiritual debe llevar a hacer que «la palabra de Cristo more en abundancia en [n]osotros» (3:16). Eso se mostrará en todo lo que hagamos y digamos. —JDB

EL ESTUDIO BÍBLICO NO ES SIMPLEMENTE PARA
INFORMARNOS; SU INTENCIÓN ES TRANSFORMARNOS.

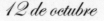

DETALLES, DETALLES

Dad gracias en todo.
—1 Tesalonicenses 5:18

Los detalles marcan la diferencia. Si no, pregúntale al alemán que había planeado visitar a su prometida para Navidad, pero que terminó en la nevada Sydney, en Montana, en vez de en la soleada Sydney, en Australia.

Las preposiciones parecen detalles insignificantes en nuestro idioma, pero pueden marcar una gran diferencia. Tomemos las palabras «en» y «por», por ejemplo.

El apóstol Pablo escribió: «Dad gracias *en* todo» (1 Tesalonicenses 5:18). Eso no significa que tengamos que estar agradecidos *por* todo. No tenemos que estar agradecidos *por* las malas elecciones que alguien hace, pero podemos estar agradecidos en cualquier circunstancia, porque el Señor puede usar para bien las dificultades que resultan de ellas.

La carta a Filemón ilustra esta idea. Pablo estaba encarcelado junto con Onésimo, un esclavo fugitivo. Ciertamente, él no tenía que dar las gracias por su mala situación. Sin embargo, esta carta está llena de gratitud, porque el apóstol sabía que Dios estaba usando dicha adversidad para bien. Onésimo había llegado a ser algo más que un esclavo; ahora era un amado hermano en el Señor (v. 16).

Saber que Dios puede usar todas las cosas para bien es razón más que suficiente para dar gracias en todo. Dar gracias en circunstancias difíciles es un pequeño detalle que marca una gran diferencia. —JAL

DIOS DICE QUE HABRÁ TORMENTAS EN LA VIDA,
PERO NOS PROTEGERÁ MIENTRAS PASAMOS POR ELLAS.

FANTASÍA OLÍMPICA

Así alumbre vuestra luz delante de los hombres,
para que vean vuestras buenas obras,
y glorifiquen a vuestro Padre que está en los cielos.
—Mateo 5:16

La ceremonia de apertura de las Olimpiadas de Pekín el 8 de agosto del 2008 impresionó al mundo. Yo la vi por televisión, mientras que más de 90.000 personas la presenciaron en vivo en el Estadio del Nido del Ave. Fue algo inspirador escuchar acerca de los 5000 años de historia de China y los inventos con los que este país había contribuido al mundo: la elaboración del papel, la impresión con tipos móviles, el compás y los fuegos artificiales.

La reina de Sabá quedó muy impresionada con lo que vio al visitar a Salomón (1 Reyes 10:4-5). Las vistas de Jerusalén la abrumaron al punto de exclamar: «Ni aun se me dijo la mitad» (v. 7). Por encima de todo, ella estaba impresionada con la sabiduría de Salomón (vv. 6-7). Estaba convencida de que los súbditos del rey eran felices porque continuamente estaban delante de él y escuchaban su sabiduría (v. 8). Concluyó alabando al Señor de Salomón por haberlo hecho rey, para que «h[iciera] derecho y justicia» (v. 9).

El impacto que Salomón tuvo sobre su pueblo hizo que me preguntara acerca de nuestra contribución al mundo. No nos preocupa impresionar a los demás con nuestras posesiones o habilidades, pero todos deberíamos querer marcar una diferencia en las vidas de las personas. ¿Qué pasaría si cada uno de nosotros hiciera hoy algo que llevase a las personas a alabar al Señor? —CPH

LOS CRISTIANOS SON VENTANAS A TRAVÉS
DE LAS CUALES JESÚS PUEDE BRILLAR.

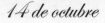

ESTAD QUIETOS

Estad quietos, y conoced que yo soy Dios;
seré exaltado entre las naciones; enaltecido seré en la tierra.
—Salmo 46:10

Mientras estaba sentado en la silla del dentista, me preparé para el taladro que se abriría camino hacia la raíz de una de mis muelas. Estaba listo para lo peor, y mi lenguaje corporal y expresión facial pusieron al descubierto lo aterrado que estaba. El dentista me miró y sonrió, diciendo: «Está bien, Bill. Intenta relajarte».

No es fácil hacer eso. De hecho es muy difícil *intentar* (lo cual requiere esfuerzo y ejercicio) *relajarse* (lo cual requiere una ausencia de esfuerzo y ejercicio). Intentar y relajarse simplemente parecen no encajar; no sólo en la silla del dentista, sino también en la esfera espiritual.

Con demasiada frecuencia me resisto con todas mis fuerzas a ir al consultorio del dentista. Y, en mi relación con Cristo, me doy cuenta de que no presiono para que se cumplan los propósitos de Dios, sino mis propios intereses. En esos momentos, lo más difícil para mí es «intentar relajarme» y tener una auténtica confianza en Dios en cuanto a los resultados de las pruebas de la vida.

En Salmo 46:10 leemos: «Estad quietos, y conoced que yo soy Dios; seré exaltado entre las naciones; enaltecido seré en la tierra». En esos momentos en los que mi corazón está angustiado, este versículo me recuerda que *esté quieto y conozca.* Ahora bien, si puedo poner sólo eso en práctica y descansar confiadamente bajo Su cuidado, estaré en paz. —WEC

DIOS CONOCE EL FUTURO, ASÍ QUE,
ESTAMOS A SALVO EN SUS MANOS.

RESOLUCIÓN DE CONFLICTOS

Ruego a Evodia y a Síntique,
que sean de un mismo sentir en el Señor.
—FILIPENSES 4:2

En muchos países se celebra hoy el Día internacional de la resolución de conflictos. Su propósito es alentar a las personas a hacer uso de la mediación y arbitraje más que del sistema legal para resolver sus diferencias. Ya que, como seguidores de Cristo, no somos inmunes a los conflictos, necesitamos aprender a resolver nuestros desacuerdos de maneras que honren al Señor.

Se ha dicho que «las peleas en la iglesia son las peores», tal vez porque estallan entre personas que profesan que su fe se basa en la unidad y el amor. Muchos cristianos han quedado tan heridos por algún otro creyente que se alejan de la iglesia y jamás regresan.

En la Biblia se menciona expresamente a Evodia y Síntique, y se las insta a que resuelvan sus diferencias: «Sean de un mismo sentir en el Señor» (Filipenses 4:2). En vez de dejarlas solas para que arreglasen su disputa, Pablo apeló a un colaborador de confianza para «que ayud[ara] a estas que combatieron juntamente conmigo en el evangelio» (v. 3). En este mismo contexto, Pablo instó a los filipenses a llevar sus peticiones a Dios, tomando debida nota de que la oración trae la paz de Dios (v. 7) y un sentido de Su presencia perdurable (v. 9).

Las relaciones quebrantadas en una iglesia cristiana son responsabilidad de dicha comunidad. En medio de las heridas y las diferencias, podemos alentar, escuchar y orar. —DCM

EL PERDÓN ES EL PEGAMENTO
QUE REPARA LAS RELACIONES ROTAS.

LA MUERTE DERROTADA

*Mas gracias sean dadas a Dios, que nos da la victoria
por medio de nuestro Señor Jesucristo.*
—1 Corintios 15:57

La fe cristiana debe marcar una diferencia en cuanto a cómo vivimos cada día; pero la prueba de nuestra confianza en el evangelio es nuestra reacción ante la muerte. Cuando asistimos a un funeral en memoria de algún amigo cristiano, damos honra a un creyente cuya confianza ha bendecido las vidas de aquellos que lo conocieron. Las palabras dichas son más la expresión de alabanza a Dios que un tributo a un admirado compañero de peregrinaje. El servicio religioso es un testimonio que da gloria a Dios por la victoria de nuestro Salvador sobre la muerte (1 Corintios 15:54-57).

Cuán diferente es esto del funeral de Charles Bradlaugh, un beligerante ateo británico. El escritor Arthur Porritt dice: «No se pronunció oración alguna junto al sepulcro. Es más, no se pronunció ninguna palabra. Los restos, guardados en un ligero ataúd, fueron colocados en la tierra de manera bastante carente de ceremonia, como si se quitara apresuradamente la carroña de la vista […]. Salí de allí con el corazón helado. Sólo entonces caí en la cuenta de que la pérdida de la fe en la continuidad de la personalidad humana después de la muerte le da a esta una espantosa victoria».

Los cristianos creemos que veremos cara a cara al Señor después de la muerte y la resurrección final de nuestros cuerpos (1 Corintios 15:42-55; 1 Tesalonicenses 4:15-18). ¿Se regocija tu fe en la victoria sobre la muerte? —VCG

CRISTO VIVE,
Y ASÍ NOSOTROS TAMBIÉN VIVIREMOS.

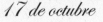

HOMBROS DE GIGANTES

*Como estuve con Moisés,
estaré contigo.*

—Josué 1:5

Los gigantes mantienen un lugar especial en nuestras tradiciones, tanto en la historia como en la literatura, como el gigante Goliat de la realidad o el famoso gigante de ficción en el cuento *Jack y las habichuelas mágicas*.

A veces usamos la palabra gigante para honrar a personas de tamaño normal que han hecho cosas extraordinarias. Un ejemplo es el físico del siglo XVII, Sir Isaac Newton. Era un cristiano comprometido, y por ello acreditó su éxito a otros «gigantes» que lo habían precedido. «Si he visto un poquito más allá —dijo—, es porque estaba subido sobre los hombros de gigantes». Es más, Newton llegó a ser un gigante sobre cuyos hombros se apoyaron otros científicos en épocas posteriores; sus observaciones fueron usadas para la conquista de los viajes espaciales.

Cuando Dios le ordenó a Josué que dirigiera a los israelitas hacia la tierra prometida, ciertamente este líder tuvo los hombros de un gigante sobre los cuales subirse. Él había observado el liderazgo de Moisés durante 40 años y ahora podía poner en acción lo que había aprendido.

Josué tuvo otra ventaja: su caminar con Dios sustentó la misión de su vida. Por lo tanto, mientras guiaba a Israel, contó tanto con el ejemplo de Moisés como con la promesa de la presencia de Dios.

¿Buscas ayuda al enfrentar tu futuro? Busca un gigante a quien seguir. Y jamás subestimes la importancia de tu caminar con Dios. —HDF

UN BUEN EJEMPLO ES ALGUIEN
QUE CONOCE EL CAMINO, LO RECORRE Y LO MUESTRA.

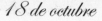

ENSEÑA BIEN A TUS HIJOS

*Y las enseñaréis a vuestros hijos,
[...] cuando te sientes [...], andes por el camino,
[...] te acuestes, y [...] te levantes.*
—Deuteronomio 11:19

El Vals de la bella durmiente, *La obertura de 1812* y *El ballet cascanueces* fueron todos parte de la música de mi niñez.

Algunas veces nos contaban historias o, como en el caso de *Tubby la tuba*, y *Pedro y el lobo*, nos mostraban a mis hermanas y a mí los sonidos de diferentes instrumentos. En su deseo por transmitirnos su amor por la música, mis padres usaban este método de enseñanza. ¡Y funcionaba! Entretejer los cuentos clásicos con melodías clásicas tuvo un poderoso impacto sobre nosotras.

Cuando queremos transmitir información importante a un niño, a menudo la mejor manera es a través de una historia, porque así el niño la entiende y la disfruta más fácilmente. Contarles a los niños las historias de la Palabra de Dios es de importancia crucial, porque la verdad perdurable de la Biblia puede moldear el carácter y mostrar las consecuencias de las acciones (1 Corintios 10:11). Las semillitas de la fe pueden cultivarse en suelo fértil y ayudar a los niños a ver cómo Dios ha obrado en las vidas de Sus seguidores a lo largo de toda la historia. Los relatos bíblicos también muestran cómo Dios está íntimamente involucrado en nuestras vidas.

Lo que hemos visto que Dios hace por nosotros y lo que ha hecho por Su pueblo a lo largo de la historia debe transmitirse a la siguiente generación (Deuteronomio 11:1-21). Su futuro depende de ello. Enséñaselo bien a tus hijos. —CHK

**EL CARÁCTER DE TUS HIJOS EN EL FUTURO
DEPENDE DE LO QUE PONGAS EN SU CORAZÓN HOY.**

TIEMPO DE JUBILARSE

Y todo el que pierda su vida
por causa de mí, la hallará.

—MATEO 16:25

Después de haber trabajado como maestra durante 40 años, Jane se jubiló. Ella y su esposo estaban esperando la llegada de su primer nieto.

La jubilación es ese período en la vida en el que muchas personas simplemente se relajan, viajan o disfrutan de sus aficiones. Pero Jane se enteró de un ministerio que trabajaba con jóvenes en situaciones de riesgo, en una ciudad cerca de su casa, y sintió que debía involucrarse. «Me di cuenta de que hay muchachos que tan sólo están esperando y que yo podía marcar una diferencia», dijo. Comenzó a enseñar inglés a un joven liberiano que se había visto forzado a huir de su país de origen por causa de la guerra civil. Aunque estaba en un ambiente seguro, no entendía el nuevo idioma. Ante esta oportunidad ministerial, Jane dijo con una sonrisa: «Podría ir de compras para mantenerme ocupada, pero ¿me divertiría lo suficiente?».

Jane está marcando una diferencia. Tal vez ha aprendido un poquito de aquello a lo que Jesús se refería cuando dijo: «Porque todo el que quiera salvar su vida, la perderá; y todo el que pierda su vida por causa de mí, la hallará» (Mateo 16:25). Entregarnos al Señor a través de la ayuda a los demás demanda abnegación, pero un día Jesús recompensará ese esfuerzo (v. 27).

Sigamos el ejemplo de Jane de amor a Dios y a los demás, sin importar cuál sea la etapa de nuestra vida. —AMC

TRABAJA PARA EL SEÑOR;
SU PLAN DE JUBILACIÓN NO ES DE ESTE MUNDO.

AYUDAR AL QUE SUFRE

Y ahora permanecen la fe, la esperanza y el amor, estos tres; pero el mayor de ellos es el amor.

—1 CORINTIOS 13:13

Al preguntar a personas que sufren, «¿quién te ayudó?», nadie menciona a catedráticos de teología de algún prestigioso seminario ni a ningún filósofo famoso. Todos tenemos la misma capacidad de ayudar a los que sufren.

Nadie puede empaquetar o embotellar la respuesta «apropiada» al sufrimiento. Cuando preguntamos a los que están sufriendo, algunos recuerdan a algún amigo que con alegría los ayudó distrayéndolos de su pesar. Otros consideran ese enfoque insultante. Algunos quieren una charla franca y honesta; otros encuentran dicha conversación insoportablemente deprimente.

No existe una cura mágica para la persona que sufre. Por encima de todo, dicha persona necesita amor, porque este instintivamente detecta lo que hace falta. Jean Vanier, fundador del movimiento *L'Arche* (El Arca), para los que sufren discapacidad, dice: «Las personas heridas, que han sido quebrantadas por el sufrimiento y la enfermedad, sólo piden una cosa: un corazón que las ame y se comprometa con ellas, un corazón lleno de esperanza en ellas».

Puede que tal amor sea doloroso para nosotros, pero el apóstol Pablo nos recuerda que el amor verdadero, «todo lo sufre, todo lo cree, todo lo espera, todo lo soporta» (1 Corintios 13:7).

En Su habitual forma de hacer las cosas, Dios usa a personas corrientes para producir Su sanidad. Los que sufren no necesitan nuestro conocimiento, sino nuestro amor. —PY

«NO AMAN VERDADERAMENTE
LOS QUE NO MUESTRAN SU AMOR». —SHAKESPEARE

¿QUIÉN VA?

Y cuando ha sacado fuera todas las propias,
va delante de ellas; y las ovejas le siguen.

—JUAN 10:4

El otoño pasado, mi esposa y yo recorríamos una sinuosa carretera de montaña cerca de casa cuando nos cruzamos con un gran rebaño de ovejas que bajaban por la carretera hacia nosotros. Un pastor solitario con sus perros iba delante y guiaba al rebaño alejándolo de los pastos de verano y llevándolo hacia las tierras bajas y sus cuarteles de invierno.

Nos hicimos a un lado y esperamos mientras el rebaño pasaba a nuestro lado. Observamos las ovejas hasta que se perdieron de vista, y luego me pregunté: *¿Temerán las ovejas el cambio, el movimiento, los lugares nuevos?*

Como a la mayoría de las personas de cierta edad, a mí me gusta estar dentro del «redil», de lo que me es familiar. Pero últimamente todo son cambios; me llevan lejos de mi ambiente familiar hacia lo desconocido. ¿Qué novedades vendrán en los próximos días? ¿Qué temores innombrables despertarán dentro de mí? Me vienen a la mente las palabras de Jesús en Juan 10: «Y cuando ha sacado fuera todas las propias, va delante de ellas» (v. 4).

Tal vez nos sintamos consternados ante lo que la vida nos depare en el futuro, pero nuestro Pastor conoce el camino que estamos tomando, y Él va delante de nosotros. No nos guiará por senderos demasiado peligrosos ni arduos donde no nos pueda ayudar. Conoce nuestros límites y el camino hacia los pastos verdes y las buenas aguas; todo lo que tenemos que hacer es seguirle. —DHR

NUESTRO FUTURO DESCONOCIDO ESTÁ SEGURO
EN LAS MANOS DEL DIOS QUE TODO LO CONOCE.

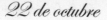

MEMORIA FALLIDA

*Aparta mis ojos, que no vean la vanidad;
avívame en tu camino.*

—Salmo 119:37

Un artículo en la revista *New York Times* relacionaba el aumento de almacenamiento en las computadoras con la disminución de datos en la mente humana. Nuestros ayudantes electrónicos ahora recuerdan números telefónicos, direcciones y otras informaciones que solíamos aprender de memoria. En los colegios, la memorización y la recitación oral están desapareciendo del plan de estudios. Según el *Times*, nos hemos convertido en «productos de una cultura que no hace valer el desarrollo de las habilidades de la memoria».

Y, sin embargo, como seguidores de Cristo, jamás nos hemos encontrado en mayor necesidad de guardar la Palabra de Dios en nuestros corazones (Salmo 119:9-11). Memorizar las Escrituras es más que un ejercicio mental útil. La meta es saturar nuestras mentes con la verdad de Dios para que nuestras vidas sean conforme a Sus caminos. El salmista escribió: «Enséñame, oh Jehová, el camino de tus estatutos, y lo guardaré hasta el fin [...]. Aparta mis ojos, que no vean la vanidad; avívame en tu camino» (Salmo 119:33,37).

¿Por qué no comenzar a memorizar las Escrituras? La constancia y la revisión diaria son elementos clave para el éxito. Y, al igual que el ejercicio físico, esta disciplina espiritual mejora cuando se realiza con un pequeño grupo o con un amigo.

No olvidemos recordar y seguir la sabiduría de la Palabra de Dios que nos da vida. —DCM

DEJA QUE LA BIBLIA LLENE TU MENTE,
GOBIERNE TU CORAZÓN Y GUÍE TU VIDA.

PISÁNDOLE LOS TALONES

Venid en pos de mí,
y os haré pescadores de hombres.
—MATEO 4:19

Stan y Jennifer estaban dando una charla en una conferencia después de su primer trimestre de servicio en el campo misionero.

Jennifer contó acerca de un estudio bíblico que había llevado a cabo con una mujer. Ambas estaban deliberando sobre Mateo 4:19, y la mujer le habló a Jennifer sobre una palabra en su idioma nativo que significa *seguir*. Dijo: «Es la palabra para seguir de cerca, no a cierta distancia».

A fin de ilustrar esto, Jennifer mostró unas sandalias que usan las mujeres nativas, una muy lejos de la otra. Luego puso una sandalia justo junto a la parte de atrás de la otra y pronunció la palabra que significa «seguir justo pisándole los talones a la otra persona». Esto sugiere que hemos de seguir a Jesús lo más cerca que podamos.

Más tarde, cuando Jennifer estaba repasando el diario que había estado escribiendo, quedó sorprendida al ver cuán a menudo había cuestionado: «¿Será Jesús suficiente?». Ella había estado abriéndose paso a través del choque cultural, la soledad, la enfermedad y la falta de hijos. A veces se había sentido lejos de Cristo; pero, cuando por medio de la oración y la fe se había acercado a Él lo más que podía, «pisándole los talones», Él había calmado su alma, restaurado sus fuerzas y le había dado paz.

¿Estás sintiéndote lejos del Señor, vacío, débil y temeroso? Es momento de seguirle, pisándole los talones. —DCE

CUANTO MÁS CERCA CAMINEMOS DE DIOS,
TANTO MÁS CLARAMENTE VEREMOS SU GUÍA.

SECRETOS EXPUESTOS

Mi pecado te declaré, y no encubrí mi iniquidad [...].
Y tú perdonaste la maldad de mi pecado.
—Salmo 32:5

Por muchos años, el Lago Okeechobee escondió muchos secretos en sus densas aguas y en sus capas de fango. Sin embargo, en 2007, la sequía secó este lago hasta alcanzar su nivel más bajo desde que se hubieran hecho registros oficiales en 1932, revelando cientos de años de historia. Al rastrillar el lecho del lago, los arqueólogos encontraron artefactos, cerámica, fragmentos de huesos humanos e incluso botes.

Después de que el rey David cometiera adulterio con Betsabé y planeara la muerte del esposo de esta, Urías, cubrió sus pecados negándolos y no confesándolos. Probablemente pasó muchos meses llevando a cabo sus asuntos, como de costumbre, e incluso realizando deberes religiosos. Todo el tiempo que David mantuvo sus pecaminosos secretos encubiertos experimentó el aplastante dedo acusador de Dios y su fuerza se evaporó como agua en el calor del verano (Salmo 32:3-4).

Cuando el profeta Natán confrontó a David con respecto a su pecado, la convicción de Dios fue tan grande que David confesó sus pecados al Señor y se alejó de ellos. De inmediato, Él perdonó a David y este experimentó Su misericordia y gracia (2 Samuel 12:13; Salmo 32:5; Salmo 51).

Tengamos cuidado de no ocultar nuestro pecado. Cuando los ponemos al descubierto, confesándolos a Dios, quedamos cubiertos con Su perdón. —MLW

DALE A DIOS LO QUE ÉL DESEA MÁS QUE NADA:
UN CORAZÓN QUEBRANTADO Y ARREPENTIDO.

CINCO PERSONAS QUE ENCONTRARÁS EN EL CIELO

Porque es necesario que todos nosotros
comparezcamos ante el tribunal de Cristo.
—2 Corintios 5:10

Mitch Albom, autor de *The Five People You Meet in Heaven* (Las cinco personas que encontrarás en el cielo), dijo que se le ocurrió la idea para su libro cuando imaginó cómo sería el cielo si algunas de las personas en las que causamos impacto en la tierra explicaran nuestra vida cuando las encontráramos allí.

El libro de Albom ofrece una profunda comprensión de cómo intervenimos involuntariamente en las vidas de otras personas. Pero, para los cristianos, nuestro gozo final en la eternidad no proviene de otras personas, sino de nuestro Señor y Salvador. El cielo es un lugar real que Jesús está preparando para nosotros ahora. Y, cuando lleguemos allí, nos regocijaremos al encontrarnos con el Cristo vivo (Juan 14:2-3; 2 Pedro 3:13).

Sin embargo, este encuentro con Jesús también incluirá rendir cuentas por la vida que llevamos en la tierra. Se nos dice a los creyentes: «Porque es necesario que todos nosotros comparezcamos ante el tribunal de Cristo, para que cada uno reciba según lo que haya hecho mientras estaba en el cuerpo, sea bueno o sea malo» (2 Corintios 5:10). Su evaluación sabia y justa nos mostrará lo bien que hemos amado a Dios y a nuestro prójimo (Mateo 22:37-40).

No sabemos quiénes serán las primeras cinco personas con las que nos encontremos en el cielo, pero sí sabemos quién será la primera de todas: el Señor Jesús.
—HDF

ESTAR CON JESÚS POR SIEMPRE
ES LA SUMA DE TODA LA FELICIDAD.

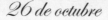
¿ESE ES JESÚS?

A los que antes conoció, también los predestinó
para que fuesen hechos conformes a la imagen de su Hijo,
para que él sea el primogénito.

—ROMANOS 8:29

Al entrar en la iglesia un domingo por la mañana, un niñito me miró y le preguntó a su madre: «Mami, ¿ese es Jesús?». Sobra decir que tuve curiosidad por escuchar la respuesta de la mujer. «No —dijo ella—. Ese es nuestro pastor».

Por supuesto que sabía que ella diría que no, pero aun así deseaba que ella hubiese añadido algo así como: «No, ese es nuestro pastor, pero nos recuerda mucho a Jesús».

Ser como Jesús es el propósito en la vida de aquellos de nosotros que estamos llamados a seguirle. De hecho, tal y como lo observa John Stott, es la meta que nos consume en el pasado, presente y futuro. Romanos 8:29 nos dice que, en el pasado, Dios nos «predestinó para que fu[ésemos] hechos conformes a la imagen de su Hijo». En el presente «somos transformados» al crecer «de gloria en gloria en la misma imagen» (la semejanza de Cristo) (2 Corintios 3:18). Y, en el futuro, «seremos semejantes a él, porque le veremos tal como él es» (1 Juan 3:2).

Ser como Jesús no consiste en guardar las reglas, ir a la iglesia y dar el diezmo, sino en conocer Su perdón y realizar actos de gracia y misericordia de manera constante. Consiste en vivir una vida que valora a todas las personas y en tener un corazón totalmente entregado a la voluntad de nuestro Padre.

Sé como Jesús. ¡Para eso fuiste salvado! —JMS

VIVE DE TAL MODO QUE
LOS DEMÁS VEAN A JESÚS EN TI.

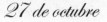

«LUZ» DE LA CREACIÓN

[Dios] hace cosas grandes e inescrutables,
y maravillas sin número.
—Job 5:9

En Jamaica, se encuentra una extensión de agua llamada la Laguna Luminosa. De día es una bahía sin nada de particular, en la costa norte. De noche es una maravilla de la naturaleza.

Si la visitas después de que anochece, notarás que el agua está llena de millones de organismos fosforescentes. Siempre que hay movimiento, el agua y las criaturas en la bahía brillan. Por ejemplo, cuando los peces nadan pasando por tu bote, se encienden como luciérnagas marítimas. A medida que el bote se desliza por el agua, la laguna brilla de manera resplandeciente.

La maravilla de la creación de Dios nos deja sin habla y esto es sólo una pequeña parte de todo el paquete de misterios de la formidable obra de Dios, según se explica detalladamente en Job 37 y 38. Escucha al Señor cuando explica Su papel en la majestad de la naturaleza. «¿Sabes tú cómo Dios las pone en concierto, y hace resplandecer la luz de su nube?» (37:15). «¿Por dónde va el camino a la habitación de la luz, y dónde está el lugar de las tinieblas?» (38:19). Las majestuosas creaciones de Dios, estas luces que resplandecen o peces que brillan, son misterios para nosotros. Pero, tal y como Dios le recordó a Job, todas las maravillas de nuestro mundo son Su obra creativa.

Cuando observamos la asombrosa creación de Dios, nuestra única respuesta puede ser la de Job: Estas son «cosas demasiado maravillosas para mí» (42:3). —JDB

CUANDO YA NO NOS MARAVILLAMOS,
DEJAMOS DE ADORAR.

DISFRAZ CASI PERFECTO

*Ha sido lanzado fuera el acusador de nuestros hermanos,
el que los acusaba delante de nuestro Dios día y noche.*

—APOCALIPSIS 12:10

El una vez líder de los serbios de Bosnia y acusado de genocidio, Radovan Karadzic, había sido uno de los hombres más buscados en el mundo. Engañó a todo el mundo con una larga y blanca barba, documentos falsos y practicando la medicina alternativa… por un tiempo. Después de estar trece años escondido, finalmente fue arrestado.

La Biblia nos dice que Satanás también está dedicado a engañar a las personas por medio de disfraces. Desde el inicio de la historia humana, fingió ser un asesor inteligente, al decirle a Eva que Dios no era honesto con ella (Génesis 3:4). Él «se disfraza como ángel de luz» (2 Corintios 11:14), pero el Señor Jesucristo lo ha desenmascarado como un «mentiroso, y padre de mentira» (Juan 8:44).

A menudo la gente yerra al irse a dos extremos en su opinión de Satanás. Algunos lo desechan mientras otros le atribuyen más poder del que se merece. No nos engañemos. Satanás es poderoso como el «dios de este siglo» (2 Corintios 4:4). Pero los cristianos no tienen que acobardarse ante él con temor, «porque mayor es el que está en vosotros, que el que está en el mundo» (1 Juan 4:4). Llegará el día en el que Satanás será echado al lago de fuego y azufre (Apocalipsis 20:10).

Hasta que llegue ese día, no nos engañemos, sino más bien, vivamos vidas piadosas que reflejen la imagen de Cristo, por cuanto Él es «verdadero, y no hay en él injusticia» (Juan 7:18). —CPH

SATANÁS SÓLO OFRECE TRUCOS Y ENGAÑO.

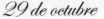

PERDIDO Y HALLADO

Este mi hijo muerto era, y ha revivido;
se había perdido, y es hallado.
—Lucas 15:24

Un artículo en un periódico describía los esfuerzos de hombres de mediana edad que estaban tratando de encontrar su automóvil favorito, que una vez poseyeron y amaron, pero que habían perdido. Buscaban en anuncios para automóviles en Internet, llamaban a depósitos de chatarra e incluso contrataban a especialistas que cobran 400 dólares por hora para ayudarlos a buscar un automóvil que una vez simbolizó la juventud de estos hombres. Ellos, de hecho, quieren el vehículo que una vez poseyeron, no otro que simplemente se le parezca.

Algunos dirían que estos esfuerzos son frívolos, un desperdicio de tiempo y dinero. Pero el valor de un automóvil, al igual que muchas cosas, depende de quién lo mire.

En Lucas 15, personas despreciadas por su sociedad vinieron a escuchar a Jesús. Pero algunos líderes religiosos se quejaron: «Este a los pecadores recibe, y con ellos come» (v. 2). A fin de declarar cuán valiosos son estos «pecadores» para Dios, Jesús contó tres historias acerca de la oveja perdida (vv. 4-7), la moneda perdida (vv. 8-10) y el hijo perdido (vv. 11-32). Cada parábola registra la angustia de perder, el esfuerzo de buscar y el gozo de encontrar algo de gran valor. En cada historia vemos un cuadro de Dios, el Padre amoroso, que se regocija por cada alma perdida que se salva.

Aun cuando te sientas lejos de Dios hoy, tú eres de gran valor para Él. Él te está buscando. —DCM

LOS QUE HAN SIDO HALLADOS
DEBEN BUSCAR A LOS PERDIDOS.

QUÉDATE

En todo tiempo ama el amigo,
y es como un hermano en tiempo de angustia.
—PROVERBIOS 17:17

El autor de novelas del oeste, Stephen Bly, dice que en aquellos días había dos tipos de amigos: los que huían corriendo y los que se quedaban. A la primera señal de problemas, los primeros partían como un rayo, abandonando a su amigo en medio del peligro. Pero los que se quedaban, permanecían con su compañero, sin importar las circunstancias. Desafortunadamente, no se podía saber qué clase de amigo se tenía hasta que llegaba el problema. Y entonces, ya era muy tarde, a menos que dicho amigo fuera de los que se quedaban.

Sin embargo, más que estar preocupados con el tipo de amigos que *tenemos*, debiéramos considerar qué tipo de amigos somos. En sus últimos días, mientras Pablo aguardaba su muerte, algunos de los que habían ministrado con él, huyeron y lo abandonaron para que enfrentara su ejecución solo. En su última carta, él menciona a algunos (como Demas) que habían huido, y luego simplemente declaró: «Sólo Lucas está conmigo» (2 Timoteo 4:11). Lucas era de los que se quedaban. Si bien se sentía decepcionado por aquellos que lo habían abandonado, Pablo sintió un profundo consuelo al saber que no estaba solo.

Los Proverbios nos dicen que «en todo tiempo ama el amigo» (17:17). Durante tiempos de adversidad, necesitamos amigos en quien confiar. Cuando las personas que conocemos enfrentan problemas, ¿qué clase de amigos seremos: los que huyen o los que se quedan? —WEC

UN VERDADERO AMIGO SE QUEDA CON NOSOTROS
EN LOS TIEMPOS DE PRUEBA.

¿POR QUÉ MURIÓ CRISTO?

*Mas Dios muestra su amor para con nosotros,
en que siendo aún pecadores, Cristo murió por nosotros.*
—ROMANOS 5:8

La muerte expiatoria de Cristo es una verdad tan insondable, que los eruditos no han podido descubrir plenamente sus profundidades. Piensa en esto: Jesús, el Hijo de Dios, murió para pagar el castigo por nuestros pecados. Varias teorías han tratado de explicar qué sucedió, pero las Escrituras enseñan que la mejor manera de describir este gran misterio es la sustitución. Un hombre inocente cargó con los pecados de toda la humanidad.

Cliff Barrows cuenta que, una vez, sus dos hijos pequeños hicieron algo malo. Aunque se les advirtió amablemente, volvieron a desobedecer y tuvieron que ser disciplinados. El tierno corazón de Cliff sufría al pensar en tener que castigar a quienes amaba. Entonces, les pidió a sus dos hijos que lo acompañaran a su habitación; se quitó el cinturón y la camisa, y con la espalda desnuda, se arrodilló junto a su cama. Después, le dijo a cada uno de ellos que le pegaran diez veces. ¡Cómo lloraron! Pero alguien tenía que ser castigado. Los niños no dejaban de sollozar mientras azotaban la espalda de su papá. Luego Cliff los abrazó y los besó, y oraron juntos. «Me dolió —recuerda él—, pero nunca tuve que volver a castigarlos».

¿Te persigue el recuerdo de alguna acción cobarde, egoísta o vergonzosa? Jesús recibió los azotes por todos nuestros pecados. Ahora nos invita a aceptar Su perdón y a dedicarle nuestras vidas. Quiere que conozcamos la grandeza del amor de su Padre. ¡Por eso murió! —DJD

DIOS, EL JUEZ, NO SÓLO NOS DECLARÓ CULPABLES,
SINO QUE TAMBIÉN PAGÓ LA PENA.

PREFERIR EL ANONIMATO

Mas cuando tú des limosna,
no sepa tu izquierda lo que hace tu derecha,
para que sea tu limosna en secreto.

—MATEO 6:3-4

El impulso a portarme mal y el deseo de permanecer anónima siempre me vienen juntos. Como si fueran socios que ofrecen vender su producto, se esfuerzan al máximo para convencerme de que puedo darme el lujo de hacer algo malo, porque no tendré que pagar.

La naturaleza humana nos dice que usemos la cubierta del anonimato para evitar que se nos eche la culpa de las cosas malas que hacemos. Sin embargo, Dios nos dice otra cosa. Él quiere que usemos el anonimato para evitar recibir el crédito por el *bien* que hacemos (Mateo 6:4). ¿Por qué será que el impulso a permanecer anónimo rara vez acompaña a mi deseo de hacer bien?

La Biblia dice que no hemos de dejar que una mano sepa el bien que la otra está haciendo (vv. 3-4). En otras palabras, dentro del cuerpo de Cristo, nuestros actos de caridad deben hacerse sin llamar la atención sobre nosotros mismos. Sin embargo, esto no significa que Dios quiera que las buenas acciones permanezcan ocultas; simplemente, significa que deben hacerse de una manera que le den gloria a Dios y no a nosotros (5:16).

Cuando nos ofrecemos como voluntarios para prestar nuestros servicios o realizamos donaciones a iglesias y organizaciones para hacer bien en el nombre de Jesús, obtenemos algo mucho mejor que la honra de nuestros contemporáneos. ¡Recibimos recompensas de parte de Dios, y Él recibe la gloria de los demás! (1 Pedro 2:12). —JAL

CUANDO SERVIMOS EN EL NOMBRE DE JESÚS,
ÉL RECIBE LA GLORIA.

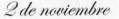
PRISIONEROS DEL PECADO

*Mas la Escritura lo encerró todo bajo pecado,
para que la promesa que es por la fe en Jesucristo
fuese dada a los creyentes.*

—GÁLATAS 3:22

Un informe del 2008 de la Oficina de las Naciones Unidas para Drogas y Crímenes decía: «En cualquier momento dado hay más de 10 millones de personas encarceladas en todo el mundo». Como algunos presos son liberados mientras que otros reciben sentencias cada día, cada año hay un total de más de 30 millones de prisioneros en todo el mundo. Estadísticas como estas han hecho que muchas personas trabajen en pos de una reforma en el sistema de encarcelamiento y una reestructuración de las leyes para pronunciar sentencias.

Desde una perspectiva espiritual, la Biblia ofrece una estadística aún más asombrosa: «Mas la Escritura lo encerró *todo* [el mundo entero] bajo pecado» (Gálatas 3:22). En lo que algunas veces se considera un pasaje difícil de entender, Pablo dice que, aunque la ley del Antiguo Testamento no podía impartir vida (v. 21), era un eficaz maestro a la hora de mostrarnos que necesitamos un Salvador que pudiera revivirnos (v. 24). La mala noticia es que «la Escritura lo encerró todo bajo pecado», y la buena noticia es «que la promesa que es por la fe en Jesucristo [es] dada a los creyentes» (v. 22).

Cuando le entregamos nuestra vida a Cristo, que ha cumplido con los requerimientos de la ley, ya no somos prisioneros del pecado. En vez de ello, entramos en una comunión de personas de toda nacionalidad y condición social.

En Cristo, ¡somos verdaderamente libres! —DCM

LA LIBERACIÓN DEL PECADO
ES LA MAYOR DE TODAS LAS LIBERTADES.

3 de noviembre

AYUDA DEL TEMOR

El temor de Jehová es el principio de la sabiduría,
y el conocimiento del Santísimo es la inteligencia.
—PROVERBIOS 9:10

El temor tiene diferentes significados para diferentes personas. Para el golfista profesional Padraig Harrington, es un motivador para ayudarle a dar lo mejor de sí en un partido. En el 2008, cuando ganó el Abierto de Gran Bretaña y el Campeonato de la PGA (la Asociación de Golf Profesional), Harrington dijo: «Sí, el temor es una gran parte de mí. Me gustaría decir que tengo toda la confianza y la paciencia, y que estoy relajado. Pero no, esa no es mi forma de ser. [El temor] me hace seguir adelante. Me hace mantenerme en forma. Tengo que trabajar con él y usarlo».

Tal vez sea el temor al fracaso o a perder su posición de ventaja, pero Harrington piensa que el temor es algo útil en su vida profesional.

El seguidor de Cristo también puede recibir ayuda del temor. Las Escrituras nos desafían a tener un temor reverencial de Dios, que es el mejor tipo de temor que hay. Nos hace estar preocupados en cuanto a desobedecerle o vivir en oposición a Sus estatutos. Es estar sobrecogidos ante nuestro gran Dios, inclinándonos ante Su perfecta voluntad y buscando Su sabiduría para vivir. Con ese fin, el proverbio declara: «El temor de Jehová es el principio de la sabiduría, y el conocimiento del Santísimo es la inteligencia» (Proverbios 9:10).

Con un temor correcto de Dios, podemos vivir sabiamente en un mundo incierto. —WEC

TEME A DIOS
Y NO TENDRÁS NADA MÁS QUE TEMER.

SEMILLAS Y FE

*Todo lo que el hombre sembrare,
eso también segará.*
—GÁLATAS 6:7

Leí una fábula acerca de un hombre que estaba mirando en una tienda cuando hizo el pavoroso descubrimiento de que Dios estaba detrás del mostrador. Así que el hombre se acercó, y preguntó: «¿Qué vendes?» Dios respondió: «¿Qué desea tu corazón?» El hombre dijo: «Quiero felicidad, paz mental y libertad del temor […] para mí y para todo el mundo». Dios sonrió y dijo: «Aquí no vendo frutos. Sólo semillas».

En Gálatas 6, Pablo enfatizó la importancia de sembrar semillas de comportamiento que honren a Dios, porque «todo lo que el hombre sembrare, eso también segará» (v. 7). No podemos esperar experimentar el fruto de las bendiciones de Dios si no reconocemos la importancia de hacer nuestra parte.

Seguir el ejemplo de otros que han sembrado buena semilla puede ayudarnos. Samuel Shoemaker dijo que un buen ejemplo puede inspirarnos o hacernos decir: «Ah, sí, él (o ella) es así. Los cambios de humor, los nervios, la impaciencia o la preocupación no le suponen un problema como en mi caso; simplemente tiene mejor temperamento». Shoemaker continuó: «Puede que no se nos ocurra que tal vez esta persona haya tenido que luchar por su serenidad y que también podríamos triunfar si hiciéramos lo mismo».

¿Estás cansado de tu manera de ser? Pídele ayuda a Dios y comienza hoy a sembrar las semillas de nuevas acciones y respuestas. A su debido tiempo, el Espíritu dará el crecimiento. —JEY

LAS SEMILLAS QUE SEMBRAMOS HOY DETERMINAN
EL TIPO DE FRUTO QUE COSECHAREMOS MAÑANA.

UNA BUENA ACICALADA

Escudríñame, oh Jehová, y pruébame;
examina mis íntimos pensamientos y mi corazón.
—Salmo 26:2-3

Nuestra perra, Dolly, es una terrier escocesa de siete años de edad. Le encanta escarbar en la tierra, lo cual significa que se ensucia mucho. La bañamos en casa una vez a la semana más o menos, pero de vez en cuando termina tan mugrienta y enredada que tenemos que llevarla a una peluquería canina para un tratamiento profesional.

Dolly detestaba ir allí porque la mujer que la atendía siempre estaba con prisa, y solía tener mal humor y ser muy dura. Hacer que atravesara la puerta era una lucha. Tan sólo ver el local hacía que quisiera huir.

El año pasado decidimos probar en otro salón y descubrimos que nuestra perra estaba menos renuente a ir, aunque la idea jamás la llenó de gozo. Eso se debe a que la persona que la atiende es amable con ella aun cuando deba bañarla a fondo, lo que le causa incomodidad.

Cuando el pecado y la maldad se acumulan en nuestro interior, necesitamos que se nos limpie. Al igual que el salmista David, debemos pedirle a Dios que examine y pruebe nuestras mentes y corazones, y nos señale los pensamientos, las actitudes y las acciones viles (Salmo 139:23-24). Puede que el Señor nos cause incomodidad, ya que la exposición es a menudo difícil, pero podemos acercarnos a Él sin temor.

Aunque algunas veces es doloroso, cuando el Señor nos examina, lo hace con amabilidad y gentileza. —DHR

EL ARREPENTIMIENTO ES EL DOLOR
QUE LLEVA A LA SANIDAD.

LA HISTORIA COBRA VIDA

Y cuando os dijeren vuestros hijos: ¿Qué es este rito vuestro?,
vosotros responderéis: Es [...] la pascua.

—ÉXODO 12:26-27

La película *Noche en el museo* describe las graciosas experiencias de un guardia en un museo de historia natural. La emoción comienza cuando las figuras exhibidas cobran vida por la noche.

Inspirados en esta película, los directores de un museo de verdad crearon una experiencia similar. El personal interpretaba figuras históricas como caballeros con armadura, damas de la época victoriana y miembros de la realeza egipcia. Cuando los niños llegaban, se les decía que los personajes habían cobrado vida y era necesario hacer que volvieran a su lugar. Al hacerlo, la historia cobraba vida para ellos.

Los niños no tienen por qué aburrirse con la historia. Esto es especialmente cierto en cuanto a las historias bíblicas. Tomemos a Moisés, por ejemplo. Escapó de la muerte siendo un bebé, fue educado como un príncipe, obró milagros y recibió los Diez Mandamientos. ¡Cuántos elementos emocionantes en una historia para enseñarles a los niños acerca de Dios!

Hace generaciones que a los niños se les han contado historias bíblicas, como en el período de Éxodo (caps. 12–13) y Deuteronomio (cap. 6). Moisés describió momentos en los que se les volvían a relatar hechos vitales de la historia judía.

¿Por qué no separar un tiempo para leerles historias bíblicas a los niños que son parte de tu vida? Después, ¡observa su emoción a medida que estas cobran vida! —HDF

LOS TESOROS DE LA BIBLIA LOS ENCUENTRAN
AQUELLOS QUE EXCAVAN PARA BUSCARLOS.

¿CÓMO IBA A SABERLO?

Y no contristéis al Espíritu Santo de Dios, con el cual fuisteis sellados para el día de la redención.

—Efesios 4:30

Era la temporada de los conciertos de la escuela secundaria y los estudiantes de música se estaban preparando para la gran fiesta navideña. La profesora había comunicado claramente cada detalle a los estudiantes y a los padres en dos ocasiones distintas, y la hora, fecha y lugar del ensayo obligatorio estaban claramente establecidos.

Pero el día del ensayo una madre nerviosa llamó durante la práctica para averiguar a qué hora se suponía que su hija adolescente debía presentarse. Otra llamó para decir, «Oh, estamos llevando a Tomás a lo de la abuela. No hay problema si se pierde el ensayo, ¿cierto?». Cuando la profesora les recordó a los padres que era una práctica obligatoria y que ya había comenzado, escuchó a alguien decir: «¿Por qué nadie me avisó? ¿Cómo iba a saberlo?».

Así como esta profesora se sentía molesta porque sus claras instrucciones fueron ignoradas, ¿será posible que Dios se sienta atribulado por nuestra tendencia a ignorar Sus claras instrucciones? En 1 Tesalonicenses, Pablo nos recuerda que el mensaje de inspiración divina nos dice «cómo [n]os conviene conducir[n]os y agradar a Dios» y que esas instrucciones fueron dadas «por el Señor Jesús» (4:1-2). Pablo explica que al Señor le entristece que ignoremos Sus enseñanzas y vivamos como nosotros queramos (Efesios 4:30-5:2).

Hagamos que leer las instrucciones de Dios y luego vivir conforme a ellas, sin excusas, sea nuestro objetivo. —JDB

NO HAY UNA BUENA EXCUSA
PARA IGNORAR A DIOS.

LA IGLESIA PERSEGUIDA

*Pero si alguno padece como cristiano,
no se avergüence, sino glorifique a Dios por ello.*
—1 Pedro 4:16

Una mañana de octubre de 2006, una mujer y sus seis hijos fueron obligados a presenciar un ataque contra el esposo y padre de la familia. Sus atacantes trataron de forzarlo a negar a Jesús, pero se rehusó. Siguió proclamándolo como Señor y murió orando por su familia, la cual está decidida a seguir a Cristo, aun en su dolor.

Otro hombre fue sentenciado a tres años de cárcel supuestamente por haber insultado otra religión. Es un cristiano que habla con pasión de su fe y de Cristo. Él, su esposa e hijos siguen fieles y rehúsan negarlo.

La persecución a la fe cristiana es tan real en nuestro mundo como lo fue para los creyentes judíos en la iglesia primitiva, por quienes Pedro oró, diciendo: «Mas el Dios de toda gracia, […] después que hayáis padecido un poco de tiempo, él mismo os perfeccione, afirme, fortalezca y establezca» (1 Pedro 5:10). Hoy, Día internacional de oración por la iglesia perseguida, estos pedidos de Puertas Abiertas, un ministerio dedicado a alentar a los cristianos perseguidos, pueden guiarnos al orar:

Por la seguridad y fe de los creyentes ocultos en países donde es ilegal testificar de Cristo.

Por la salud, perseverancia y aliento de los creyentes encarcelados por causa del evangelio.

Para que aquellos cuyos seres amados murieron como mártires hallen fortaleza en Dios.

Oremos juntos al Señor por nuestros compañeros de la fe. —AMC

«LA SANGRE DE LOS MÁRTIRES ES LA SEMILLA
DE LA IGLESIA». —TERTULIANO

LA PASIÓN DE NUESTRO DESEO

Como el ciervo brama por las corrientes de las aguas,
así clama por ti, oh Dios, el alma mía.

—SALMO 42:1

El pastor A.W. Tozer (1897–1963) leyó a los grandes teólogos cristianos hasta que pudo escribir acerca de ellos con facilidad. Él nos desafía: «Acérquense a los hombres y mujeres santos del pasado y pronto sentirán la pasión de su deseo por Dios. Lloraban por haberlo perdido, oraban y luchaban, y buscaban Su rostro día y noche, a tiempo y fuera de tiempo; y, cuando lo encontraban, el hallazgo era muchísimo más dulce por la larga búsqueda».

El autor del Salmo 42 tenía la clase de anhelo por el Señor de la que Tozer hablaba. Al sentirse separado de Dios, el salmista usó el símil de un ciervo que brama de sed, para expresar su profundo anhelo de experimentar la presencia de Dios. «Como el ciervo brama por las corrientes de las aguas, así clama por ti, oh Dios, el alma mía. Mi alma tiene sed de Dios, del Dios vivo» (vv. 1-2). La pasión de su deseo por el Señor era tan grande, y su dolor tan intenso que fue más lo que lloró que lo que comió (v. 3). Pero el anhelo del salmista quedó satisfecho cuando puso su esperanza en Dios y lo alabó por Su presencia y ayuda (vv. 5-8).

¡Oh, si tuviéramos un anhelo y una sed de Dios tan intensos que los demás sintieran la pasión de nuestro deseo por Él! —MLW

SÓLO JESÚS, EL AGUA VIVA,
PUEDE SATISFACER EL ALMA SEDIENTA.

EL ABRAZO DE DIOS

Amaos los unos a los otros con amor fraternal;
en cuanto a honra, prefiriéndoos los unos a los otros.
—Romanos 12:10

Después de que su familia partiera porque ya era tarde, Carolina comenzó a pensar que su habitación en el hospital debía ser el lugar más solitario del mundo. La noche había caído, los temores por causa de su enfermedad regresaban y ella sentía una abrumadora desesperación mientras yacía allí, sola.

Cerrando los ojos, comenzó a hablarle a Dios: «Oh Señor, sé que no estoy realmente sola. Estás aquí conmigo. Por favor, dale calma a mi corazón y dame paz. Haz que sienta Tus brazos a mi alrededor, sosteniéndome».

Mientras oraba, Carolina sintió que sus temores comenzaban a amainar. Y, cuando abrió los ojos, miró hacia arriba para encontrarse con los cálidos y chispeantes ojos de su amiga Margarita, que había extendido sus brazos para rodearla con un gran abrazo. Carolina sintió como si Dios mismo estuviese sosteniéndola fuertemente.

A menudo, Dios usa a otros creyentes para mostrarnos Su amor. «Así nosotros, siendo muchos, somos un cuerpo en Cristo, [...] teniendo diferentes dones, según la gracia que nos es dada, [...] úsese» (Romanos 12:5-6). Servimos a los demás «conforme al poder que Dios da, para que en todo sea Dios glorificado por Jesucristo» (1 Pedro 4:11).

Cuando mostramos amor y compasión de maneras sencillas y prácticas, somos parte del ministerio de Dios a Su pueblo. —CHK

MOSTRAMOS NUESTRO AMOR A DIOS
CUANDO AMAMOS A SU FAMILIA.

VALOR HUMILDE

Recibidle, pues, en el Señor, con todo gozo,
y tened en estima a los que son como él.
—Filipenses 2:29

Un reportaje del diario *Chicago Tribune* decía: «Montones de estadounidenses, desde clérigos hasta abogados y presidentes de compañías, están reclamando medallas al valor que jamás ganaron». La fabricación de registros de guerra y las falsas afirmaciones de valentía están más generalizadas de lo imaginable. Un hombre, que reclamó falsamente una Cruz de la Marina, posteriormente sintió vergüenza y dijo que los verdaderos héroes rara vez hablan de lo que han hecho.

El heroísmo está marcado por un generoso acto de arriesgar la vida en beneficio de otro. En Filipenses, Pablo elogió a dos de sus colegas como verdaderos héroes de la fe. La generosidad de Timoteo y su carácter probado se ganaron el reconocimiento del apóstol como un verdadero hijo que había servido con él en el evangelio (2:22). Y Pablo describió a Epafrodito como «hermano y colaborador y compañero de milicia» (v. 25), que arriesgó su vida por la obra de Cristo (v. 30).

Pablo les dijo a los creyentes en Filipos: «Tened en estima a los que son como él» (v. 29). Honrar a nuestros compañeros de la fe por su desinteresado servicio a Dios es un mandato bíblico. No se trata de la adoración a un héroe, sino de una actitud de respeto por una vida bien vivida.

¿A quién puedes honrar hoy con una palabra de aliento o una expresión tangible de aprecio por su humilde valor al servir al Señor y ayudar a los demás en Su nombre? —DCM

La fe en Cristo puede convertir a personas
ordinarias en héroes extraordinarios.

EXISTENCIA FRÁGIL

Para que no confiásemos en nosotros mismos,
sino en Dios.

—2 Corintios 1:9

Me fascinan las formaciones geológicas en el Parque Nacional de Yellowstone. Pero, cuando camino entre los géiseres, soy consciente de lo cerca que estoy del peligro. Estoy caminando sobre uno de los volcanes más grandes y activos en el mundo.

Cuando leo el libro de Job, es como si estuviera caminando por Yellowstone y el volcán entrase en erupción, haciendo que la frágil corteza de la tierra explote y cause un gran desastre.

Al igual que los turistas en Yellowstone, Job estaba disfrutando de la vida. No estaba al tanto de que sólo un muro lo separaba del desastre (Job 1:9-10). Cuando Dios quitó ese muro y permitió que Satanás probara a Job, su vida explotó (vv. 13-19).

Muchos creyentes viven en circunstancias en las que parece que Dios, por alguna razón, ha quitado Su muro de protección. Otros, también por razones desconocidas, viven en relativa calma, aparentemente ignorantes de su frágil existencia. Al igual que los amigos de Job, asumen que nada malo les pasará, a menos que hagan algo para merecerlo.

Sin embargo, a partir de lo que aprendemos de Job, Dios permite algunas veces que a las personas buenas les sucedan cosas malas. Aunque el desastre puede ocurrir en cualquier momento, nada tiene el poder de destruir a aquellos que confían en Cristo (2 Corintios 4:9). Ningún desastre puede separarnos del amor de Dios.

—JAL

EL AMOR DE DIOS SIGUE EN PIE
CUANDO TODO LO DEMÁS HA CAÍDO.

¡NO HAY TRATO!

Escrito está: no sólo de pan vivirá el hombre,
sino de toda palabra de Dios.

—Lucas 4:4

Todos hemos visto y escuchado anuncios publicitarios que nos tientan a tomar atajos hacia la felicidad. ¡Compre nuestro producto y no pague más durante todo un año! ¡Gratificación instantánea!

Cuando el diablo tentó a Jesús (Lucas 4:1-13), le ofreció un atajo hacia la «satisfacción». Trató de tentar a Jesús para que tomase el asunto en Sus propias manos en vez de confiar en Su Padre.

Cuando Jesús tuvo hambre, tras 40 días de ayuno (v. 2), Satanás sugirió que usara Su poder para convertir las piedras en pan. Si el Señor lo hubiese hecho, habría estado usando Sus poderes para Su propio beneficio, pero se negó a hacerlo.

¿Por qué Jesús no aceptó el ofrecimiento del diablo de gobernar todos los reinos del mundo de inmediato? (vv. 5-7). Podría haber evitado la cruz. Pero eso habría ido contra el plan de Dios para Él; es decir, que diera Su vida en la cruz, resucitara y se sentara a la diestra del Padre en Su reino. El atajo que Satanás le ofrecía no era nada ventajoso.

Cuídate de las tentaciones que parecen representar un costo pequeño en el presente. Satanás espera lograr que hagas las cosas a su manera. Y no se rinde con facilidad. Aun después de que Jesús venciera la tercera tentación, Satanás sólo se fue «por un tiempo» (v. 13).

Siempre que te hagan una oferta para un atajo hacia la felicidad, ¡fíjate quién está detrás del mostrador! —CPH

LA MEJOR MANERA DE ESCAPAR A LA TENTACIÓN
ES CORRER HACIA DIOS.

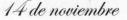

GOZO EN MEDIO DEL DOLOR

*Y no podía distinguir el pueblo
el clamor de los gritos de alegría, de la voz del lloro.*
—Esdras 3:13

Después de sólo unas pocas lecciones de arte, Joel, de diez años, decidió poner a prueba su habilidad y pintó una flor. Mientras observaba la fotografía de una rosa de Sarón, pudo pintar una bella mezcla de azul, púrpura, rojo, verde y blanco. Esto hizo que la flor, que había sido fotografiada el día en que murió su tía, pareciera cobrar vida. Para la familia, la pintura del niño simbolizaba una mezcla agridulce de sentimientos. Si bien era un recordatorio perdurable de la pérdida que habían sufrido, también conllevaba la celebración del don artístico de Joel, el cual acababa de surgir. La pintura trajo gozo en medio del dolor.

Igualmente, el pueblo de Judá también tuvo una experiencia agridulce al regresar a Jerusalén después del cautiverio en Babilonia. Al comenzar a reconstruir el templo de Salomón, muchos entonaban cánticos de alabanza. Al mismo tiempo, algunos de los ancianos que habían visto la belleza del templo original destruido por la guerra, lloraban a gritos. Se nos dice que «no podía distinguir el pueblo el clamor de los gritos de alegría, de la voz del lloro» (Esdras 3:13).

El sufrimiento puede ser así. Aunque haya tristeza al mirar atrás, también encontramos una promesa de gozo al confiar en Dios para el futuro. Incluso en medio de una pérdida devastadora, tenemos esta esperanza: El Señor provee gozo en medio del dolor. —HDF

AUN EN LOS MOMENTOS MÁS SOMBRÍOS,
LOS CRISTIANOS TIENEN LA ESPERANZA MÁS BRILLANTE.

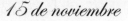

AGRADANDO A DIOS

*Por tanto procuramos también
[...] serle agradables.*
—2 Corintios 5:9

Andy Warhol, el pintor de arte pop de imágenes norteamericanas tales como la sopa Campbell, dijo una vez, «En el futuro, todos serán famosos por quince minutos». Pero se equivocó. Hay millones de personas que jamás lograrán ser el centro de atención ni por un momento. Algunas de ellas son hombres y mujeres que pasan sus vidas haciendo cosas tales como trabajar duro, criar buenos hijos, orar fielmente por los demás, compartir su fe con aquellos que todavía no conocen a Jesús. Enseñan en la escuela dominical, llevan comida a los enfermos, acompañan a ancianos a sus citas con el doctor y hacen otras incontables bondades.

Puede que a estas personas jamás se las reconozca fuera de su círculo de familiares y amigos. Ciertamente, sus nombres no son famosos. Y, aunque a menudo se entregan a sí mismas de buena gana y con sacrificio, puede que no reciban mucho agradecimiento ni alabanza por su servicio. Pero Dios sabe de su fidelidad y se complace en su obediencia.

Pablo, en 2 Corintios 5:9, nos enseña que «procuramos también [...] serle agradables» a Dios. Al Señor le agrada que, por fe, creamos en Él y entreguemos nuestras vidas a Su servicio (Hebreos 11:6). Esa es nuestra recompensa, porque la aprobación de Dios siempre es más dulce que el aplauso de la multitud. —CHK

LOS ACTOS QUE DIOS ENCUENTRA AGRADABLES
SON LOS QUE SE HACEN EN SERVICIO A ÉL.

EL PROBLEMA DE LA AUTOSUFICIENCIA

*Yo conozco tus obras, que ni eres frío ni caliente.
¡Ojalá fueses frío o caliente!*

—APOCALIPSIS 3:15

La ciudad de Laodicea tenía problemas con el agua. Una de las ciudades cercanas contaba con fabulosas fuentes termales y otra tenía agua fresca y cristalina. Sin embargo, Laodicea debía aguantarse con un agua tibia y cargada de minerales que sabía a azufre. No era caliente ni fría. Era simplemente asquerosa.

Ante esto, las palabras de Jesús a los creyentes laodicenses, en Apocalipsis 3, probablemente les impactaron. Jesús los reprendía por no ser «frío[s] ni caliente[s]» (v. 15). Y, cuando pensaba en ellos, sentía ganas de vomitar (v. 16), justo el efecto del agua que ellos tenían para beber.

¿Cuál era su problema? El pecado de la autosuficiencia. Los laodicenses se habían enriquecido tanto que habían olvidado lo mucho que necesitaban a Jesús (v. 17).

Cuando decimos que tenemos todo lo que necesitamos, pero Jesús no encabeza la lista, Él se ofende profundamente. La autosuficiencia nos aleja de buscar las cosas que realmente necesitamos y que sólo el Señor puede dar. Si prefieres tener dinero en vez de carácter, si tus tarjetas de crédito están al máximo y tu rectitud al mínimo, si te has vuelto astuto, pero no eres sabio, has realizado tus compras en todos los lugares equivocados. Jesús ofrece productos que son muchísimo mejores (v. 18). Él está llamando a la puerta de tu corazón (v. 20). Déjalo entrar. ¡Te dará todo lo que realmente necesitas! —JMS

SIEMPRE TENEMOS SUFICIENTE
CUANDO DIOS ES NUESTRA PROVISIÓN.

DOS BLANCAS

Pero ésta, de su pobreza echó todo lo que tenía,
todo su sustento.

—Marcos 12:44

Jesús se sentó en el templo cerca del arca de la ofrenda y observaba mientras las personas se acercaban y depositaban sus ofrendas para el templo (Marcos 12). Algunos montaban un espectáculo para ello, tal vez para que los demás pudieran ver cuánto habían dado. Justo en ese momento, vino una pobre mujer y echó dos «blancas».

Una blanca era la moneda de más baja denominación en circulación. Por lo tanto, la ofrenda de la viuda era muy pequeña y de ningún valor a los ojos de muchos. Pero nuestro Señor vio lo que los demás no habían visto. Ella había dado «todo lo que tenía» (Marcos 12:44). La viuda no estaba tratando de llamar la atención hacia sí. Simplemente, estaba haciendo lo que podía. ¡Y Jesús lo notó!

No debemos olvidar que nuestro Señor ve todo lo que hacemos, aunque pueda parecer muy pequeño. Tal vez no sea nada más que mostrar un semblante alegre en momentos difíciles o un acto desapercibido de amor y amabilidad hacia alguien que pasa por casualidad. Puede que sea una oración breve y en silencio por algún vecino en necesidad.

Jesús dijo: «Guardaos de hacer vuestra justicia delante de los hombres, para ser vistos de ellos; de otra manera no tendréis recompensa de vuestro Padre que está en los cielos [...]. Mas cuando tú des limosna [...] sea [...] en secreto; y tu Padre que ve en lo secreto te recompensará en público» (Mateo 6:1-4). —HDR

DIOS VE EL CORAZÓN, NO LA MANO;
AL DADOR, NO LA OFRENDA.

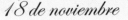

DIOS OBRA EN EL BARRO

Jehová Dios formó al hombre del polvo de la tierra,
y sopló en su nariz aliento de vida,
y fue el hombre un ser viviente.

—Génesis 2:7

En una novela de los años 50, hay una escena en la que cuatro aldeanos se confiesan sus pecados unos a otros. Uno de los hombres, Michelis, exclama: «¿Cómo puede Dios dejarnos vivir en la tierra? ¿Por qué no nos mata para purificar la creación?». «Porque, Michelis —respondió otro de los hombres—, Dios es un alfarero; trabaja con barro».

Esto es lo que Dios hizo literalmente en Génesis. El soberano Creador formó y moldeó a la humanidad por medio de un diseño único. Este proceso implicó el tener que diseñar a un hombre del polvo de la tierra. La palabra *formó* en Génesis 2:7 describe la obra de un artista. Al igual que un alfarero que del barro moldea y diseña un vaso o alguna otra vasija, el Señor Dios formó a la humanidad de la arcilla.

Dios continuó Su obra con el polvo y el barro al soplar aliento de vida en el hombre y transformarlo en un alma viviente. Esto hizo del hombre un ser espiritual, con la capacidad de servir y tener comunión con el Señor.

Después del pecado de Adán y Eva, Dios siguió obrando en y con el barro al enviar a Su Hijo Jesús a morir por la humanidad, y así regenerar a aquellos que lo reciben, para que disfruten de la comunión con Él. En señal de gratitud, usemos nuestras manos para hacer buenas obras para Su gloria. —MLW

DIOS ES EL ÚNICO
QUE PUEDE PURIFICAR LO SUCIO.

PRECIOSO FRUTO

Mas el fruto del Espíritu es amor,
gozo, paz, paciencia, benignidad, bondad, fe,
mansedumbre, templanza.
—GÁLATAS 5:22-23

¿Cuánto estarías dispuesto a pagar por una fruta? En Japón, alguien pagó más de 6000 dólares por una sandía Densuke. Esta bella esfera de color verde oscuro, que sólo crece en la isla Hokkaido, al norte de Japón, parece una bola de bolos. La sandía de casi nueve kilos fue una de unos pocos miles que estuvieron disponibles ese año. La rareza de la fruta ocasionó un precio astronómico en el mercado.

Los cristianos tienen un fruto muchísimo más precioso que la sandía Densuke. Se lo llama el fruto del Espíritu: «amor, gozo, paz, paciencia, benignidad, bondad, fe, mansedumbre, templanza» (Gálatas 5:22-23). Cada «fruto» es un aspecto diferente de la semejanza a Cristo. En los Evangelios, vemos cómo Cristo ejemplificó estas virtudes. Ahora Él quiere producirlas en nuestros corazones, en lo que decimos, en nuestra manera de pensar y de responder a la vida (Juan 15:1-4).

Puede que una fruta rara y deliciosa ocasione un precio elevado en el mercado, pero el carácter a semejanza de Cristo tiene un valor muchísimo mayor. Al confesar todo pecado conocido y rendirnos al Espíritu de Dios que vive dentro de nosotros, nuestras vidas serán transformadas a la semejanza de Cristo (1 Juan 1:9; Efesios 5:18). Este fruto espiritual llenará nuestras vidas de gozo, bendecirá a los que estén alrededor de nosotros y durará por toda la eternidad. —HDF

SER FRUCTÍFEROS PARA CRISTO
DEPENDE DE NUESTRA COMUNIÓN CON ÉL.

AYUDA CON UN JONRÓN

Cada uno según el don que ha recibido,
minístrelo a los otros, como buenos administradores
de la multiforme gracia de Dios.
—1 PEDRO 4:10

Sara Tucholsky, jugadora de softball para la Universidad Western Oregon, bateó el primer jonrón de su vida en un juego contra Central Washington. Pero casi no logra crédito alguno por ello. Al correr a primera base, ¡de la emoción se olvidó tocarla! Cuando dio media vuelta para corregir su error, se lastimó la rodilla. Llorando, regresó muy lentamente a la base. Según las reglas, ella tenía que tocar las cuatro bases por su cuenta para que se contara un jonrón. Sus compañeras de equipo no podían ayudarla en ninguna manera.

Luego, Mallory Holtman, la jugadora de primera base del equipo contrincante, se pronunció: «¿Estaría bien si la llevamos en brazos?». Después de consultarlo, los árbitros estuvieron de acuerdo. Así que Mallory y otra compañera de equipo juntaron sus manos a modo de silla y llevaron a Sara a cada una de las bases. Para cuando terminaron la ronda, muchos estaban llorando ante este desprendido acto de compasión, y a Sara se le contó el jonrón.

La lección para los seguidores de Cristo es clara. Cuando nuestros compañeros de la fe tropiezan y caen, tenemos que seguir el ejemplo de estas jugadoras. Tendámosles la mano. Levantémoslos y llevémoslos en nuestros brazos. Es una maravillosa oportunidad para «min[istrar] a los otros, como buenos administradores de la multiforme gracia de Dios (1 Pedro 4:10). —DCE

«NADIE QUE ALIGERA LAS CARGAS DE OTRO ES INÚTIL
EN ESTE MUNDO». —CHARLES DICKENS

¡INIMAGINABLE!

Cosas que [...] ni han subido en corazón de hombre,
son las que Dios ha preparado para los que le aman.
—1 Corintios 2:9

Un catedrático de una universidad cristiana percibió que sus estudiantes tenían una opinión distorsionada del cielo; lo consideraban un lugar estático y aburrido. Así que, para estimularles la imaginación, les hizo estas preguntas:

«¿Desearían despertarse mañana para descubrir que la persona a la que aman con la mayor de las pasiones los ama aún más? ¿Despertarse escuchando música que siempre les ha encantado, pero que nunca antes habían escuchado con semejante gozo infinito? ¿Levantarse con el nuevo día como si acabaran de descubrir el Océano Pacífico? ¿Despertarse sin sentirse culpables por nada en absoluto? ¿Mirar en lo más recóndito de su ser y que todo lo que vean les guste? ¿Despertar respirando a Dios como si Él fuera el aire? ¿Estar encantados de amarlo? ¿Y, por si fuera poco, amar a todos los demás?».

Todos los estudiantes levantaban la mano en respuesta a estas intrigantes preguntas del profesor. Si así es como será el cielo, e infinitamente mucho más, entonces ciertamente quisieran estar allí.

«Voy, pues, a preparar lugar para vosotros», dijo Jesús a Sus discípulos (Juan 14:2). Todos compartimos el deseo (en realidad, un anhelo muy profundo) de estar en ese hogar glorioso para siempre. Es un lugar de dicha indescriptible. ¡Y la bendición suprema será la presencia misma de nuestro Señor Jesucristo! —VCG

LOS MAYORES PLACERES DE LA TIERRA NO PUEDEN
COMPARARSE CON LOS GOZOS DEL CIELO.

¿EL CIELO EN LA TIERRA?

Poned la mira en las cosas de arriba,
no en las de la tierra.

—COLOSENSES 3:2

El promotor inmobiliario en Singapur de un extravagante condominio anunció su nuevo proyecto de la siguiente manera: «Redescubra el cielo en la tierra». Supongo que lo que quería transmitir a los posibles compradores era que su adquisición era tan lujosa que sería como vivir en el cielo mientras se estaba aquí en la tierra.

Salomón, el autor de Eclesiastés, era un hombre extremadamente rico (Eclesiastés 1:12). Él trató de encontrar el cielo en la tierra y tuvo los medios para vivir con todo el lujo que podría haber deseado (2:1-10). Pero no estaba satisfecho. Tan desilusionado estaba de la vida que la describió con tan sólo una palabra: «vanidad». Y tan sólo en el capítulo dos repitió la palabra ocho veces. Mientras veía la vida «debajo del sol» (2:18), se sentía vacío e insatisfecho. Todo su esfuerzo era inútil a la larga. Llegaría un día cuando tendría que renunciar a todas sus posesiones y dejarlas a otra persona (v. 18).

Si eres cristiano, puedes esperar la promesa de Cristo de un hogar celestial que Él ha ido a preparar (Juan 14:2). Esa es la razón por la que Pablo aconsejó a los que disfrutan de lo que Dios ha dado: «Poned la mira en las cosas de arriba, no en las de la tierra» (Colosenses 3:2). No trates de encontrar el cielo en la tierra. No lo lograrás; ¡no importa cuánto te esfuerces en buscar! —CPH

LOS QUE TIENEN SU CORAZÓN FIJO EN EL CIELO SE
DESPRENDEN FÁCILMENTE DE LO TERRENAL.

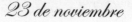
PARA EVITAR EL LAMENTO

Entonces el rey se turbó,
y subió a la sala de la puerta, y lloró.
—2 SAMUEL 18:33

En los años 80, el grupo británico *Mike and the Mechanics* grabó una impactante canción titulada, «The Living Years» («En Vida»). El autor llora la muerte de su padre porque la relación entre ellos había sido tensa, marcada por el silencio más que el compartir. El cantante dice con remordimiento: «No llegué a decirle todo lo que tenía que decir». Arrepentido por las palabras que ninguno dijo y el amor que ninguno expresó, se lamenta: «Ojalá se lo hubiera dicho en vida».

De manera similar, el rey David lamentó la relación rota con su hijo Absalón. Lleno de ira porque su padre rehusó castigar a Amnón por haber violado a su hermana Tamar, Absalón lo mató y huyó (2 Samuel 13:21-34). El siervo de David, Joab, sabía que el rey anhelaba ver a su hijo fugitivo, así que hizo los arreglos para que Absalón se presentara ante su padre. Pero su relación nunca volvió a ser igual. La amargura de Absalón fue la chispa que encendió un conflicto que terminó con su muerte (18:14). Fue una amarga victoria para el rey David, que lamentó la pérdida de su hijo y su fallida relación con él (18:33). Sin embargo, no hubo llanto suficiente que pudiera reparar el dolor de David.

Podemos aprender del lamento de David cuando lidiamos con relaciones rotas. El dolor de tratar de arreglar las cosas puede ser grande, pero es mucho mejor hacerlo «en vida». —WEC

UNA RELACIÓN ROTA PUEDE REPARARSE,
PERO SÓLO SI ESTÁS DISPUESTO A INTENTARLO.

LLAMADOS A SERVIR

Porque el Hijo del Hombre
no vino para ser servido, sino para servir.
—MARCOS 10:45

Cuando George W. Bush era presidente, hizo una visita sorpresa para servir la cena del Día de acción de gracias a los soldados desplegados en el extranjero. Un periodista que cubría la historia pensó que algunos podrían guardar su comida como un recuerdo, diciendo: «No sucede a menudo que el presidente le sirva a uno la comida».

Todos los funcionarios elegidos son servidores públicos, de una manera global y simbólica, así que siempre están sirviendo. Entonces, cabría esperar que un acto de servicio no fuera el tema de una de las noticias más importantes del día.

Muchas personas tienen un auténtico deseo de servir a los demás, pero para algunos, el servicio en realidad sólo busca sus propios intereses. Esto mismo sucedió cuando Jesús enseñaba a Sus discípulos. Ellos tuvieron la impresión de que seguirlo los haría grandes.

Pero Jesús rápidamente les aclaró el asunto: «Sabéis que los que son tenidos por gobernantes de las naciones se enseñorean de ellas, y sus grandes ejercen sobre ellas potestad. Pero no será así entre vosotros» (Marcos 10:42-43). Jesús les explicó que estaban siendo enseñados para convertirse en siervos: «Y el que de vosotros quiera ser el primero, será siervo de todos» (v. 44).

Podemos inscribirnos en muchos seminarios de capacitación para liderazgo, pero sólo serán buenos líderes los que primero, y antes que nada, sean buenos siervos. —JAL

UN BUEN LÍDER ES UN BUEN SIERVO.

¡QUÉ CABALGATA!

Ha sido divulgada la palabra del Señor
[…] en todo lugar.
—1 TESALONICENSES 1:8

Durante casi medio siglo, Francis Asbury cabalgó aproximadamente 10.000 kilómetros al año. A pesar de su mala salud, él se exigía sin cesar. Se alimentaba de cecina de venado, un alimento que no se pudriría durante sus extensos viajes. A Asbury se lo recuerda por haber introducido la modalidad metodista del «predicador de circuito», como un medio efectivo para ganar la frontera norteamericana para Cristo. El establecimiento de iglesias nuevas en áreas remotas fue un aspecto central de su abordaje.

Hacia el final de su ministerio, Asbury había reclutado más de 700 predicadores itinerantes. En 1771, cuando llegó a las colonias, sólo había unos 600 metodistas en Norteamérica. Después de 45 años, ¡había 200.000!

La estrategia de Asbury de establecer iglesias refleja de muchas maneras el enfoque del apóstol Pablo. Este le escribió a la iglesia que había establecido en Tesalónica: «Porque partiendo de vosotros ha sido divulgada la palabra del Señor, no sólo en Macedonia y Acaya, sino que también en todo lugar» (1 Tesalonicenses 1:8; ver también Hechos 17:1-10).

Los días del «predicador de circuito» ya pasaron. Pero cada uno de nosotros tiene una «frontera» donde amigos, parientes y vecinos son nuestro campo misionero. ¿Puedes pensar en alguien hoy que necesite escuchar las buenas nuevas?
—HDF

LOS QUE AMAN A CRISTO
SIENTEN AMOR POR LOS PERDIDOS.

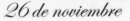

CONFESIÓN Y ACCIÓN DE GRACIAS

Y en tu mucho bien que les diste [...], ellos,
no te sirvieron.

—NEHEMÍAS 9:35

Durante un servicio de adoración un domingo, nuestra congregación hizo esta oración de confesión al unísono: «Dios de gracia, al igual que muchos creyentes que nos precedieron, nos quejamos cuando las cosas no salen como deseamos. Queremos abundancia de todo más allá de lo suficiente para sustentarnos. Preferiríamos estar en otro lugar que donde nos encontramos en este momento. Preferiríamos tener los dones que les das a otros que los que provees para nosotros. Preferiríamos que Tú nos sirvieras en vez de servirte nosotros. Perdona nuestra falta de gratitud por lo que nos das».

La abundancia no es garantía de agradecimiento ni de acción de gracias. Puede que la prosperidad incluso aleje nuestros corazones del Señor.

Cuando varios exiliados judíos regresaron de Babilonia con Nehemías para reconstruir los muros de Jerusalén, confesaron sus pecados y los de sus padres. Oraron: «Nuestros reyes, nuestros príncipes, nuestros sacerdotes y nuestros padres no pusieron por obra tu ley [...]. Y ellos en su reino y en tu mucho bien que les diste, y en la tierra espaciosa y fértil que entregaste delante de ellos, no te sirvieron, ni se convirtieron de sus malas obras» (Nehemías 9:34-35).

La confesión es un poderoso preludio a la oración de acción de gracias. La obediencia es el Amén. —DCM

LA CONFESIÓN ABRE LA PUERTA
A LA ACCIÓN DE GRACIAS.

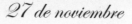

27 de noviembre

BIENAMADO

A fin de que [...] seáis plenamente capaces
de [...] conocer el amor de Cristo.
—Efesios 3:17-19

Estábamos reunidos en familia para la cena de acción de gracias cuando alguien preguntó si cada uno de nosotros podría compartir un motivo de agradecimiento. Uno por uno hablamos. Josué, de tres años, estaba agradecido por la «música» y Natán, de cuatro, por los «caballos». Sin embargo, todos quedamos en silencio cuando Esteban (que pronto cumpliría cinco) dijo: «Yo estoy agradecido de que Jesús me ame tan bien». En su fe sencilla, él entendía el amor de Jesús hacia él de manera personal y estaba agradecido por ello. Nos dijo que Jesús mostró Su amor al morir en una cruz.

El apóstol Pablo quería que los creyentes en la iglesia de Éfeso entendieran lo bien que Dios los amaba, y esa era su oración: «Que [ellos] se[an] plenamente capaces de comprender con todos los santos cuál sea la anchura, la longitud, la profundidad y la altura, y de conocer el amor de Cristo» (Efesios 3:17-19). Oraba para que estuvieran arraigados y cimentados en ese amor.

A fin de cimentarnos en el amor de Dios sería útil revisar estos versículos con frecuencia, e incluso memorizarlos. También podemos dedicar unos cuantos minutos cada día a agradecer al Señor por las maneras específicas en que nos muestra Su amor. Esto nos ayudará a crecer en nuestra fe y estar agradecidos, tal y como lo estaba Esteban, de que Jesús nos ame «tan bien». —AMC

PARA RENOVAR TU AMOR POR CRISTO,
RECUERDA EL AMOR DE CRISTO POR TI.

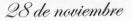

LA AVENTURA
DE ADVIENTO

Y en su nombre esperarán los gentiles.
—Mateo 12:21

Los cristianos en todo el mundo encienden velas durante la temporada de adviento, en el calendario eclesiástico. La primera vela simboliza la esperanza. El profeta Isaías dijo que todas las naciones pondrían su esperanza o su confianza en Cristo, el Escogido de Dios (Isaías 42:1-4; Mateo 12:21).

Pensamos en el adviento desde la perspectiva de criaturas limitadas a la tierra, que no tienen conocimiento de otra cosa que no sea esta vida. Nos regocijamos de que Jesús haya venido a visitarnos a este bello planeta, que creó especialmente para nosotros. Pero es importante recordar que Él vino de un lugar mejor. En primer lugar, proviene específicamente del cielo, un sitio mucho más bello de lo que podemos imaginar.

Siempre que pienso en la venida de Jesús a la tierra, también considero que tuvo que dejar el cielo para llegar aquí. Para Él, la tierra era territorio hostil. Venir aquí fue una empresa peligrosa (Mateo 12:14). Pero lo hizo. Nuestro Dios justo y compasivo se hizo vulnerable a la injusticia humana. El Creador del universo se puso la ropa de la carne y vino a experimentar, de primera mano, cómo es realmente la vida aquí.

Jesús gustó la muerte por todos (Hebreos 2:9), para que pudiéramos disfrutar Su bondad (1 Pedro 2:3). Dejó el esplendor del cielo para llevarnos a la gloria (Hebreos 2:10). Entregó Su propia vida para darnos esperanza para la vida eterna.

—JAL

DIOS IRRUMPIÓ EN LA HISTORIA HUMANA
PARA OFRECERNOS EL REGALO DE LA VIDA ETERNA.

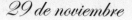

LA IGLESIA DE GALACIA

¿Tan necios sois? ¿Habiendo comenzado por el Espíritu,
ahora vais a acabar por la carne?
—GÁLATAS 3:3

Estaba conduciendo por el campo cuando divisé una iglesia cuyo nombre me sorprendió. Decía, «La Iglesia de Galacia». El nombre captó mi atención porque estaba seguro de que nadie elegiría llamar a una iglesia así, a menos que fuera por alguna necesidad geográfica.

Un estudio del libro bíblico de Gálatas revela que esta fue la carta más encendida de Pablo, en la que criticó a las personas de ser legalistas, de darle crédito al esfuerzo por obras para la salvación y de cambiar la gracia por un evangelio diferente. Galacia no era exactamente el tipo de iglesia que uno vería como un ejemplo a seguir.

Esto es cierto porque los gálatas estaban tratando de agradar a Dios por medio de sus propios esfuerzos más que por la dependencia de Él. La acusación de Pablo contra ellos fue: «¿Tan necios sois? ¡Habiendo comenzado por el Espíritu, ahora vais a acabar por la carne?» (3:3).

Así como no podemos lograr una relación con Dios por nuestras obras, tampoco podemos desarrollarnos espiritualmente por nuestra propia fuerza. El recordatorio de Pablo a los gálatas (y a nosotros) es: La dependencia de Dios por medio de la obra del Espíritu en nuestras vidas es el meollo de nuestro caminar con Cristo.

Si pensamos que podemos llegar a ser como Jesús por nuestro propio esfuerzo, al igual que los gálatas, estamos engañándonos. —WEC

EL ESPÍRITU SANTO
ES LA FUENTE DE PODER DEL CRISTIANO.

BILLETES A NINGUNA PARTE

Y en ningún otro hay salvación;
porque no hay otro nombre bajo el cielo,
dado a los hombres, en que podamos ser salvos.
—HECHOS 4:12

No conseguíamos billetes a ninguna parte. Acabábamos de concluir un viaje misionero a Jamaica y tratábamos de regresar a casa. Sin embargo, la línea aérea tenía problemas y, sin importar lo que dijeran nuestros billetes, no podíamos salir de la Bahía de Montego. Una y otra vez escuchábamos: «Su vuelo se ha cancelado». Aunque habíamos comprado los billetes de buena fe, la aerolínea no podía cumplir su promesa de llevarnos de vuelta a los Estados Unidos. Tuvimos que quedarnos un día más antes de abordar un avión de regreso.

Imagina que vas camino al cielo y descubres que tu billete no sirve. Puede suceder. Si confías en el plan equivocado, llegarás a las puertas del cielo, pero no podrás entrar para vivir con Dios para siempre.

El apóstol Pedro dijo que sólo en Jesús hay salvación (Hechos 4:12). Jesús dijo: «Yo soy el camino, y la verdad, y la vida; nadie viene al Padre, sino por mí» (Juan 14:6). El único billete al cielo lo tienen quienes han puesto su fe en Jesucristo y en Su muerte en la cruz para pagar por el pecado de ellos.

Algunos ofrecen otros caminos, pero esos billetes no sirven. Para asegurarte de que vas al cielo, confía en Jesús. Él es el único camino. —JDB

JESÚS OCUPÓ MI LUGAR EN LA CRUZ
Y ME DIO UNO EN EL CIELO.

EL MEJOR DE
LOS REGALOS

¡Gracias a Dios por su don inefable!
—2 CORINTIOS 9:15

¿Tienes problemas para escoger el regalo perfecto para alguien? Una amiga me transmitió algunas sugerencias:

• *El regalo de escuchar.* Sin interrumpir, sin planificar nuestra respuesta. Tan sólo escuchar.

• *El regalo del afecto.* Ser generoso con abrazos, besos y palmaditas en la espalda, siempre que sea de la forma apropiada.

• *El regalo de la risa.* Compartir historias graciosas y chistes. Tu regalo dirá: «Me encanta reírme contigo».

• *El regalo de una nota escrita.* Expresar nuestro aprecio o afecto por medio de una breve nota escrita a mano.

• *El regalo de un cumplido.* Decir con sinceridad, «Hoy estás fantástico» o «eres una persona especial», puede despertar una sonrisa.

Pero, al comenzar este mes especial de celebración, ¿por qué no entregar el mejor regalo que has recibido? Comparte la verdad de que «la dádiva de Dios es vida eterna en Cristo Jesús» (Romanos 6:23). O este versículo de Juan 1:12: «Mas a todos los que le recibieron, a los que creen en su nombre, les dio potestad de ser hechos hijos de Dios». Recuérdales a otros que «de tal manera amó Dios al mundo, que ha dado a su Hijo unigénito, para que todo aquel que en él cree, no se pierda, mas tenga vida eterna» (Juan 3:16).

Jesucristo es el mejor regalo. «¡Gracias a Dios por su don inefable!» (2 Corintios 9:15). —CHK

EL MEJOR REGALO SE ENCONTRÓ
EN UN PESEBRE.

2 de diciembre

SIN CHANCE

*Mayor es el que está en vosotros
que el que está en el mundo.*
—1 JUAN 4:4

En el 2004, Josh Hamilton era una sobresaliente promesa del béisbol profesional, pero fue suspendido por abuso de drogas. Luego, una noche, tuvo un sueño que le cambió la vida. Estaba luchando contra el diablo. «Yo tenía un palo —dijo—, y cada vez que lo golpeaba, él caía y se volvía a levantar. Lo golpeé hasta quedar exhausto, y él seguía de pie».

Después de esa pesadilla, Hamilton juró mantenerse limpio. El sueño regresó, pero con una importante diferencia. «Yo lo golpeaba [al diablo] y era como si él rebotase», dijo Josh. Pero esta vez, el joven no estaba solo. Agregó: «Me di vuelta y Jesús estaba batallando a mi lado. Seguimos luchando y cobré fuerzas. El diablo no tuvo chance».

La Biblia dice que el diablo no tiene chance porque el Espíritu, que vive en nosotros, es mayor que él (1 Juan 4:4). Cristo vino a destruir la obra del diablo por medio de Su vida, ministerio y sacrificio (3:8). En la cruz, desarmó a Satanás y triunfó sobre él (Colosenses 1:13,14; 2:15).

Aunque derrotado por la cruz, el diablo sigue activo en este mundo. Pero su derrota final es segura (Apocalipsis 20:7-10). Mientras tanto, tomamos toda la armadura de Dios (Efesios 6:10-18) y lo resistimos firmes por medio de la sangre de Jesús y Su Palabra. No tiene chance. —MLW

EL DIABLO ES
UN ENEMIGO DERROTADO.

ENCONTRANDO A JESÚS

El que no escatimó ni a su propio Hijo,
sino que lo entregó por todos nosotros,
¿cómo no nos dará también con él todas las cosas?

—ROMANOS 8:32

En Wellington, Florida, después de que robaran de una escena del nacimiento una valiosa estatuilla en cerámica del niño Jesús, los oficiales tomaron medidas para impedir que los ladrones volvieran a tener éxito. Un artículo de *Associated Press* describió cómo colocaron un dispositivo de rastreo GPS (sistema de posicionamiento global) dentro de la estatuilla de reemplazo. La siguiente Navidad, cuando el niño Jesús volvió a desaparecer, la señal guió a los policías hasta la vivienda del ladrón.

Hay momentos cuando las circunstancias difíciles o las pérdidas personales pueden hacernos sentir que nos robaron a Cristo de nuestra Navidad. ¿Cómo podemos encontrar a Jesús cuando la vida parece ir en contra de nosotros?

Al igual que un GPS espiritual, Romanos 8 nos guía hacia el amor y la presencia constantes de Dios en nuestra vida. Leemos que el Espíritu Santo nos ayuda en nuestras debilidades e intercede por nosotros (v. 27). Sabemos que Dios está a nuestro favor (v. 31). Y tenemos esta gran seguridad: «El que no escatimó ni a su propio Hijo, sino que lo entregó por todos nosotros, ¿cómo no nos dará también con él todas las cosas?» (v. 32). Finalmente, se nos recuerda que nada puede separarnos del amor de Dios en Cristo Jesús (vv. 38-39).

Busquemos a Jesús en el pesebre, en la cruz, resucitado de entre los muertos y en nuestros corazones. Allí es donde podemos encontrarlo en Navidad. —DCM

SI SÓLO NOS CENTRAMOS EN LA NAVIDAD,
PODRÍAMOS PERDER DE VISTA A CRISTO.

LO QUE PUEDES HACER

[Oro] para que os dé […] el ser fortalecidos
con poder en el hombre interior por su Espíritu.
—EFESIOS 3:16

¿Estás recibiendo lo que quieres de la vida? ¿O sientes que la economía, el gobierno, las circunstancias que te rodean u otros factores externos te están robando la estima y el gozo?

Recientemente, en una encuesta, se les preguntó a 1000 personas qué era lo que más deseaban en la vida. El sorprendente resultado fue que el 90% de los cristianos que creían en la Biblia dijeron que querían los siguientes resultados: una relación íntima con Dios, un propósito claro en la vida, un alto grado de integridad y un profundo compromiso con la fe.

Cabe destacar que estos intensos deseos pueden lograrse sin ayuda humana externa. Para ello, ningún programa gubernamental será de ayuda, y los tiempos de dificultad económica no podrán robar estos ideales. Estos objetivos de la vida se alcanzan cuando permitimos que la Palabra de Dios gobierne nuestros corazones y recibimos la fortaleza del Espíritu, para desarrollar al «hombre interior» (Efesios 3:16), lo cual da como resultado el verdadero gozo.

Nuestro complicado mundo nos tienta a colocar la búsqueda de nuestros deseos en las manos de otros. Si bien algunas veces necesitamos ayuda y no podemos vivir aislados, no son las fuentes externas las que brindan la verdadera felicidad. Esto viene de adentro, de permitir que Cristo se sienta en nuestros corazones como en Su casa (v. 17). —JDB

SI UN MUNDO ATRIBULADO TE ABATE,
BUSCA A JESÚS.

5 de diciembre

¿PRESENTES O PRESENCIA?

En tu presencia hay plenitud de gozo;
delicias a tu diestra para siempre.

—SALMO 16:11

Oswald Chambers escribió una vez: «No son las promesas de Dios lo que necesitamos, sino a [Dios] mismo».

A menudo decimos en la época de Navidad: «La presencia del Señor es más importante que los presentes». Pero puede que la cantidad de tiempo y esfuerzo que dedicamos a comprar los regalos indique lo contrario.

En ciertas partes del mundo, las personas hacen obsequios el 6 de diciembre. Al hacerlo, tienen el resto del mes para centrarse en Jesús y en la maravilla de Su nacimiento, el regalo perfecto de Dios para nosotros.

Tal vez seamos sinceros cuando decimos que deseamos más la presencia de Dios que los presentes de los demás. Pero ¿cuántos podemos decir honestamente que queremos la presencia de Dios más que Sus presentes?

A menudo, queremos los regalos de Dios más que a Él mismo. Ansiamos tener salud, riqueza, conocimiento, un mejor empleo, un mejor lugar donde vivir. En realidad, puede que Dios quiera darnos estas cosas, pero no podemos tenerlas lejos de Él. Tal como dijo David: «En tu presencia hay plenitud de gozo» (Salmo 16:11). Puede que los presentes, los regalos terrenales de Dios, nos hagan felices temporalmente, pero la plenitud de gozo sólo viene cuando permanecemos en una relación correcta con Él.

Así que, ¿cómo sería la Navidad si realmente celebráramos la presencia de Dios? —JAL

LA PRESENCIA DE DIOS ES UNO DE LOS MEJORES PRESENTES QUE PODEMOS RECIBIR DE ÉL.

PARA LIBRARNOS DEL LODO

Sin leña se apaga el fuego,
y donde no hay chismoso, cesa la contienda.
—PROVERBIOS 26:20

Al industrial e inventor cristiano R.G. LeTourneau se lo conoce por sus enormes máquinas removedoras de tierra. A uno de sus productos simplemente se lo conocía como el «Modelo G». Un posible comprador, con la esperanza de dejar perplejo al vendedor, preguntó, «¿Qué quiere decir la "G"?».

«Imagino que la G es para chisme (*gossip*, en ingles) —fue la rápida respuesta del vendedor—, porque, al igual que el chisme, esta maquina mueve mucho lodo, ¡y lo hace rápido!».

Proverbios tiene mucho que decir acerca de los chismes: Los que andan en chismes no son dignos de confianza (11:13) y se los debe evitar (20:19). Los chismes separan a los amigos más íntimos (16:28) y mantienen hirviendo los conflictos en las relaciones (18:8). Le echan leña al conflicto, alimentando las llamas del dolor y los malentendidos (26:21-22).

La palabra hebrea para «chisme» o «contar cuentos» en realidad significa «susurro que es dañino». Nos engañamos al pensar que esos comentarios que se susurran aquí y allá son inofensivos. Pero el chisme deja tras sí una amplia estela de destrucción, y es un crimen que siempre deja víctimas. Alguien siempre sale herido. Así que, he aquí una palabra para los sabios: «Donde no hay chismoso, cesa la contienda» (Proverbios 26:20). Dejemos el desguace para las grandes máquinas. ¡Guardemos las palas y deleitémonos en el gozo de las relaciones libres de chismes! —JMS

ACABA CON EL CHISME IGNORÁNDOLO.

LA GUERRA... LUEGO LA PAZ

Y la paz de Dios, que sobrepasa todo entendimiento,
guardará vuestros corazones
y vuestros pensamientos en Cristo Jesús.
—FILIPENSES 4:7

El 7 de diciembre de 1941, un avión de guerra japonés, piloteado por Mitsuo Fuchida, despegó del portaaviones Akagi. Fuchida dirigió el ataque sorpresa a la flota de los Estados Unidos en el Pacífico, en Pearl Harbor, Hawai.

Durante los años de guerra siguientes, Fuchida continuó volando; a menudo, escapando por poco de la muerte. Hacia el final del conflicto bélico, se sentía desilusionado y amargado.

Unos cuantos años más tarde, escuchó una historia que despertó su curiosidad espiritual: Una joven cristiana, cuyos padres habían sido asesinados por los japoneses durante la guerra, decidió servir como misionera a los prisioneros nipones. Impresionado, Fuchida comenzó a leer la Biblia.

Al leer las palabras de Jesús desde la cruz, «Padre, perdónalos, porque no saben lo que hacen» (Lucas 23:34), entendió por qué la mujer podía mostrar bondad a sus enemigos. Ese día, Fuchida le entregó su corazón a Cristo.

Al convertirse en predicador y evangelista laico para sus conciudadanos, este ex combatiente demostró «la paz de Dios, que sobrepasa todo entendimiento» (Filipenses 4:7), paz que disfrutan aquellos que han confiado en Cristo y han hecho «conocidas [sus] peticiones delante de Dios» (v. 6).

¿Has encontrado esta paz? Sin importar por lo que hayas pasado, Dios la pone a tu disposición. —HDF

«LA VERDADERA PAZ NO ES LA AUSENCIA DE GUERRA;
ES LA PRESENCIA DE DIOS». —LOVELESS

8 de diciembre

UN LEGADO DE ARREPENTIMIENTO

*Los sacrificios de Dios
son el espíritu quebrantado.*

—Salmo 51:17

Todas las naciones tienen héroes, pero puede que Israel sea la única que haya elaborado una literatura épica acerca de los fracasos del más grande de sus héroes (Salmo 51). Este elocuente salmo muestra que Israel, al final, recordó a David más por su devoción a Dios que por sus logros políticos.

Paso a paso, el salmo lleva al lector por todas las etapas del arrepentimiento. Describe las constantes repeticiones mentales, la culpa que nos carcome, la vergüenza y, finalmente, la esperanza de un nuevo comienzo, que surge del verdadero arrepentimiento.

De una manera extraordinaria, el Salmo 51 revela que la verdadera naturaleza del pecado es una relación rota con Dios. David clama: «Contra ti, contra ti solo he pecado» (v. 4). Ve que los sacrificios que el Señor quiere son «el espíritu quebrantado, [e]l corazón contrito y humillado» (v. 17). David cuenta con esos elementos.

En su oración, busca el bien que podría surgir de su tragedia y ve un rayo de luz. Tal vez, al leer esta historia de pecado, otros podrían evitar las mismas dificultades, o al leer su confesión, podrían llegar a tener esperanza de ser perdonados. La oración de David es contestada y se convierte en su gran legado como monarca. El mejor rey de Israel ha caído hasta lo más bajo. Pero ni él, ni nadie, pueden caer más allá del alcance del amor y el perdón de Dios. —PY

EL ARREPENTIMIENTO ES EL TERRENO
DONDE FLORECE EL PERDÓN.

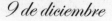

CUANDO LA VIDA ES DEMASIADO GRANDE

Jehová Dios mío, tú me has puesto [...]
por rey en lugar de David mi padre;
y yo soy joven, y no sé cómo entrar ni salir.
—1 REYES 3:7

De joven, Jimmy Carter fue suboficial en la Marina de los Estados Unidos, y quedó profundamente impactado por el Almirante Hyman Rickover, el cerebro detrás de la flota de submarinos nucleares de ese país.

Al poco tiempo de su asunción como presidente, invitó a Rickover a la Casa Blanca a almorzar. En esa ocasión, el almirante le obsequió a Carter una placa que decía: «Oh Dios, tu mar es tan grande y mi barca tan pequeña». Esa oración da una perspectiva útil del tamaño y de la complejidad de la vida, y de nuestra incapacidad para manejarla por nuestra cuenta.

Salomón también sabía que la vida podía ser abrumadora. Cuando sucedió a su padre David como rey de Israel, le confesó su debilidad a Dios, diciendo: «Ahora pues, Jehová Dios mío, tú me has puesto a mí tu siervo por rey en lugar de David mi padre; y yo soy joven, y no sé cómo entrar ni salir» (1 Reyes 3:7). Como resultado de ello, pidió sabiduría para gobernar de una manera que agradara a Dios y ayudara a los demás (v. 9).

¿Sientes que la vida te queda grande? Puede que no haya respuestas fáciles para los desafíos que enfrentas, pero Dios promete que, si le pides sabiduría, Él te la concederá (Santiago 1:5). No tienes que enfrentar tú solo los abrumadores desafíos de la vida. —WEC

RECONOCER NUESTRA PEQUEÑEZ PUEDE
HACERNOS ABRAZAR LA GRANDEZA DE DIOS.

¿UNA SIMPLE CASUALIDAD?

Reconócelo en todos tus caminos,
y él enderezará tus veredas.
—Proverbios 3:6

Huang, un no creyente, era un científico de visita en la Universidad de Minnesota en 1994. Durante su estada allí, conoció a algunos cristianos y disfrutó de su compañerismo. Así que, cuando se enteraron de que Huang iba a regresar a Pekín, le dieron el nombre de un creyente que también se estaba mudando a esa ciudad, para que se pusiera en contacto con él.

En el vuelo de regreso a Pekín, el avión detectó problemas en los motores y pasó la noche en Seattle. ¡La aerolínea alojó a Huang en la misma habitación de la persona que tenía que contactar! Cuando llegaron a Pekín, ambos comenzaron a reunirse semanalmente para un estudio bíblico y, un año después, el científico le entregó su vida a Cristo. Esto no fue tan sólo una simple casualidad; Dios lo preparó.

En Rut 2, leemos que ella llegó a «aquella parte del campo [que] era de Booz» (v. 3). Este hombre les preguntó a sus siervos quién era ella (v. 5), lo cual dio lugar a que la tuviera en especial consideración. Cuando Rut le preguntó la razón de tanta amabilidad, Booz respondió: «He sabido todo lo que has hecho con tu suegra [...]. Jehová recompense tu obra, y tu remuneración sea cumplida» (vv. 11-12).

¿Acaso los acontecimientos en las vidas de Rut y de Huang sucedieron tan sólo porque sí? No, porque nadie en el pueblo de Dios puede escapar de Sus planes de guía y provisión. —AL

PUEDE QUE UNA «SIMPLE CASUALIDAD»
ESTÉ CAUSADA POR DIOS.

LÁGRIMAS DE ARREPENTIMIENTO

*Y Pedro, saliendo fuera,
lloró amargamente.*

—Lucas 22:62

Mi esposo, un autotitulado analfabeto en informática, compró una computadora para ayudarlo en su negocio. Después de darle algunas sugerencias, lo dejé solo para que practicara un poco. Sin embargo, no pasó mucho tiempo antes de escuchar una voz, con un ligero tono de pánico, desde la oficina: «Oye, ¿dónde está ese… botoncito?».

Por supuesto, lo que mi esposo estaba buscando era la tecla de «deshacer», que nos permite retroceder cuando hemos cometido un error. ¿Alguna vez deseaste tener una tecla así en tu vida? ¿Una opción para anular, reparar o restaurar lo que el pecado ha roto o dañado?

Después del arresto de Jesús, Pedro, uno de Sus amados discípulos, negó tres veces que lo conocía. Luego leemos que, «vuelto el Señor», simplemente «miró a Pedro», quien «saliendo fuera, lloró amargamente» (Lucas 22:61-62). Lo más probable es que esas fueran lágrimas de vergüenza y arrepentimiento. Sin duda, habrá deseado poder deshacer sus acciones. Pero no quedó abandonado en la angustia. Después de Su resurrección, Jesús restauró a Pedro y le dio la oportunidad de reafirmar su amor (Juan 21:15-17).

Cuando llores por el pecado en tu vida, recuerda que Dios ha provisto un método de restauración. «Si confesamos nuestros pecados, él es fiel y justo para perdonar nuestros pecados, y limpiarnos de toda maldad» (1 Juan 1:9). —CHK

**EL CAMINO DE REGRESO A DIOS COMIENZA
CON UN CORAZÓN QUEBRANTADO.**

❦

SEMBRAR CON LÁGRIMAS

Tengo gran tristeza y continuo dolor
en mi corazón.

—Romanos 9:2

Estábamos leyendo en voz alta Efesios 4:17-24 en nuestra clase de estudio bíblico, cuando Alicia comenzó a llorar. La mayoría de nosotros nos preguntábamos por qué lloraba, hasta que dijo muy bajito: «Lloro porque, al escuchar este pasaje, veo la condición en que se encuentran los perdidos. ¡Están separados de Dios y ciegos ante esta realidad! Eso me rompe el corazón».

Una persona en la clase admitió más tarde que se sintió avergonzada porque jamás se había sentido así por los incrédulos y que, incluso en el pasado, había hablado con entusiasmo acerca del juicio que un día recibirían de parte de Dios.

El apóstol Pablo expuso la condición de los perdidos, con estas palabras: «[Tienen] el entendimiento entenebrecido, ajenos de la vida de Dios [...] por la dureza de su corazón» (Efesios 4:18). Manifestó que tenía «gran tristeza y continuo dolor en [su] corazón» porque sus compatriotas todavía no habían llegado a conocer el amor de Cristo (Romanos 9:1-3).

Podemos recordar los sentimientos de Dios hacia los incrédulos, al pensar en la condición en que se encuentran: «El Señor [...] es paciente para con nosotros, no queriendo que ninguno perezca, sino que todos procedan al arrepentimiento» (2 Pedro 3:9). Si comunicamos la Palabra de Dios y oramos de todo corazón por los demás, los ojos de muchos se abrirán a Su amor. —AMC

ABRE TU CORAZÓN AL SEÑOR
Y ÉL ABRIRÁ TUS OJOS A LOS PERDIDOS.

MOMENTO DE REAJUSTE

Pero el séptimo año
la tierra tendrá descanso.

—LEVÍTICO 25:4

La órbita solar de la tierra dura 365 días y un cuarto. Por eso, cada cuatro años se añade un día al calendario para no retrasarnos en el ciclo natural de las cosas. Cada año bisiesto añadimos ese día y lo colocamos al final de febrero. De este modo, el calendario se reajusta al horario astronómico.

En el calendario del antiguo Israel, Dios estableció un medio extraordinario de reajuste. Así como la humanidad había recibido el mandamiento de descansar cada séptimo día (Éxodo 20:8-10), a la tierra también se le permitía reposar durante el séptimo año (Levítico 25:4). Este año sabático le permitía a la tierra de cultivo reponerse para lograr mayor fertilidad. Además, las deudas quedaban canceladas (Deuteronomio 15:1-11) y se libertaba a los esclavos hebreos (vv. 12-18).

Con nuestros horarios tan llenos de trabajo y la vida tan ajetreada, nosotros también necesitamos un reajuste. Las exigencias del trabajo, la familia y la iglesia pueden demandar una reevaluación. Una manera de hacerlo es observando el principio del séptimo año: asegurarnos de separar tiempo para descansar y, en oración, volver a centrar nuestras prioridades. Jesús, por ejemplo, iba «a un lugar desierto, y allí oraba» (Marcos 1:35).

¿Cuándo podrás hacer un alto en tus actividades y pedirle a Dios que vuelva a reajustar tu calendario espiritual a Su Palabra y voluntad? ¿Será momento para un reajuste? —HDF

PARA APROVECHAR TU TIEMPO AL MÁXIMO,
TÓMATE TIEMPO PARA ORAR.

LUCES DE ADVERTENCIA

Por eso pues, ahora, dice Jehová,
convertíos a mí con todo vuestro corazón,
con ayuno y lloro y lamento.

—Joel 2:12

No se me ocurrió que la alteración en el motor de mi automóvil y la lucecita amarilla de «chequear motor» en el panel realmente demandaran mi atención inmediata. Les resté importancia y dije que lo revisaría al otro día. Sin embargo, a la mañana siguiente, cuando di vuelta a la llave para encender el coche, no arrancó. Mi primera reacción fue de frustración porque sabía que esto significaría dinero, tiempo e incomodidad. Lo que se me ocurrió luego tuvo más que ver con una determinación: Tengo que prestarle atención a las luces de advertencia que están tratando de captar mi atención; pueden significar que algo anda mal.

En Joel 2:12-17, leemos que Dios usó al profeta Joel para instar a Su pueblo a prestar atención a la luz de advertencia en su panel espiritual. La prosperidad había hecho que Israel se volviera complaciente y negligente en su compromiso con el Señor. Su fe se había degenerado en un formalismo vacío, y la vida de los israelitas había caído en la bancarrota moral. Así que, Dios envió una plaga de langostas para arruinar las cosechas y captar la atención de Su pueblo, con lo cual hizo que este cambiara su comportamiento y se volviera a Él de todo corazón.

¿Qué luces de advertencia se encienden en tu vida? ¿Qué tiene que afinarse o repararse por medio de la confesión y el arrepentimiento? —MLW

LA CONVICCIÓN DE PECADO
ES LA LUZ DE ADVERTENCIA DE DIOS.

PALABRA DE DIOS ADMIRABLE

Para siempre, oh Jehová,
permanece tu palabra en los cielos.
—SALMO 119:89

Al descubrimiento de los Rollos del Mar Muerto, en 1947, se lo ha llamado el hallazgo arqueológico más grande del siglo xx. Los manuscritos ocultos en las cuevas cerca de Qumrán son las copias más antiguas que se conocen de los libros clave del Antiguo Testamento. En el 2007, el Museo de Historia Natural de San Diego fue la sede de una exhibición de 24 de estos rollos. Un tema que a menudo se repetía en la muestra fue que, durante los últimos 2000 años, el texto de la Biblia hebrea (el Antiguo Testamento cristiano) permaneció virtualmente inalterado.

Los seguidores de Cristo que creen que la Biblia es la eterna e inmutable Palabra de Dios consideran que esta extraordinaria preservación no es una simple coincidencia. El salmista escribió: «Para siempre, oh Jehová, permanece tu palabra en los cielos. De generación en generación es tu fidelidad» (Salmo 119:89-90). Jesús dijo: «El cielo y la tierra pasarán, pero mis palabras no pasarán» (Mateo 24:35).

La Biblia es más que una reliquia histórica. Es la Palabra de Dios viva y poderosa (Hebreos 4:12), donde encontramos al Señor y descubrimos cómo vivir para Él y honrarlo. «Nunca jamás me olvidaré de tus mandamientos» —concluye el salmista—, «porque con ellos me has vivificado» (119:93).

¡Qué privilegio tenemos cada día de buscar a Dios en Su admirable Palabra!
—DCM

CONOCER A CRISTO, LA PALABRA VIVA,
ES AMAR LA BIBLIA, LA PALABRA ESCRITA.

RECUPERACIÓN

Ocupaos en vuestra salvación con temor y temblor,
porque Dios es el que en vosotros produce
así el querer como el hacer.

—FILIPENSES 2:12-13

Una amiga mía se cayó de la bicicleta y sufrió un severo daño cerebral; los doctores no estaban seguros de si sobreviviría. Durante varios días permaneció entre la vida y la muerte.

La primera buena noticia llegó cuando abrió los ojos. Luego respondió a sencillas órdenes verbales. Pero la angustia permanecía ante cada pequeña mejoría. ¿Hasta dónde progresaría?

Después de un duro día de terapia, su esposo se desanimó; pero a la mañana siguiente, compartió estas reconfortantes palabras: «¡Sandy ha vuelto!». Física y psicológicamente, su esposa estaba volviendo a ser «ella»: la persona que conocíamos y amábamos.

El accidente de Sandy me recuerda a lo que los teólogos llaman «la caída» de la humanidad (Génesis 3). Y la lucha de mi amiga por recuperarse se compara con nuestra batalla por vencer el quebrantamiento del pecado (Romanos 7:18). La recuperación sería incompleta si funcionara sólo su cuerpo o su cerebro. La integridad implica que todas las partes trabajan juntas para un propósito.

Dios está sanando a Sandy, pero ella tiene que trabajar duro con la terapia para recuperarse. A nosotros nos pasa lo mismo desde el punto de vista espiritual. Después que Dios nos rescata por medio de Cristo, debemos «ocuparnos» en nuestra salvación (Filipenses 2:12), no para ganarla, sino para armonizar nuestros pensamientos y acciones con Su propósito. —JAL

PARA RECUPERARNOS, SIGAMOS SOMETIÉNDONOS
AL ESPÍRITU SANTO.

EL REY DE LAS FRUTAS

*Present [ad] vuestros cuerpos en sacrificio vivo
[...] que es vuestro culto racional.*

—ROMANOS 12:1

Al durián, una fruta tropical [del sureste asiático], a menudo se la llama la reina de las frutas. O te gusta o lo detestas. Aquellos a quienes les gusta harán casi cualquier cosa por conseguirlo. Los que lo detestan ni se le acercarán debido a su olor acre. A mi esposa le encanta. Recientemente, una amiga, agradecida por lo que mi esposa había hecho por ella, le envió una caja con durianes de la más alta calidad. Se esmeró mucho en asegurarse de que fueran los mejores.

Me pregunté: «Si le podemos dar lo mejor a un amigo, ¿cómo podemos hacer menos por nuestro Señor, quien dio Su propia vida por nosotros?».

El noble de la parábola de Jesús (Lucas 19) quería lo mejor de sus diez siervos a quienes les había dado dinero, y les dijo: «Negociad entre tanto que vengo» (v. 13). Cuando regresó y les pidió cuentas, elogió con las palabras «está bien» a los que habían hecho todo lo posible con el dinero que se les había encomendado. Pero llamó «mal siervo» (v. 22) al que no hizo nada con él.

El significado fundamental de esta historia es la mayordomía de lo que se nos ha dado. Ser fieles con lo que Dios nos ha concedido implica ofrecerle lo mejor de nosotros a cambio. Así como el amo en la parábola confió aquel dinero a sus siervos, el Señor nos ha dado dones para servirle. Somos nosotros quienes salimos perdiendo si no logramos darle lo mejor de nuestro ser. —CPH

LO MEJOR QUE PODEMOS HACER ES SERVIR
A DIOS SIRVIENDO A LOS DEMÁS.

JEHOVÁ-JIREH

Vuestro Padre sabe de qué cosas tenéis necesidad,
antes que vosotros le pidáis.

—MATEO 6:8

En los primeros años que serví como pastor, estuve en iglesias pequeñas donde a menudo la situación financiera era apretada. Algunas veces, la economía de nuestra familia se resentía por ello. En una ocasión, ya casi estábamos sin comida y todavía faltaban varios días para que llegara el día de cobrar el sueldo. Mientras mi esposa y yo nos preocupábamos de cómo alimentaríamos a nuestros hijos en los días siguientes, sonó el timbre. Cuando abrimos la puerta, vimos dos bolsas de víveres. No le habíamos contado nuestro problema a nadie, pero nuestro Dios proveedor había hecho que alguien satisficiera dicha necesidad.

Esto me recuerda el relato de Abraham en el Antiguo Testamento, cuando se le pidió que sacrificara a su hijo Isaac. En el momento preciso, Dios proveyó un carnero en su lugar. Abraham llamó ese lugar *Jehová-Jireh*, «Jehová proveerá» (Génesis 22:14). Dios es quien sigue preocupándose profundamente por Sus hijos.

Jesús dijo: «Vuestro Padre sabe de qué cosas tenéis necesidad, antes que vosotros le pidáis» (Mateo 6:8). Él se preocupa y busca constantemente darnos lo mejor para nosotros; y eso es un recordatorio de que, en tiempos de penurias y temor, tenemos a Alguien que nos cuida. Pedro escribió que podemos echar toda nuestra ansiedad sobre Dios, porque Él tiene cuidado de nosotros (1 Pedro 5:7). Podemos acudir a Él en nuestro momento de necesidad. —WEC

LO QUE DIOS PROMETE,
DIOS PROVEE.

19 de diciembre

NO HAY MOTIVO DE ALARMA

Airaos, pero no pequéis;
no se ponga el sol sobre vuestro enojo.
—Efesios 4:26

El estruendo de la alarma que provenía desde el interior de la iglesia provocó el pánico en mi corazón. Había llegado temprano un domingo por la mañana porque planeaba pasar un momento de paz y quietud antes del arribo de la congregación. Pero olvidé desactivar la alarma contra robos. Al girar la llave, el estruendo perturbador y molesto llenó el edificio y, sin duda alguna, los dormitorios de los vecinos que estaban durmiendo.

La ira se parece mucaho a eso. En medio de nuestras vidas pacíficas, algo hace girar una llave en nuestro espíritu y activa la alarma. Entonces, nuestra paz interior, sin mencionar la tranquilidad de quienes nos rodean, se ve interrumpida por la fuerza perturbadora de nuestras emociones explosivas.

A veces, la ira llama apropiadamente nuestra atención hacia alguna injusticia que tiene que tratarse y nos estimula a una acción justa. Sin embargo, en la mayoría de los casos, es la violación de nuestras expectativas, derechos y privilegios lo que enciende egoístamente nuestra ira. En todo caso, es importante saber por qué suena la alarma y responder de una manera piadosa. Pero una cosa es segura, la ira no debe prolongarse sin ser controlada.

No es de extrañar que Pablo nos recuerde la advertencia del salmista: «Airaos, pero no pequéis; no se ponga el sol sobre vuestro enojo» (Efesios 4:26; Salmo 4:4).
—JMS

LA IRA QUE NO SE CONTROLA
ES CAUSA DE ALARMA.

CANTAD ALEGRES

*Cantad alegres a Dios,
habitantes de toda la tierra.*

—Salmo 100:1

A los seguidores del equipo de baloncesto de la Universidad Duke se los conoce como los «Locos de Cameron». Cuando Duke juega contra su mayor rival, la Universidad de Carolina del Norte, los «Locos» reciben estas instrucciones: «Este es el partido que han estado esperando. No hay excusas. Pongan todo. [El estadio de] Cameron tiene que reventar los oídos de la gente esta noche». Está claro que los seguidores de Duke toman su lealtad en serio.

El autor del Salmo 100 tomaba su lealtad al Señor en serio y quería que los demás hicieran lo mismo. «Cantad alegres a Dios», exclamó (v. 1). El pueblo debía expresar libremente su alabanza al Señor, porque Él era el Dios del pacto con Israel, Aquel que estaba sobre todos los otros supuestos dioses. A los israelitas se los exhortaba a centrar toda su energía en Él y en Su bondad.

La bondad y la gracia de Dios deben motivarnos a expresar libremente nuestro amor y lealtad hacia Él con cantos alegres. Quizá esto implique que quienes son más reservados tengan que volverse un poco más flexibles y aprender lo que significa ser expresivos en su alabanza a Dios. Y puede que los que son tan expresivos, y que se pierden la belleza del silencio, tengan que aprender de aquellos que poseen un estilo más reflexivo.

La adoración es un tiempo para centrarnos en nuestro Creador, Redentor y Pastor, y celebrar lo que ha hecho —MLW

PENSAR EN DIOS DEBE LLEVARNOS
A UNA ALABANZA GOZOSA.

SÓLO DIOS

Somos colaboradores de Dios.
—1 Corintios 3:9

El 29 de mayo de 1953, el neozelandés Edmund Hillary y su guía serpa, Tenzing Norgay, se convirtieron en los primeros en alcanzar la cumbre del monte Everest, la montaña más alta del mundo. Como Tenzing no sabía usar la cámara, Edmund le tomó una fotografía para probar que habían llegado a la cima.

Más tarde, los periodistas preguntaban repetidamente quién había llegado a la cumbre primero. El líder de la expedición, John Hunt, respondió: «Llegaron juntos, como equipo». Estaban unidos por una meta común y a ninguno le preocupaba quién debía obtener el mayor reconocimiento.

Es contraproducente tratar de determinar quién merece el mayor crédito cuando algo se ha hecho bien. La iglesia de Corinto estaba dividida en dos bandos: los que seguían a Pablo y los que seguían a Apolos. El apóstol Pablo les dijo: «Yo planté, Apolos regó; [...] ni el que planta es algo, ni el que riega» (1 Corintios 3:7). Les recordó que eran «colaboradores de Dios» (v. 9) y que es Él quien da el crecimiento en el ministerio (v. 7).

Nuestra preocupación por quién merece el reconocimiento sólo sirve para quitarle el honor y la gloria que le pertenecen sólo al Señor Jesús. —CPH

JESÚS DEBE CRECER;
YO DEBO MENGUAR.

EL PASTOR ESTRELLA

Levantad en alto vuestros ojos,
y mirad quién creó esas cosas.
—Isaías 40:26

Alguna noche, cuando estés en algún lugar lejos de las luces de la ciudad, «levanta [...] en alto [tus] ojos» (Isaías 40:26). Allí, en los cielos, verás una luminosa banda de estrellas que se extiende de un horizonte a otro: es nuestra galaxia.

Según el astrónomo Simon Driver, si tienes buena vista, podrás ver unas 5000 estrellas. Sin embargo, hay muchísimo más que no se puede observar a simple vista. En 1995, la sonda espacial Hubble, enviada para un profundo estudio de campo, concluyó que hay miles de millones de galaxias, cada una con miles de millones de estrellas. Una estimativa indica que hay más de diez estrellas en el universo por cada grano de arena en la tierra.

Y sin embargo, cada noche, sin falta, Dios «saca y cuenta su ejército; [...] ninguna faltará; tal es [...] el poder de su dominio» (v. 26).

Entonces, ¿por qué dice la gente: «Mi camino está escondido de Jehová»? (v. 27). Sí, miles de millones de personas habitan este planeta, pero Dios no se olvida de ninguna. Él conoce «a los que son suyos» (2 Timoteo 2:19). Si puede sacar los incalculables ejércitos del cielo cada noche, astro por astro, también puede llevarte a Su luz. Lo hace con «el poder de su dominio» (v. 26); el mismo poder que mostró cuando resucitó a Jesús de entre los muertos.

¿Se ven las estrellas esta noche? ¡Regocíjate! Dios se ocupa de ti. —DHR

VEMOS EL PODER DE LA CREACIÓN DE DIOS;
SENTIMOS EL PODER DE SU AMOR.

¿TENDRÍAS DIEZ CENTAVOS?

*Mas el que tiene misericordia de los pobres
es bienaventurado.*

—Proverbios 14:21

En su perspicaz libro *The Forgotten Man* (El hombre olvidado), Amity Shlaes ofrece fascinantes historias de cómo se vivió durante la gran depresión en los Estados Unidos. En medio de toda esa tragedia económica estaba «el hombre olvidado», un término usado para las incontables personas que eran despedidas de sus empleos.

Una popular canción de aquella época expresa conmovedoramente su historia:

Solían decirme que estaba construyendo un sueño, con paz y gloria por delante.
¿Por qué debo estar en una fila tan sólo por pan expectante?
Construí un ferrocarril una vez, lo hice funcionar, contra el tiempo corría.
Construí un ferrocarril una vez, que ahora está completo.
Hermano, ¿diez centavos tendrías?

La letra nos recuerda que un bajón en la economía lo cambia todo para quienes pierden sus empleos. Cuando eso sucede, como cristianos debemos hacer lo que podamos por los necesitados. En Gálatas 2, Pablo y Bernabé fueron exhortados a evangelizar y a «acord[arse] de los pobres» (v. 10). Podemos ver que Pablo hizo precisamente eso: predicar el evangelio y fomentar la ayuda financiera para aquellos que tenían necesidades (Hechos 11:29-30; 1 Corintios 16:1-3).

En tiempos económicamente difíciles, también debemos ayudar a las personas con necesidad espiritual y física. Diez centavos no hacen mucho en estos días, pero una actitud generosa sí. —HDF

UN BUEN EJERCICIO PARA EL CORAZÓN ES INCLINARSE
PARA AYUDAR A OTRA PERSONA A LEVANTARSE.

LUGAR ESPECIAL DE DIOS

[María] dio a luz a su hijo primogénito, [...]
y lo acostó en un pesebre,
porque no había lugar para ellos en el mesón.
—Lucas 2:7

Cuando era niña, a fines de los años 20, Grace Ditmanson Adams solía viajar con sus padres misioneros por el interior de China. Más tarde, escribió sobre esos viajes y los lugares abarrotados donde pasaban la noche: posadas en aldeas llenas de gente que tosía, estornudaba, fumaba, bebés que lloraban y niños que se quejaban. Su familia colocaba colchonetas sobre tablas apoyadas en caballetes, en una habitación grande junto con todos los demás.

Una noche nevada llegaron a una posada y la encontraron totalmente colmada. El posadero expresó su pesar, luego hizo una pausa, y dijo: «Síganme». Los llevó a una habitación contigua que se utilizaba para almacenar paja y equipo agrícola. Allí durmieron en un lugar tranquilo para ellos solos.

Después de aquel incidente, siempre que Grace leía que María «dio a luz a su hijo primogénito, y lo envolvió en pañales, y lo acostó en un pesebre, porque no había lugar para ellos en el mesón» (Lucas 2:7), veía el relato de manera diferente. Mientras que algunos describían al posadero como un ejemplo de la humanidad indiferente y pecaminosa que rechazó al Salvador, Grace dijo: «Verdaderamente, creo que el Dios Todopoderoso utilizó al posadero como la persona que dispuso un lugar más saludable que la abarrotada posada, un lugar de privacidad».

Con los ojos de la fe vemos la provisión de Dios para María. Descubre maneras en que Él provee para ti. —DCM

LOS QUE DEJAN QUE DIOS
PROVEA SERÁN SATISFECHOS.

25 de diciembre

LA NAVIDAD DE MARÍA

Pero María guardaba todas estas cosas,
meditándolas en su corazón.

—Lucas 2:19

Fue todo, menos una idílica, silenciosa y fresca noche en Belén cuando una asustada adolescente dio a luz al Rey de reyes. María soportó el dolor de la llegada de su bebé sin la ayuda de nadie más que las manos ásperas de carpintero de José, su prometido. Es probable que los ángeles hayan cantado una serenata para los pastores que estaban en los campos cercanos, con alabanzas para el Niño, pero todo lo que María y José escucharon fueron los sonidos de los animales, la agonía del parto y el primer llanto de Dios manifestado en forma de un bebé. Una estrella de gran magnitud brillaba en el cielo nocturno, encima del recinto, pero el pesebre era un escenario lóbrego para estos dos visitantes foráneos.

Una combinación de asombro, dolor, temor y gozo probablemente penetró en el corazón de María cuando José colocó al bebé en sus brazos. Ella sabía, por la promesa de un ángel, que este pequeñín era «el Hijo del Altísimo» (Lucas 1:32). Al escudriñar en Sus ojos y luego en los de José, en medio de la penumbra, quizá se preguntó cómo habría de criar a Aquel cuyo reino jamás tendría fin.

Esa noche especial, María tenía mucho para meditar en su corazón. Ahora, más de 2000 años después, cada uno de nosotros necesita considerar la importancia del nacimiento de Jesús, Su posterior muerte y resurrección, y también Su promesa de que regresará. —JDB

DIOS VINO A MORAR CON NOSOTROS PARA
QUE PUDIÉRAMOS VIVIR CON ÉL.

26 de diciembre

BÚSQUEDA DE ESPERANZA

Pero lejos esté de mí gloriarme,
sino en la cruz de nuestro Señor Jesucristo.
—GÁLATAS 6:14

Cuando el comunismo ateo era un poder que amenazaba al mundo, proclamaba que no hay Dios y que la fe en cualquier vida futura era una ilusión engañosa. Leonidas Brezhnev había sido el dictador soviético, la personificación de la incredulidad marxista, pero algo sucedió en su funeral que contradijo al ateísmo. George H.W. Bush, entonces vicepresidente de los Estados Unidos, fue el representante oficial de dicho país en esa ceremonia solemne y formal.

Él informó que, mientras el ataúd seguía abierto, la viuda de Brezhnev miraba inmóvil el cuerpo de su esposo. Luego, justo antes de que los soldados cerraran la tapa, se inclinó e hizo la señal de la cruz sobre el pecho del difunto. ¡Qué gesto tan desesperado y significativo! Evidentemente, la viuda esperaba que lo que su esposo había negado con tanta vehemencia pudiera de alguna manera ser cierto.

¡Gracias a Dios, podemos tener esperanza más allá de esta vida terrenal! Todo lo que necesitamos hacer es aceptar por fe el mensaje salvador de la cruz: Jesús murió por nuestros pecados y resucitó para que pudiéramos vivir eternamente con Él. ¿Crees esto? Entonces, únete al apóstol Pablo en su afirmación de que «esperamos en el Dios viviente, que es el Salvador de todos los hombres, mayormente de los que creen» (1 Timoteo 4:10). —VCG

LA CRUZ DEL CALVARIO ES
EL ÚNICO PUENTE A LA VIDA ETERNA.

¡ADIÓS Y BUEN VIAJE!

Bástate mi gracia.
—2 Corintios 12:9

El 28 de diciembre de 2008, una trituradora devoró cientos de hojas de papel y otros artículos en la ciudad de Nueva York. Los organizadores del segundo año del «Día del adiós y buen viaje» animaron a las personas para que trajeran a la Plaza Times Square los malos recuerdos y los sufrimientos de ese año para alimentar la trituradora industrial o para echarlos en un gigantesco contenedor de basura.

Algunos participantes trituraron hojas de papel con las palabras «la bolsa de valores» o «cáncer». Otros destruyeron informes bancarios, y una joven trituró un mensaje de correo electrónico impreso de un novio que había roto con ella.

Anhelamos «triturar» recuerdos de las cosas malas que los demás nos han hecho o de circunstancias difíciles que estamos atravesando. El apóstol Pablo quería ser aliviado de su sufrimiento, un padecimiento que lo hacía sentir débil (2 Corintios 12:7-10). Pero Dios le dijo: «Bástate mi gracia; porque mi poder se perfecciona en la debilidad». Dios no quitó el problema. En su lugar, le dio la gracia para vivir con ello.

Las dificultades se nos hacen pesadas cuando pensamos demasiado en ellas, y afectan nuestras relaciones interpersonales y la actitud ante la vida. Como creyentes en Cristo, tenemos un lugar donde llevar estas cargas. Primera Pedro 5:7 nos dice: «Echa[d] toda vuestra ansiedad sobre [el Señor], porque él tiene cuidado de vosotros». —AMC

DIOS DA SUFICIENTE GRACIA PARA CUALQUIER COSA QUE ENFRENTEMOS.

PODER PARA PERSEVERAR

Habéis oído de la paciencia de Job,
y habéis visto el fin del Señor,
que el Señor es muy misericordioso y compasivo.
—Santiago 5:11

La golfista profesional Paula Creamer había trabajado todo el año para ganarse un puesto como jugadora titular en el Campeonato ADT del 2008, el último torneo del año de la temporada de la LPGA (Asociación de Golf Profesional para Damas). Sin embargo, cuando comenzó el evento, Paula padecía peritonitis, una dolorosa inflamación de la pared abdominal. Durante los cuatro días del torneo, tuvo dolores constantes y no podía comer. Incluso pasó una noche en el hospital debido a su condición. Aun así, perseveró hasta el final y, asombrosamente, terminó en tercer lugar. Su determinación hizo que ganara muchos nuevos admiradores.

Los desafíos y las crisis de la vida pueden poner a prueba hasta lo último de nuestras fuerzas y, en esos momentos, es fácil querer rendirse. Pero Santiago ofrece otra perspectiva para los seguidores de Cristo. Dice que, si bien la vida es una batalla, también es una bendición: «He aquí, tenemos por bienaventurados a los que sufren. Habéis oído de la paciencia de Job, y habéis visto el fin del Señor, que el Señor es muy misericordioso y compasivo» (Santiago 5:11).

En el ejemplo de Job, encontramos aliento y poder para perseverar en los momentos más oscuros de la vida; un poder arraigado en Dios, que es compasivo y misericordioso. Aunque la vida sea dolorosa y dura, podemos perseverar porque Dios está presente. Para siempre es Su misericordia (Salmo 136). —WEC

DIOS PROVEE EL PODER
QUE NECESITAMOS PARA PERSEVERAR.

¿EN QUÉ REINO VIVES?

*Porque la ley del Espíritu de vida en Cristo Jesús
me ha librado de la ley del pecado y de la muerte.*
—ROMANOS 8:2

Yo trabajaba para una compañía petrolera en Singapur cuando un inspector de otra nación fue de visita para verificar una carga de gasolina destinada para su país, que estaba en guerra. Cuando escuchó el estruendo de aviones de guerra que volaban sobre nosotros, instintivamente corrió en busca de refugio. Avergonzado, explicó: «Lo siento, pensé que estaba en mi país». Reaccionó como lo habría hecho si hubiese estado en su tierra devastada por la guerra.

Para el cristiano, es fácil volver a sumergirse por puro hábito en las viejas costumbres del pecado, debido a las muchas tentaciones de este mundo. Aun cuando estamos «en Cristo Jesús» (Romanos 8:1), a veces vivimos como si estuviésemos «en el pecado».

Dios pagó un precio sumamente alto para sacarnos del reino del pecado, «enviando a su Hijo en semejanza de carne de pecado y a causa del pecado» (v. 3). Ahora debemos ser gobernados por «la ley del Espíritu de vida» y no por «la ley del pecado y de la muerte» (v. 2). El apóstol Pablo nos insta a pensar según «las cosas del Espíritu» (v. 5). Esto significa que establecemos nuestra dirección a partir de la Palabra de Dios, en base a la guía de Su Espíritu.

Cuando te sientas tentado a sumergirte en antiguas costumbres pecaminosas, ¿permitirás que, en vez de ceder, el Espíritu Santo que mora en ti te ayude a vivir de manera más coherente con tu posición «en Cristo»? —CPH

CUANDO NACES DE NUEVO, TE CONVIERTES EN
CIUDADANO DEL CIELO.

¿UNA MALA IDEA?

Acerquémonos con corazón sincero,
en plena certidumbre de fe.

—HEBREOS 10:22

El ex atleta había descuidado su cuerpo por demasiado tiempo, así que comenzó una rutina de ejercicios. El primer día hizo varias flexiones y salió a dar un trote ligero. Al día siguiente, más flexiones, unos cuantos abdominales y a trotar por más tiempo. Día 3: ejercicios y correr 2,5 kilómetros. Día 4: nuestro ex atleta en reentrenamiento despertó con la garganta inflamada.

Después hizo un ejercicio más: de un salto, llegó a la conclusión de que el ejercicio había sido una mala idea. Si todo lo que había logrado de sus jadeos y resoplidos era enfermarse, este asunto no era para él.

Examinemos otro escenario. Un cristiano se da cuenta de que ha descuidado su relación con Dios; entonces, comienza una nueva rutina espiritual de lectura bíblica y oración. Pero a los pocos días, surgen algunos problemas en su vida. ¿A qué conclusión llega? Al igual que el ex atleta, ¿debería llegar a la conclusión de que su búsqueda espiritual fue una mala idea y que no le hizo ningún bien? Claro que no.

No oramos y leemos la Biblia para lograr una vida perfecta y libre de problemas. Buscar a Dios no es una cuestión de causa y efecto. Lo hacemos porque beneficia nuestra relación con Aquel que es perfecto. La búsqueda de la piedad no nos eximirá de problemas (2 Timoteo 3:12), pero una vida dedicada a amar y buscar a Dios (Hebreos 10:22) siempre es una buena idea, sin importar lo que suceda. —JDB

LAS RAÍCES DE LA ESTABILIDAD ESTÁN CIMENTADAS
EN LA PALABRA DE DIOS Y LA ORACIÓN.

SIN VUELTA ATRÁS

Siempre están sobre [la tierra] los ojos de Jehová tu Dios, desde el principio del año hasta el fin.
—DEUTERONOMIO 11:12

Ray Stedman, pastor en California por muchos años, una vez le dijo a su congregación: «En la víspera de Año Nuevo nos damos cuenta, como en ningún otro momento de nuestras vidas, de que jamás podremos retroceder el tiempo […]; podemos mirar atrás y recordar, pero es imposible volver a ninguna instancia del año que pasó».

Stedman luego hizo referencia a los israelitas cuando estuvieron en el umbral de una nueva oportunidad. Después de cuatro décadas de deambular por el desierto, es probable que la nueva generación se preguntara si tenía la fe y la fortaleza necesarias para poseer la tierra prometida.

Su líder, Moisés, les recordó que ellos habían visto «todas las grandes obras que Jehová ha hecho» (Deuteronomio 11:7) y que su destino era la «tierra de la cual Jehová tu Dios cuida; siempre están sobre ella los ojos de Jehová tu Dios, desde el principio del año hasta el fin» (v. 12).

Puede que en la víspera de Año Nuevo tengamos temor del futuro debido a los acontecimientos del pasado. Pero no tenemos que permanecer encadenados a nuestros viejos recuerdos, porque podemos avanzar con la mente centrada en Dios. Así como el Señor cuidaba de la tierra y de Su pueblo, Sus ojos estarán sobre nosotros también.

El cuidado fiel del Señor abarcará cada día del nuevo año. Podemos contar con esa promesa. —DCM

EL «QUÉ» DE NUESTRO FUTURO LO DETERMINA EL
«QUIÉN» DE LA ETERNIDAD.

M. R. De Haan, MD	Dr. Mart De Haan
HGB	Henry G. Bosch
DJD	Dennis De Haan
MRD	Martin R. De Haan II
RDW	Richard W. De Haan
PVG	Paul Van Gorder
VCG	Vernon C. Grounds
CH	Clair Hess
AL	Albert Lee
HVL	Herbert Vander Lugt
HWR	Haddon W. Robinson
MLW	Marvin L. Williams
AMC	Anne M. Cetas
TG	Timothy Gustafson
DHR	David H. Roper
DCE	David C. Egner
CPH	Chek Phang Hia
HDF	H. Dennis Fisher
PY	Philip D. Yancey
JMS	Joseph M. Stowell
CHK	Cindy Hess Kasper
WEC	William E. Crowder
JDB	J. David Branon
JAL	Julie Ackerman Link
JEY	Joanie E. Yoder
DCM	David C. McCasland

Índice de temas

Índice de temas

Índice de temas

Notas y motivos de oración

Notas y motivos de oración

Notas y motivos de oración

Notas y motivos de oración

Notas y motivos de oración

Notas y motivos de oración